心一堂彭措佛緣叢書・索達吉堪布仁波切譯著文集

大圓滿前行廣釋（六）
附大圓滿前行實修法

華智(巴珠)仁波切　原著

索達吉堪布仁波切　漢譯及講解

Śūnyatā

書名：大圓滿前行廣釋（六）附大圓滿前行實修法
系列：心一堂彭措佛緣叢書 · 索達吉堪布仁波切譯著文集
原著：全知無垢光（龍欽巴）尊者
漢譯：索達吉堪布仁波切
責任編輯：陳劍聰

出版：心一堂有限公司
地址/門市：香港九龍尖沙咀東麼地道六十三號好時中心LG六十一室
電話號碼：+852-6715-0840　+852-3466-1112
網址：www.sunyata.cc　publish.sunyata.cc
電郵：sunyatabook@gmail.com
心一堂 彭措佛緣叢書論壇：　http://bbs.sunyata.cc
心一堂 彭措佛緣閣：　　　　http://buddhism.sunyata.cc
網上書店：　　　　　　　　http://book.sunyata.cc

香港及海外發行：香港聯合書刊物流有限公司
地址：香港新界大埔汀麗路三十六號中華商務印刷大廈三樓
電話號碼：+852-2150-2100
傳真號碼：+852-2407-3062
電郵：info@suplogistics.com.hk

台灣發行：秀威資訊科技股份有限公司
地址：台灣台北市內湖區瑞光路七十六巷六十五號一樓
電話號碼：+886-2-2796-3638
傳真號碼：+886-2-2796-1377
網絡書店：www.bodbooks.com.tw
台灣讀者服務中心：國家書店
地址：台灣台北市中山區松江路二〇九號一樓
電話號碼：+886-2-2518-0207
傳真號碼：+886-2-2518-0778
網絡網址：http://www.govbooks.com.tw/

中國大陸發行 · 零售：心一堂 · 彭措佛緣閣
深圳地址：中國深圳羅湖立新路六號東門博雅負一層零零八號
電話號碼：+86-755-8222-4934
北京流通處：中國北京東城區雍和宮大街四十號
心一店淘寶網：http://sunyatacc.taobao.com/

版次：二零一五年五月初版，平裝

定價：　港幣　　　一百三十八元正
　　　　新台幣　　五百五十八元正

國際書號 ISBN 978-988-8316-51-9

目錄

大圓滿前行廣釋（六）附大圓滿前行實修法

目
錄

第八十四節課

下面學習《大圓滿前行》中的不共加行。

不共內加行

「不共」的定義

所謂的「不共」，主要體現在幾個方面：

一、與小乘不共。小乘經論中只講了人身難得、壽命無常、業因果、輪迴過患的觀修，卻沒有提及為一切眾生而皈依、發心、積資淨障、修往生法等大乘不共修法。

二、與漢傳、南傳佛教不共。只有在藏傳佛教的教言中，才著重強調了修持不共加行。

三、與藏地格魯、薩迦、噶舉、覺囊等派不共。各大教派的加行雖然大體上相同，但各自傳承上師的教言、特法有所差別，以下修法是寧瑪派獨有的竅訣，所以稱之為不共。

藏傳各派的不共加行

不共加行的具體修法，藏傳佛教各派說法不一。比如，薩迦派、噶舉派強調修四加行，即皈依、頂禮、百字明、供曼茶羅，沒有提到發心、上師瑜伽；格魯派強

大圓滿前行廣釋（六）附大圓滿前行實修法

1

調九加行，前五項與寧瑪派的不共加行一樣，此外還要加上金剛空行火供、三昧耶金剛、做小佛像、供水；還有依有些教派強調六加行……儘管各派分法不同，但大致修行並無二致。

在我們寧瑪派中，按照寧提大圓滿前行的觀點，上師瑜伽若不與頂禮合修，而是單獨計算的話，可以說是六加行，即皈依十萬、頂禮十萬、發心十萬、百字明十萬、供曼茶十萬、上師瑜伽一千萬蓮師心咒；如果與頂禮合修，則算是五加行。

其實不管哪個教派，加行修法都基本一樣，只有小部分不同。例如，皈依都是為一切眾生皈依三寶；發心都是為天邊無際的一切眾生獲得圓滿正等覺佛果而發心；積資淨障、上師瑜伽也基本上相同，只不過所觀想的傳承祖師、皈依境以及祈禱文，各大教派有所差異；還有供曼茶羅，也有五堆、七堆、三十七堆等不同竅訣。

修不共加行的要求

無論修哪個教派的不共加行，只有當心獲得一種證量或達到一個定量，才可以說圓滿了加行。否則，光是完成一個數量，自心卻沒有得到任何調伏，那還算不上是「圓滿」。因此，從現在開始，大家在修不共加行時，一定要特別特別認真。不共加行的基礎，是前面所

講的四種厭世心，再加上依止善知識這五個引導。當然，所謂的修行次第，並不是前面的要全部修圓滿了，才可以修後面的。如果真是這樣，那根基差的人一輩子都修不好「人身難得」，如此一來，他就始終沒機會往上修了。其實真正的次第，是指前面的人身難得、壽命無常不管哪一個引導，都要盡量地修，要達到一定境界，然後再往上修，這才是最關鍵的。

今天開始講不共加行，我本人而言非常歡喜。為什麼呢？因為現在的漢地，雖說修大乘皈依、發心的人很多，積資淨障的人也不少，可許多人只是名相上的皈依、表面上的發心，對其真正的內涵卻一無所知。而這部《前行》，將皈依、發心等講得特別細緻，大家有機會學修的話，多多少少都會了知它的內容，之後再去進一步修持，這樣才會得到真實的利益。

如今依靠上師三寶的加持，大家有了這樣的學習機會，理應有種難得之心，同時在學習的過程中，不要依人，而要依法。如果是依人的話，我自己各方面功德欠缺，法相確實不具足，這也不是故作謙虛。但你們所學習的佛法，絕對是純潔無垢的，完全可令你得到不同程度的超世功德。所以，儘管我本人微不足道，但自己所傳講的法，絕不會障礙道友們的境界。

這次的不共加行，每個人一定要好好學習，同時要從質量上完成。若實在不能保證質量，也應按照傳承祖

師的要求，盡量圓滿規定的數量。聽說尼泊爾有位格魯派的袞卻格西，他在喜馬拉雅山苦修了十六年，與野獸同住，以至於剛被山下村民發現時，被認為是野人，這與米拉日巴當年的經歷有幾分相似。他在自己一生中，頂禮修了150萬，供曼茶修了120萬，皈依發心修了80萬……所修加行的量特別特別多，2001年圓寂後，燒出了許許多多罕見的舍利。我以前看過那些照片，確實感到十分稀有，台灣、香港以及東南亞的許多信徒，也有因此而皈依三寶的。

　　所以，一個人相續中若真正有了佛法基礎，自然而然會產生無比的功德和境界，有了這些以後，無數人也不得不信奉他。當然，這些成就，跟自己的信心和三寶的加持連在一起，大家要深刻認識到這一點！

　　下面開始講不共加行，每個人應當以歡喜心來聽受這些甚深法要。

　　首先，作者結合本品的內容，以偈頌的方式頂禮根本上師：

　　以外皈依頂戴三寶尊，以內皈依成就三根本，

　　以密皈依現前三身者，無等上師足下我敬禮。

　　華智仁波切的上師如來芽尊者，具足什麼樣的功德呢？外皈依以恭敬心頂戴佛、法、僧三寶；內皈依成就了上師、本尊、空行三根本；密皈依則現前了法、報、

化三身。這樣的上師在三界中無與倫比，華智仁波切於其足下恭恭敬敬地頂禮。

米拉日巴尊者的《道歌集》中也講過：「佛陀、正法與僧寶，此三外之皈依境……上師、本尊與空行，此三內之皈依境……氣、脈、明點三精要，此三皈依密境也……顯現、空寂與無別，此三了義皈依境……若欲脫離無邊苦，應以身心作皈依，全體交付三寶尊！」

這裡作者從外內密三方面，讚歎了自己的根本上師。在座各位也有不同的傳承上師，他們顯現上雖然不同，有些示現為智者相，有些示現為一般修行人的形象，但實際上都是諸佛菩薩的化現。這一點，前面講依止善知識時也分析過。因此，大家對所有的傳承上師，最好能擁有不偏袒的信心。

有些出家人或居士對任何上師都有歡喜心、恭敬心，這樣很好。而有些人的心態不是如此，他非要把上師當成自己的私有財產，認為「上師只是我一個人的」，見別人對上師起歡喜心恭敬頂禮，就生起嫉恨、矛盾等不良心態，這是不應該的。就像作為佛教徒，誰都可以祈禱頂禮釋迦牟尼佛，而不會把釋迦牟尼佛當成自己的私有物；或者像天上的太陽和月亮，它可以照耀整個世界，對此誰都可以生歡喜心，而不能將其據為己有。同樣，只要是真正的善知識，人人都可以恭敬依止，對他產生歡喜心，這個道理我們應該要明白。

尤其是對自己有無比法恩的以根本上師為主的傳承上師，以及雖不曾給自己傳法但住於世間的許多大德，都是值得我們皈依的對境。對於他們，理應以歡喜心和清淨心來恭敬頂禮！

乙二（不共內加行）分五：一、諸聖道之基石——皈依；二、趣入最勝大乘——發殊勝菩提心；三、清淨違緣罪障——念修金剛薩埵；四、積累順緣資糧之供曼茶羅與頓然斷除四魔之古薩里——積累資糧；五、自相續生起證悟智慧之究竟方便——上師瑜伽。

一、皈依

丙一（諸聖道之基石——皈依）分五：一、皈依之基礎；二、皈依之分類；三、皈依之方法；四、皈依之學處；五、皈依之功德。

丁一、皈依之基礎：

信心的重要性

總的來說，能開啟一切正法之門的就是皈依。阿底峽尊者曾講過：外道和內道之間的差別，不是用其他行為、裝束、教理來區分，是要用皈依來辨別。而若要開啟皈依之門，必須依賴於信心。因此，在皈依之初，我們生起穩固的信心非常重要。

沒有信心的話，儘管三寶的功德無量無邊，你也不可能得到利益；而一旦有了信心，這些自然就可以獲得，所以信心是一切的根本。誠如《入行論》所言：「佛說一切善，根本為信解。」《心地觀經》也說：「入佛法海，信為根本；渡生死河，戒為船筏。」

其實就算是世間人，也很在乎信心。那天我看見一戶人在吵架，那女的邊吵邊哭：「你對我連信心都沒有，那我活著還有什麼意思？」她的「信心」可能指信任吧。可見，世間人也覺得信心是非常根本的東西，沒有它，彼此之間很難以相處。

而我們作為佛教徒，信心就更重要了。看有些在家人或出家人，表情、言行舉止中經常對上師三寶，流露出純正的信心，這樣的話，什麼事情都好辦，不可思議的無形加持自會融入心田。反之，倘若對上師三寶沒有一點恭敬心、歡喜心或信心，那麼上師三寶再有功德，對自己也沒有絲毫利益。就像一個被蓋住的器皿，天上月亮的影子是無法顯現在裡面的。所以，大家千萬不要阻塞信心之門！

信心的分類

信心，可以分為清淨信、欲樂信、勝解信三種。

（一）清淨信：

當你步入陳設佛像、經書、佛塔的佛殿或經堂，或

者見到上師、善知識、高僧大德的尊顏，聽到他們的豐功偉績及感人事蹟，依靠此類因緣，立即想到他們的悲心廣大等等，這種由清淨心引發而生起的信心，就叫做清淨信。

如果尋找清淨信的根源，你就會發現它只是突然產生的一種強烈激動，並不穩固。不少人可能都有這種經驗：第一次看到佛像、聽到佛經，在佛塔前頂禮，淚水就止不住地一直流；或者見到一位高僧大德，自己就開始哇哇大哭：「上師啊，您真是好慈悲，我越看您越想哭……」這都是一種清淨信。但這種信心並不穩固，尤其是剛開始特別愛哭的人，一次性都流乾了，到最後就不哭了。其實這樣也不好，你還是要留一點點，以後偶爾再哭一哭。（眾笑）

不過即便如此，清淨信的功德也很大。《雜寶藏經》中有一則公案說：一位童女乘車到園中遊戲，正好見到佛陀入城，馬上就避開讓路。她在路邊看到相好莊嚴的佛陀，特別生歡喜心，以此功德，死後轉生到了天界。帝釋天問她轉生的因緣，她回答說：「我見佛入城，迴車而避道，歡喜生敬信，命終得生天。」這就是一種清淨信，以此一念信心，就可以令她轉生天界。

所以，我們平時走在路上，見到高僧大德來了，也應該讓到一邊，恭敬並且心生歡喜。那天覺姆經堂開光，迎請門措上師下來時，好多居士都一直在哭。這並

不是因為痛苦，而是因為歡喜。也許在不信佛的人眼裡，覺得這些人特別傻，為什麼哭得那麼傷心？難道是上師太慈悲了，經堂太莊嚴了，然後就很想哭？卻不知這是他們善根的萌發和流露。

這種清淨信也是需要的。不然，你看見佛像也好、上師也好，就像石頭一樣，什麼感覺都沒有，甚至是特別不滿的、蔑視的眼光，那諸佛菩薩和上師的加持沒辦法入於你心。所以，我們的心還是要稍微有點觸動，不要總排斥：「這些人怎麼這麼激動？哭什麼！歡喜什麼！」看到他們拿鮮花見上師時都跳起來了，就認為這些人精神有毛病，卻沒意識到這是信心的一種標誌。

（二）欲樂信：

當聽到惡趣輪迴的痛苦，自然生起恐懼心，渴望從中解脫；當聽到善趣、淨土與解脫的安樂，油然生起渴求獲得的心態；當聽到善法的功德，就生起想要修行的念頭；當現見罪業的過患，便立即下決心想要斷除。這些都屬於欲樂信。

欲樂信的境界比清淨信有所提升，因為它不是純粹的感性，而是包含了理性的成分在內。過去你行持善法時不明白道理，現在知道了行善斷惡的好處後，這種信心就不會輕易動搖，以此最終可獲得解脫，遠離一切恐怖。《諸法集要經》云：「若人意清淨，常禮敬諸佛，獲最上吉祥，得離諸恐怖。」

大圓滿前行廣釋（六）附大圓滿前行實修法

前面所講的清淨信，只是一種激動、一種歡喜，來得快，去得也快，就像感冒發燒一樣。而欲樂信的話，必須要先懂得功德和過患，之後再生起想斷除惡業、行持善法的心，這種心就不容易消失，並以此可以出離輪迴。《父子合集經》亦言：「眾會若聞佛所說，心生淨信決定解，勤修妙行趣菩提，超出輪迴生死海。」意思是，在眾會中聽聞佛陀所說的法，若能生起清淨及決定的信解，精勤修持趣往菩提的妙行，那麼定然會超出輪迴的生死大海。

因此，欲樂信的力量遠遠超過清淨信，希望各位務必要具足這一點。其實信心就像門票，沒有它的話，在門口上就卡住了，無法進入電影院，觀看到三寶的精彩影片。

（三）勝解信：

通過一定的聞思，了知三寶的不共功德與加持後，我們從內心深處生起信解，知道一切時分無欺的皈依處，就是三寶；無論是苦是樂、是病是痛、是生是死，不管發生任何事，三寶都會知曉；除了三寶之外，沒有其他可依賴、可指望的靠山。這種堅定不移的信心，就稱為勝解信。

這種信心最為難得，是從骨髓裡生起的信心，而不是僅留在表皮上的。勝解信會讓你對三寶產生完全的信賴：「今生乃至生生世世，不管是苦是樂，我一切的

一切全部交付於您，除了您以外，我沒有其他的皈依處。」這就好比一個孤兒，找到全心幫助自己的人後，會把一切誠心託付給他。

《法句譬喻經》中講過一個公案：有個尊崇外道的國家，三年連一滴雨都沒有下，百姓生活苦不堪言。心急如焚的國王召來國內所有婆羅門，請他們向天神請示：何以降下如此大災？這些婆羅門觀察之後，說要作廣大祭祀，讓國王準備二十車的柴火、酥酪、蜜、膏、油、花、香、幡蓋、金、銀及祭祀器具，同時選出七個人，準備以火化的方式派他們到天界去，詢問梵天旱災的原因。

這七人接受完祝禱儀式後，便在大家的簇擁下，登上柴堆頂端，旁人則從下燃起熊熊火焰。當熾熱的火苗漸漸竄升，這七人被烈火焚燒得苦不堪言，在向周圍求救未果的情況下，他們絕望地喊道：「在三界之中，有誰能解除我們的痛苦，我們就從內心皈依他！」

祈求之後，佛陀聞聲救苦、當下現前，並在虛空中說了幾個偈頌：「或多自歸，山川樹神，厝①立圖像，禱祠求福。自歸如是，非吉非上，彼不能來，度汝眾苦……自歸三尊，最吉最上，唯獨有是，度一切苦。」意即皈依山川、樹神，為其設立畫像，祈禱福祉護佑自己，並不是最吉祥、最無上的皈依，因為這些不能解除

①厝：音cuò，安放。

大圓滿前行廣釋（六）附大圓滿前行實修法

你的痛苦。只有皈依三寶，才是最吉祥、最無上的，只有這種皈依，才能救度你的一切苦難。

講完以後，火焰全部熄滅，七個人都得救了。目睹這一景象，所有婆羅門皆追隨佛陀出家，並證得阿羅漢果。國王、大臣及百姓也都皈依佛陀，信奉佛法。不久，天空降下大雨，解除了長久以來的旱災。

佛陀講的那個偈頌，《俱舍論自釋》以及榮索班智達在《入大乘論》中都引用過，漢地的《法句經》中也有，只是版本略有不同，所以是很重要的一個偈頌。世人在遇到危難時，要麼皈依人，要麼皈依非人，要麼皈依山川等，但這都不是究竟的皈依。究竟的皈依唯有三寶，《得無垢女經》中也說：「更無異歸依，能救護眾生，唯有佛法僧，三寶能救護。」所以，大家應經常念這些偈頌，知道唯有佛法僧三寶才能救護我們。若時時刻刻具足這種心態，這才是真實的皈依。

不過，世人遇到違緣痛苦時，不加取捨，什麼都皈依，這也是正常現象。最近我看到一條消息說，因擔心好萊塢災難大片《2012》的場景噩夢成真，一個叫維希諾的美國人正在打造「末日地堡」。它位於地下約9米深處，號稱可抵擋10級地震、500小時的洪水以及核生化襲擊，即使地面677度的烈火持續燃燒10天10夜，只要居住其間，也可以安然無恙。

維希諾計劃在美國各大主要城市附近，都建造這種

第八十四節課

「末日地堡」，總共20座，共可容納4000人，預定於2012年12月21日之前正式啟用。地堡內有電視、寬帶網絡、跑步機等生活設施，此外還儲存了一年的飲食。也就是說，一年中無論發生地水火風的任何災難，在地堡中都可以安然度過。

據稱，這樣一座「末日地堡」每人入住一年的價格高達5萬美元，但儘管如此，目前已有上千名富人預訂客房。屆時一旦「客滿」，再有錢恐怕也進不去了。

我覺得此舉比較愚昧，假如整個世界真的都毀完了，那你多活一年也沒有用，一年以後什麼吃喝都沒有，這時候你又該怎麼辦呢？——當然，世界末日只是個謠言，是不可能發生的。

世人在遇到急難時，會皈依地堡、皈依山、皈依水、皈依鬼神救護自己。但作為虔誠的佛教徒，我們應遠離一切懷疑，一心一意祈禱三寶，只有三寶才是真正的皈依處。當然，這並不是因為別人說佛陀了不起，說三寶有無邊威力，自己就去盲目跟隨。而是通過系統的聞思，學了《成量品》知道佛陀是量士夫，學了《隨念三寶經》知道三寶的功德不可思議，從而對三寶產生的無比信心。

《大乘理趣六波羅蜜多經》講過：「唯佛薄伽梵，慧日大聖尊，能破我等疑，真實歸依處。」唯有佛陀——智慧如杲日般的大聖尊，能破除我等一切邪知邪

見、懷疑、無明，才是真實的皈依處。可世間上多少人能明白這個道理呢？有些人就算已皈依佛門，皈依證都辦十幾年了，但對佛陀的信心仍沒有從內心生起，這樣也只是表面上的皈依。在他的心目中，佛陀跟地神天王可能分不出高下，讓他選擇的話，說不定會選擇地神。這種信心下的皈依，只是相似的皈依。

所以，我非常希望每個人都有真實的皈依，即使剛開始你只是源於清淨信，但到了最後，也應該成就不退轉或勝解信的皈依，如此對弘法利生才有非常大的貢獻。

就像從前的迦膩色迦國王，他是印度貴霜王朝第三代王，起先特別喜歡打獵。有一次到山林裡，他發現一隻小白兔，於是就持箭追趕。突然小白兔不見了，只見一個牧童在用泥巴建造三尺高的佛塔。國王問：「你為什麼做這個？」牧童回答：「釋迦牟尼佛入涅槃之前曾授記：五百年之後，有一位國王名叫迦膩色迦王，會來這裡建造寶塔，並對佛法做出貢獻。我在這兒聚泥做塔，是給您一個提示。」說完便消失了。國王一聽，立刻生起清淨信和歡喜心，心想：「釋迦牟尼佛真了不起，早就知道有我這麼一位王，既然已經預言了，那我現在應該信佛了。」於是就崇信佛教，對佛教特別有興趣。

他在王宮裡造了個大講堂，每天請一位不同的高僧

14

來講經說法。可是同一部經，每位高僧解釋的意思都不同，國王無所適從，不知道哪個才正確，於是問脅尊者②這是什麼緣故。尊者說：「佛陀涅槃已五百年了，現在上座部、大眾部等很多部各持己見，彼此不和，是時候迎請諸位尊者作第四次結集了，這次結集一定對佛教有極大貢獻。」

國王採納尊者的建議，迎請證果的聖僧共同來結集經藏。最開始只有499位，這時世友菩薩降臨，並成為首座，當時結集的就是《大毗婆沙論》。歷史上說《大毗婆沙論》是由500聖者所結集，即是指這第四次的結集，這也是北傳大乘經藏的一個開始。

從這個公案可以看出來，迦膩色迦王最初聽到佛的授記，對佛法只是一種清淨信；但後來聽經聞法之後，將所有事務全部放下，著力弘揚佛法，就變成勝解信了。在座很多道友或許也有類似的經歷：初見上師或三寶時有一種感動，那時候還不懂佛理，只是被因緣牽引進了佛門；而進入佛門以後，通過聞思才真正知道三寶的功德，這時候才有了堅定不移的勝解信。

信心的重要性

鄔金蓮花生大士說過：「具有堅信得加持，若離疑

大圓滿前行廣釋（六）附大圓滿前行實修法

---

②脅尊者是當時一位高僧，在母親的肚子裡60年，出生以後，鬍子頭髮都白了。他出家修道後，常坐不臥，脅不著席，所以叫脅尊者。

心成所願。」有了堅定的信心，就會得到加持；離開了一切懷疑，所願便可以成就。《大莊嚴論經》亦云：「若以深信心，禮敬佛足者，是人於生死，便為不久住。」若以深深的信心禮敬佛足，這種人在生死輪迴中待的時間不會太久。

因此，信心猶如種子，能生長一切善法功德，倘若不具備信心，就如同種子被火燒得一乾二淨一樣，不可能產生點滴善法。如經云：「無信心之人，不生諸善法，如種被火焚，青芽豈能生？」《大寶積經》第28卷也有個類似的教證：「若不信之人，不生諸白法，猶如燒種子，不生根牙等。」

此外，信心還居於七聖財③的首位，如云：「信心如寶輪，晝夜修善道。」所以說，信心是一切財寶中首屈一指的。信心就像寶藏，是無窮無盡功德的源泉，《華嚴經》云：「信是寶藏第一法，為清淨手受眾行。」又云：「信為道元功德母，增長一切諸善法。」信心就像雙足，能令人踏上解脫勝道；信心又像雙手，能將一切善法攬入自相續。如頌云：「信財寶藏雙足勝，猶如雙手攝善根。」因此，信心能攝一切善根，一切功德皆依信心而得。

三寶的悲心與加持雖不可思議，但若想使之融入相續，唯一還要依賴信心和恭敬心。如果你具有上等的信

---

③七聖財：信財，戒財，捨施財，聞財，慚財，愧財，智慧財。

心與恭敬心，那所得上師三寶的悲憫與加持也是上等的；倘若具有中等的信心與恭敬心，所得到的悲憫與加持也是中等的；假如僅僅具備下等的信心與恭敬心，就只能獲得少許的加持與悲憫；若是根本沒有信心和恭敬心，那絕不可能得到上師三寶的悲憫與加持。

這一點，希望各位務必要牢記！有時候我們常會怨天尤人：「怎麼回事？我天天都祈禱，但什麼感應也沒有！」其實你或許只是口頭上祈禱、身體上頂禮，但內心的信心還不夠，這樣一來，上師三寶無比的功德、悲憫、加持，你就不一定能獲得。所以，大家要想方設法將自己的信心提升。

而若要做到這一點，聽聞佛法相當重要。《華嚴經》云：「若常信奉於尊法，則聞佛法無厭足。若聞佛法無厭足，彼人信法不思議。」意思是說，假如你信奉尊勝的佛法，就會無有厭足地聽聞佛法；如果聽聞佛法不知疲厭，一直沒有滿足感，那你對佛法的信心會不可思議，各種功德也將隨之出現。

《大智度論》中就講了一個天界的手居士，他之所以轉生於天界，主要有三個原因：一、供養佛陀無有厭倦；二、聽聞佛法無有厭倦；三、供養僧眾無有厭倦。

所以，大家一定要不斷地聞思修行，只有對佛法的真理越來越了解，信心才會越來越增上。否則，完全把佛法擱置一邊、拋之腦後，自己的信心則很難長久保持！

大圓滿前行廣釋（六）附大圓滿前行實修法

第八十四節課

第八十五節課

現在繼續講不共加行中的「皈依」。

前面已講了信心的重要性，也就是具足上品的信心和恭敬心，就可以得到上品的加持；信心和恭敬心若不具足，則得不到點滴加持。這方面講了非常甚深的教言，大家應反反覆覆地去思維。在修學佛法的過程中，深入思維至關重要，像以前的許多高僧大德，每天至少會讀幾頁《大圓滿前行》，然後慢慢體會它的意思，這樣久而久之，必定可增上自己的信心。

前兩天，我傳《大圓滿虛幻休息》的時候，當時說不用作財物供養，有人非要供養的話，可以作些法供養。說了以後，首先是女眾法供養的「報告」寫得比較多，後來我在課堂上講了一句後，結果男眾也寫了非常非常多。十分感謝！我看了還是很生歡喜心。我這邊有好多代表性的信，如果以後有時間，可以給大家讀一下。

今天也有個人在我面前發願，名字她不一定願意說，不說也可以吧。下面請個道友念一下她的法供養：

頂禮大恩上師！

弟子誓願：以身口意供養上師，一生為上師發心。發心期間，放下自私自利之心，諸善奉行，願發殊勝菩

大圓滿前行廣釋（六）附大圓滿前行實修法

提之心。

弟子懺悔：曾對上師所生為凡夫之想，誓願自淨其意，從而生起視師如佛不退之信心。

弟子懺悔：之前對家人未盡好孝道，誓願自此後，為家人而行真正之大孝道。

弟子誓願：曾發願每日只睡四小時，但未做到，心感憂恐。今再在上師面前誓願：每日只睡四小時。

弟子誓願：每日磕320個大頭。每日至少念誦21遍百字明；《阿彌陀經》、《金剛經》、《楞嚴咒》、《八吉祥頌》、《普賢行願品》、《釋迦佛修法儀軌》、《心經》、《三十五佛懺悔文》、《隨念三寶經》、《麥彭仁波切極樂願文》、《生生世世攝受願文》、《恆常發願文》、《文殊大圓滿基道果無別發願文》、《勝利道歌》各一遍；一萬遍佛號；文殊心咒、阿彌陀佛心咒、金剛薩埵心咒、蓮師心咒、觀音心咒各10遍。

弟子誓願：在條件允許下，每日至少供21盞酥油燈，供3盞清油燈，作一次火施。

弟子誓願：每日至少看《前行引導文》兩頁。

弟子誓願：每日觀修上師瑜伽、前行、世俗菩提心、勝義菩提心各一座，共計不低於半小時。

弟子誓願：只察己過，常念他好，斷除惡念，斷除綺語。如有違背，馬上重懺。

弟子願以此供養上師，懇請上師長久住世，常轉法輪。願以此能上報四重恩，下濟三途苦，續佛慧命。願以此清淨我與一切有情所有罪障，而能即生了脫生死，往生淨土。

弟子懇請上師恆時加持弟子，使自相續早日現前和上師相續無二之智悲力，從而能奉行如來家業，廣利有情。

以上誓願若未實施，弟子願永受地獄之苦！

慚愧弟子

2010年11月16日

講得可以。你們也想一想，大家都在共同修法、共同行善，在這個過程中，自己做得怎麼樣？我想這個道友應該不是口頭上，是發自內心的。而且她在實際行動中，可能每天也一直都在做，念那麼多經、那麼多佛號，還有看兩頁《前行》等等，這樣的話，一個人的善行，會超過好幾個懶惰的人。

以前我剛來學院時，也覺得睡四個小時太長了，但有些願望在上了年齡以後，或者工作特別繁忙時，不一定能實現。但不管怎麼樣，有這樣的願力很好，以此可經常約束自己！

下面我們繼續講課：

無信心者，佛也不能救度

假如自己沒有信心，即使遇到真佛攝受，也不會有什麼收益。在這個世間上，再沒有比佛陀更了不起的成就者了。像前面提到的善星比丘和世尊的弟弟提婆達多，親自在佛陀面前聽受了那麼長時間的教言，但也未能被調化，原因就是沒有信心。

有人常說：「某某人在佛學院待了那麼多年，在上師面前聽了那麼多法，怎麼還會做這樣的事，還會生起這樣的念頭？」其實這也跟皈依他的根基和信心有關，沒有信心的人，不要說一般的善知識，就算是在如來跟前，也不會看到任何功德。

佛陀在《如來興顯經》中也說：「如日照天下，生盲不能見……眾生失本淨，不信如來慧。」意思是，雖有太陽照耀整個天下，但生盲根本見不到，同樣，如來的智慧雖至高無上，但具有邪見而失掉清淨心的人，對此根本不會相信，這種人不管出家或學佛多少年，都不一定有什麼成就。

《增一阿含經》就講過一個簡短的公案：一天，佛陀在竹林精舍為大眾講法。此時，一位年高臘長的比丘，無視於睽睽眾目，雙腳朝前，正對著講壇，肆意而眠。同時佛陀附近還坐著一位小沙彌，年僅8歲，跏趺端坐，威儀具足，以歡喜心和恭敬心諦聽佛陀的教言。

佛陀決定藉機施教，於是向大眾開示：「所謂的長老，未必是先出家者，如果心中沒有智慧，仍會表現出愚癡的行為。若有人明白佛法真理，六根清淨無煩惱，即使剛剛出家，也堪稱為長老。」

　　說到這裡，佛陀問：「你們看到前排這位舒腳酣眠的長老比丘嗎？」大眾答：「見到了。」又問：「看到這位8歲的沙彌嗎？」皆答：「看到了。」

　　佛陀接著說：「這兩人對三寶的恭敬心、信心截然不同，當來的果報也有天淵之別。此長老比丘前五百世常為龍身，若現在命終，又將墮落為龍，因為他對佛、法、僧無敬仰之心。而此沙彌聽法恭敬，有慚有愧，七日過後，修行當有成就……」

　　可見，一個人學佛、聽經的時間再長，但始終沒有信心的話，也不見得有多大收益，這就是我們常說的「法油子」。這種人不管聽到什麼道理，都認為「這個我聽過，那個也明白」，自相續與法根本不相應，與善星比丘和提婆達多沒什麼差別，真的特別可怕！

　　所以，佛教徒最需要的就是信心，這種信心最好是不退轉的信心。即使這對一般人來講很難生起，至少也應具足清淨信或欲樂信。否則，連這些都沒有的話，入佛門的基本條件就喪失了。因此，無論是誰，都要具有一顆真誠的信心與恭敬心。若能如此，只要你虔誠祈禱，佛陀便會降臨並賜予加持。

大圓滿前行廣釋（六）附大圓滿前行實修法

佛菩薩的加持無處不在

不管是哪一位本尊、哪一位佛陀，對眾生的悲心都無有親疏，一視同仁，只要時時祈禱，他永遠會對你不離不棄，一直賜予灌頂加持。如頌云：「何人誠作意，能仁現彼前，賜灌頂加持。」同樣，上師的身、語、意、功德、事業，也沒有一個不遍及的地方，若能經常觀想祈禱，定然會得到無欺的加持。

藏文中有一部《如來不思議秘密大乘經》，這在漢文裡也有，其中就說：「如其虛空廣大故，佛身廣大亦復然；由身廣大量無邊，光明廣大亦如是；由其光明廣大故，語密廣大亦復然；語密廣大量無邊，心密廣大亦如是。」意思是什麼呢？猶如虛空般廣大而無處不遍，佛陀的身體也是如此；猶如佛陀的身體般廣大覆蓋一切，佛陀的金剛語也是如此；猶如佛語般無有邊際，佛陀的意密智慧也是如此；猶如佛的智慧廣大無邊，佛陀的功德事業之光也是如此。（藏譯中「光」在身、語、意後面，與漢譯的位置稍有不同。）

所以，在任何一個地方，佛陀都無不遍及，屋子裡、火車上、飛機上、公共汽車上……都遍滿了佛身乃至佛的事業和功德。只要你虔誠祈禱，就像水器清淨會映現月影一樣，佛的加持自然而然也會現前。因此，能否獲得加持，關鍵在自己有沒有信心。如果沒有信心，佛陀的加持再大，也不一定對你有利；而一旦有了信

心，即使大海離開了波浪，佛陀對所化者的濟拔和度化，永遠也不會消失、不會過期。如《根本說一切有部毗奈耶》云：「假使大海潮，或失於期限，佛於所化者，濟度不過時。」

或許有人會問：「誰說佛陀度化眾生不過期？一尊佛陀的教期圓滿之後，眾生不就無法成為他的所化了嗎？」

其實並不是這樣。一尊佛陀的教期圓滿，只是他度化眾生的時間已滿，並不是說他從此就沒有加持力了。我們都知道，賢劫千佛的任何一尊佛，無論是過去的毗婆尸佛、迦葉佛，還是未來的諸佛，只要祈禱他的名號，當下即會得到加持，這方面有很多精彩的傳記。所以，佛陀的加持永遠都不會離開。可是我們自己，有時候因恭敬心、清淨心不夠，把佛看成是無有加持的普通人，這樣一來，自然也就得不到加持了。這不能怪佛陀，而是自己的無明愚癡所致。

蓮花生大士當年前往羅剎國時，藏地的善男善女曾懇求他留在雪域，始終賜予灌頂加持。蓮師回答：「具有信心善男女，蓮生不去何處住，吾壽無有殆盡時，信士前我各現一。」意即其實我並沒有去往別的地方，我已獲得長壽持明果位，永遠也不會死亡，只要你們以信心祈禱，我會在每個人面前各現一尊蓮師。如今，我們念蓮師心咒祈禱蓮師也是如此，蓮師一直在時時賜予加

大圓滿前行廣釋（六）附大圓滿前行實修法

持，只不過我們看不見而已。這就像在生盲面前，具眼者對他施以幫助一樣，不能因為看不見就說沒有。

昔日無著菩薩修了12年的大悲心，才見到了彌勒菩薩。他見菩薩的第一句就是抱怨：「您的悲心實在微弱，我祈禱了那麼長時間，您也遲遲不現前。」彌勒菩薩告訴他：「並不是我不現前，實際上我與你從未分離過，只因為你被業力所蔽，自己看不見我而已。」

因此，我們祈禱諸佛菩薩時，要堅信他們就在面前，這一點很重要。倘若沒有這種信心，只是將其當作世間鬼神，祈禱不見效果就退失信心，絕不會得到真實的利益。假如你能具有不退的勝解信，那無論在什麼情況下，都會得到佛菩薩的悲憫，就像人們通常所說的「自己有勝解信，老婦依靠狗牙得成佛」。

老婦依狗牙而成佛的故事

這個故事在藏地可謂家喻戶曉：

從前，一位老婦人與兒子相依為命。兒子經常去印度經商，母親就對他說：「你在那邊賺多少錢我不關心，這對一個老人來講不重要，但印度金剛座是釋迦牟尼佛成佛的聖地，你一定要從印度帶一個殊勝的加持品，作為我天天頂禮的對境。」

儘管母親三番五次地囑咐，但這不孝的兒子並沒有特別重視，把這些話都忘在腦後了，以至於每次從印度

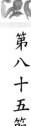

回來都兩手空空。

一次，兒子又準備去印度。母親就開始威脅他：「如果這次你還不給我帶回一個加持品，我就自殺死在你面前。」

（母親真的不高興了。因為這不是一次兩次了，說了那麼多次，卻始終沒有帶回一點點東西。其實，像菩提伽耶的一片樹葉，覺沃佛的一塊法衣，甚至初轉法輪之地——鹿野苑的一塊石頭，這些也可以，但是什麼都沒有。無奈之下，母親只好以死相逼了。）

結果兒子去印度經商期間，又忘記了母親的囑咐。回來快到家門口時，才突然想起母親的話，他心裡嘀咕：「現在該怎麼辦呢？我沒給母親帶回任何頂禮所依的加持品，這樣空手而歸，她一定會自盡身亡的。」

他左右環顧，發現路邊有個狗頭，於是拔出狗牙，用五顏六色的綢緞裹好，帶回來交給母親說：「您一定要保存好！這是佛陀的牙齒，特別不好得，我在印度花了很長時間才弄到，希望您將它作為祈禱的對境。」（這個兒子很壞呀，給母親一個狗牙，說是佛牙。但母親也有點笨，不然，人牙跟狗牙肯定是有差別的。）

母親將這狗牙當作真正的佛牙，生起了強烈信心，經常頂禮供養。後來狗牙降下了許多舍利。當她去世的時候，彩虹光環等瑞相紛紛呈現。

她不像現在大城市的有些人，分別念特別多、特別複雜，就算是真的東西，也會產生各種邪念。尤其是沒

大圓滿前行廣釋（六）附大圓滿前行實修法

有福報、沒有正見的人，邪分別念特別特別多；而有福報、有智慧的人，產生正見很容易，邪念倒不容易生起。就像《正法念處經》中所說：「善人行善易，惡人行善難，惡人造惡易，善人作惡難。」

其實，這個老婦人之所以成就，並非是狗牙具有加持力，否則，狗牙隨處都找得到，我們就不用去聖地拜佛了。有些人聽了這個故事，就認為：「藏地有狗牙成佛的故事，看來狗牙加持很大，以後有狗牙的話，一定要帶給父母作加持品。」我們不能從這方面理解。那從什麼方面理解呢？這是因為老婦人以強烈的信心力，認為狗牙是真正的佛牙，這樣一來，佛的加持融入了狗牙中，狗牙也就與佛牙沒有差別了。

由此可見，信心是最關鍵的因素。即使對方不是功德所依，但只要你生起真正的信心，對方自然也就成了有功德者、具加持者。所以，信心在佛法中非常非常重要。

不僅藏傳佛教特別重視這一點，漢傳佛教也是如此。印光大師在《增廣文鈔》中說：「欲得佛法實益，須向恭敬中求。有一分恭敬，則消一分罪業，增一分福慧。」這與華智仁波切的意思完全一致，即恭敬心和信心越大，消除業障、增慧增福的能力就越大；但若一點恭敬心和信心都沒有，諸佛菩薩的加持則很難融入自心。

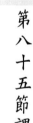

漁夫們依信心而得度的故事

《法句譬喻經》中還有個「篤信品」，裡面就講信心的很多功德，其中有一則公案說：從前佛陀在舍衛國時，東南邊有一條大江，江邊住了五百多戶人家，全部以欺詐造業為生。有一天，佛陀見度化他們的因緣已成熟，便來到江邊，坐在樹下身體發光。村人從未見過放光的人，既驚異又好奇，於是集聚過來向佛禮拜問訊。佛陀讓他們坐下，為他們傳講佛法，但這些人聽了，心中不信，無法度化。

這時佛陀幻化出一個人，從江的南邊踏水而來，水只沒過他的腳踝，身體並沒有沉下去。過江以後，他來到佛前頂禮。人們覺得有點稀有，紛紛問他：「這條江特別深，你有什麼功夫，可以不沉下去？」那人回答：「我是江南邊的一個愚冥之人，聽說佛陀在這裡說法，急切地想聽佛宣說道德。到了岸邊後沒有渡船，我向一個人打聽水的深淺，他說：『水只齊踝，你為何不渡過去？』我就相信他的話，從水面上過來了，並沒有什麼道術。」

佛陀讚歎道：「善哉善哉，信心至誠的人，連生死之淵都可以度越，更何況這區區數里的大江了？」並說偈云：「信能渡淵，攝為船師，精進除苦，慧到彼岸……」這時，村人們依靠那人的行為見證了信心的力量，紛紛對佛陀產生信心，求受三皈五戒，成了居士，

大圓滿前行廣釋（六）附大圓滿前行實修法

最後都得到了度化。

所以，信心是入佛門的先導。個別道友經常抱怨：「我的家人朋友實在沒辦法學佛！」其實這跟信心有很大關係。假如他們第一步有了信心，那不管是官員還是什麼身分，都有進入佛門的機會；但若連信心都沒有，根本不相信「這一套」，那他的人再好，再有智慧、有悲心，也還是不行，根本不會入這個門。

因此，信心的確非常重要。有了虔誠信心的話，就像剛才那個老婦女，她不會左思右想，完全相信那個狗牙就是佛牙，然後去誠心祈禱，結果真正現前了佛牙的加持。包括很多道友也是如此，如果對一條金剛結、一本書、一尊佛像有極大的信心，時時皈依頂禮，就算它的質量不是特別好，所獲的加持也不可思議。

我寺院（多芒寺）有一個很好的修行人，十多年來一直在拉薩那一帶雲遊神山，獨自修行，聽說他已念了一億遍文殊心咒。前段時間他下來了，我們稍微接觸了一下，他身上還帶著十五年前我給他的蓮師銅像。這尊銅像質量比較差，是我在馬爾康的商店裡看到的，花了五元錢請回來，當作禮物送給了他。可能當時有一些緣起吧，這麼多年來他始終帶著，從不離身。他拿出來給我看，質量確實一般般，我說：「給你換一個吧。我有尊尼泊爾的蓮師像，送給你。」他連連搖頭：「不要不要！這尊蓮師像遣除了我的很多道障。去年去印度過海

30

關時，我最害怕這尊蓮師像被沒收了，還好沒有。」我開玩笑道：「肯定不會。蓮師既然能遣除你的違緣，怎麼可能遣除不了他自己的違緣？」

可見，人的信心很關鍵。如果沒有信心，幾塊錢的佛像，十五年一直帶在身上，是絕對不可能的。而有了信心的話，在修行過程中，依靠這尊佛像，他一定遣除了很多障礙，得過很多不共的加持。所以，每個人都應該有這種純潔的信心！

覺沃奔與覺沃佛的故事

覺沃佛，是釋迦牟尼佛十二歲等身像，由文成公主帶入藏地，現供奉於拉薩大昭寺內。前段時間有一個領導，他是半藏半漢的年輕人，對佛教一點都不懂。他說：「哎喲，我始終想不通，一個漢族女人帶來的銅像，為什麼藏族人那麼崇拜？」——不懂歷史、不懂加持的人，有時候說話也比較可笑。

按照藏地的習俗，人來到這個世界上，若沒有見過覺沃佛，這是很遺憾的。所以，對很多老人而言，畢生能去拜一次覺沃佛，是自己心中最大的願望。藏族子女為了報答父母的恩德，在各方面因緣具足時，也一定會帶他們去拉薩朝拜。過去都有這樣的傳統。但現在的藏族年輕人，好像不關心這方面，自己有了錢以後，就像漢地有些人一樣，非要給父母買個房子，買個自行車

——開玩笑！自行車倒沒有。

　　從前，在工布地方，有一個叫覺沃奔的愚人。一次他去拉薩朝拜覺沃佛像，當時覺沃佛像前，沒有香燈師等任何人，於是他便走到近前。他把覺沃佛當成一個活生生的人，看到供桌上的食品和酥油燈，心想：「覺沃佛還是挺享受的，有這麼多的糌粑和酥油湯。他應該是將這些糌粑團，蘸上燈器裡的酥油汁以後才吃，為了使酥油汁不凝固才燃火的。我從很遠的地方來這裡，也算是覺沃的客人了，所以他怎麼享用，我也應該同樣食用。」

　　於是乎，他將糌粑食子蘸上酥油汁，就開始吃了起來。吃完以後，他心裡有點擔心，因為把覺沃吃的全吃了，喝的也全喝了，害怕覺沃會不高興，於是慢慢地看覺沃的臉。結果發現他特別慈祥，一直笑眯眯的，這時他才比較安心，不禁讚歎道：「神饈④被狗叼走了，您也是笑眯眯的；酥油燈被風吹動，您還是笑眯眯的，您真是一位好上師。我這雙鞋託您保管，我轉繞您一圈就回來。」說完，便將髒兮兮的鞋子脫下來，放在覺沃佛像前面，他自己去轉繞了。

　　香燈師來了以後，見覺沃佛前的「酥油湯」被喝完了，神饈也被吃完了，氣得不行，再看到佛像前有一雙髒鞋，就準備扔出去。覺沃佛像突然開口說話了：「這

④神饈：供佛的食品。

是工布奔委託我保管的，不要扔掉。」——香燈師可能
嚇壞了，以為工布奔是特別了不起的高僧大德。

這個時候，工布奔回來取鞋了，又說：「您真是一
位好上師，給我吃了一頓好的，又幫我保管鞋子，現在
我已經見到您了，也該回去了。明年請到我家鄉來玩一
玩吧。我宰一頭老豬，燉上豬肉，煮熟陳舊的青稞釀成
青稞酒，等著您。」

覺沃佛像說：「可以。」——香燈師可能要暈倒
了。

這位工布奔回到家中，對妻子說：「我已經邀請了
覺沃仁波切來做客，不知道他什麼時候才來，所以你經
常不要忘了瞧著點，看他是否來了。」

第二年的一天，他妻子去河邊提水，在水中清楚地
顯出「覺沃」的影像。妻子立刻跑回家告訴丈夫：「那
邊水裡有一個人，是不是你請的客人呀？」

他馬上跑去看，果然看到水裡現出「覺沃」仁波
切。他認為「覺沃」落到水裡了，於是奮不顧身地跳進
河裡去撈。因為信心所致，他果真將「覺沃」抓住並拽
了上來，然後帶著他高高興興往家中走。

途中到了一塊大石頭前，覺沃說：「我不去俗人家
裡。」不肯再繼續前行，而融入了那塊岩石中。後來石
頭上自然顯出了覺沃佛像，被人們稱為「覺沃石」；顯
現覺沃身像的河，則被叫做「覺沃河」。據說至今它們

仍與拉薩覺沃具有相同的加持力，絡繹不絕的信眾也經常對它們頂禮供養。

以前藏地很多老年人去拉薩時，有些是磕長頭，有些是走路，不像現在一樣交通方便，可以乘火車、客車或飛機。他們從石渠上去經過工布地方時，都會先朝拜覺沃石和覺沃河，然後再去拉薩，據說現在還是如此。所以，這是真正的事實，絕對不是傳說或神話故事。

那個「覺沃奔」完全是依靠堅定的信心，才得到了佛陀的悲憫。否則，換成一般人的話，喝了覺沃佛的燈油、吃了覺沃佛的神饈，又將不乾淨的鞋子放在覺沃佛像前面，怎麼會沒有罪過呢？但他卻憑著信心力，反而得到了那樣的功德——覺沃佛對他說了兩次話，後來還在他的家鄉出現了。所以，具足信心的人，在日常生活中常會得到佛菩薩的感應。

孤兒與綠度母石像的故事

藏地還有這樣一個故事：有個貧窮的小孩，從小是孤兒，沒有父母。每當看到其他小孩都有媽媽疼愛，他就特別特別傷心。

他住的附近，有一尊很大的石雕綠度母像，他每天都跑去和綠度母像說話，把她想像成自己的媽媽，心情不好時就說著自己的心事，像孩子和母親撒嬌一般，將自己的喜怒哀樂跟綠度母像傾訴。

有一次，他被別人欺負了，特別傷心，就抱著石像大哭。這時綠度母像竟然動了，將他抱了起來，深深擁入自己懷中，像慈母般不斷安慰著他，並開始陪他玩耍。最後在他離開時，綠度母像取下自己脖子上的珍寶項鏈，掛在了那小孩的頸上，以幫助他的貧困。

後來，有人看到那小孩身上有一串珍貴罕見的項鏈，就問他是從哪裡來的。小孩回答：「這是我媽媽給我的。」人們問：「你不是無父無母嗎？」小孩說：「我媽媽就是那尊石雕綠度母呀！」人們不信，跑去看那尊綠度母像，發現石雕上的項鏈居然不見了，也沒有任何被敲下的痕跡。從此之後，大家對這尊度母像更生信心了。

諸如此類的故事，確實不勝枚舉。大家不要認為這些都是迷信、是神話傳說，若以這種語氣把所有神秘的事實統統抹殺，那就是愚者的行為。相反，倘若我們因此對三寶產生信心、恭敬心，也一定會獲得相應的加持和功德。

證悟空性唯一依靠信心

且不說世俗中的各種感應，就算是證悟空性、大圓滿等勝義諦實相，也唯一依賴於信心。《入中論》中講過，對空性法門有信心的人，才能成為真實的法器。佛在經中也說：「舍利子，勝義諦唯以信心才能證悟。」倘若我們依靠自己的不共信心，以及上師三寶的殊勝加持，這種因緣一旦聚合，自然就會生起真實的證悟。而

大圓滿前行廣釋（六）附大圓滿前行實修法

只有證悟了實相，才能真正對上師三寶深信不疑，並生起與眾不同的不退信心。由此可見，證悟實相與勝解信二者是相輔相成的。

當然，就算暫時沒有生起勝解信，哪怕對佛陀產生一剎那信心，自己也不會墮入惡趣。《德護長者經》中云：「一心恭敬信，出世勝導師，無量百千劫，不墮諸惡道。」所以，對佛陀起信心特別重要，因為佛陀的確能救護一切，《法華經》亦云：「世尊甚希有，難可得值遇，具無量功德，能救護一切。」這方面的教證還有許許多多。

從前，米拉日巴尊者有兩位殊勝的弟子——塔波仁波切、惹瓊巴。惹瓊巴在尊者面前待的時間特別長，但違背了三次上師的教言，故沒有得到即身成就。而塔波仁波切最初聽到米拉日巴尊者的名字，就生起了不共信心，依止上師以後更是依教奉行。當他第一次見到上師時，上師遞給他一碗酒，雖然他是出家比丘，按照戒律不能飲酒，但他仍以信心將酒喝光。以此緣起，上師知道他是個能護持傳承、接受全部竅訣的法器。

塔波仁波切在米拉日巴尊者前待的時間並不長，差不多有十三個月，也就一年多的時間，儘管如此，他卻獲得了上師的全部加持。有一次，他在境界中現見了藥師七佛，之後又見到賢劫千佛，他馬上去拜見上師。還沒來得及稟告，上師就告訴他：「你見的只是佛的色

身，佛的法身以後才能見到⑤。你現在已不必和我住在一起了，可以到別處去了。你應該去崗波神山建立道場，弘法利生。」

臨行時，他問上師：「我去那裡建立道場後，什麼時候可以攝受眷屬？」

上師告訴他：「一旦你與現在截然不同，相續中生起了現見心性的證悟，並且將老父我看作真佛。當萌生這樣的堅定信心時，你便可以攝受眷屬。」

（這對我們後學者來講，也是很重要的一個教言。許多人來了學院以後，只聽兩三堂課就跟我說：「我可不可以回去收弟子啊？我準備給他們做個漂亮的皈依證，您開許吧？您若是開許了，我馬上就去大量收弟子。比較有能力的，我自己留一部分，其他的全部供養給您！」）

米拉日巴尊者為塔波仁波切授記的崗波神山，形狀像一個國王坐在墊子上，在山之頸項處，就是他今後弘法的地方。後來，塔波仁波切在那裡建立了寺院，創立了塔波噶舉的傳承，後人又稱他為「崗波巴」。直到現在，這個法脈的弟子也遍於整個世界，數量特別多。記得崗波巴在離開上師時，米拉日巴尊者送他到了一個樹林，那裡有一條河，河上有座小橋。上師對他說：「為了尊重緣起，我不想走過河那邊去。我就送到這裡，你可以離開了。」他就對上師頂禮多次，然後一面流淚一

⑤意即以後才能認識自心的本性。

大圓滿前行廣釋（六）附大圓滿前行實修法

面祈禱。上師覺得這個緣起不太好，顯得十分不高興。崗波巴依依不捨地離開上師後，因為他是利根者，依止上師的時間雖不長，但後來也真正認識了心的本性，生起了視米拉日巴尊者與佛無別的境界。

法王如意寶以前也經常講：「什麼時候你認為自己的根本上師跟佛沒有差別，並依靠上師直指的竅訣，認識了心的本來面目。此時再攝受弟子、廣弘佛法，就會有非常好的緣起。」

因此，上師三寶的大悲與加持若要融入自相續，唯一依靠恭敬和信心。從前，阿底峽尊者的一個弟子，邊使勁敲尊者的門，邊直呼尊者名字：「覺沃，我身體不好，給我加持加持！」敲了三次之後，尊者才面現不悅地開門說：「壞弟子，恭敬一點吧！加持不是通過使勁敲門而得到的，我不給你加持！」

所以，不管是什麼人，假如對上師、佛菩薩沒有恭敬心，是不可能得到加持的。平時我常會遇到一些不信佛、沒有信心的人——「來！你給我摸一摸，用那個菩薩給我敲一敲……」然後給他「敲」的時候，他體內好像有根鋼管一樣彎不下去，這種態度是根本得不到任何加持的。要知道，只有以堅定不移的不共信心與恭敬心，才能開啟皈依及加持之門。所以，信心對每個人來說，是必不可少的先決條件！

第八十六節課

前面介紹了皈依三寶要具足信心，信心分為清淨信、欲樂信、不退轉的勝解信。今天開始講「皈依之分類」：

丁二、皈依之分類：

皈依分小、中、大三種

具有如此信心的皈依，根據動機的不同也分為三種。這一點大家務必要清楚。在座不管是出家人、在家人，自以為早已皈依佛門，但你到底屬於哪一種皈依，小士道、中士道還是大士道？這個一定要觀察好。

一、小士道皈依：畏懼地獄、餓鬼、旁生三惡趣的痛苦，希求天界、人間的善趣安樂，為了得到快樂、避免痛苦而皈依三寶。

現在這樣的人比較多。我看到有些佛教徒比這還差，他們對下一世不重視，只求這輩子遠離災禍，生意興隆、家庭平安、升官發財等，以這樣的目標而皈依，甚至連小士道都不如。所以，有些寺院平日裡人山人海，不少人喜歡辦皈依證，但這些人只求今生離苦得樂的話，基本不能列為真正的皈依。

你們以後若給人講三皈五戒，這些道理一定要弄明白。同時還應觀察：「我最初皈依是怎麼樣的發心？現在處於什麼樣的狀態？」每個皈依人應常常捫心自問。

大圓滿前行廣釋（六）附大圓滿前行實修法

二、中士道皈依：通過聞思修行，認識到無論生在輪迴的善趣、惡趣，都不離痛苦的本性，三界之中無有快樂，猶如不淨室中沒有妙香。為了擺脫輪迴的一切痛苦、獲得寂靜涅槃的果位，而皈依三寶。

就像有些人，想到清淨剎土的殊勝功德，就發願往生極樂世界。但這樣的發心，只是為了自己獲得解脫，不願自己感受痛苦，故叫做中士道，不是最上等的皈依。

三、大士道皈依：見沉溺在無邊輪迴大苦海中的所有眾生，遭受無法想像的深重苦難，故不能只想自己一人解脫，要將他們安置於無上佛果而皈依三寶——我們需要的就是這種皈依

選擇大士道皈依的原因

當然，不管是哪一種皈依，功德都非常大，誠如《本事經》所言：「最勝有三種，所謂佛法僧，依生淨信心，能見最勝法。」意思是說，最殊勝的是佛法僧三寶，若能對此生起清淨的信心，就能現見無與倫比的甚深之法。所以，皈依三寶是最榮幸的事情，也是我們來到世間最大的獲得。

不過，在這三種發心中，最好是為了利益一切眾生而皈依，不能只求下輩子的人天安樂，或者只想自己獨自解脫。《華嚴經》亦云：「除滅一切諸心毒，思惟修

第八十六節課

習最上智，不為自己求安樂，但願眾生得離苦。」

　　因為善趣的人天安樂，暫時看似快樂，實際上也超不出痛苦的範疇，有朝一日善趣樂果耗盡後，又會再度墮入惡趣。《雜譬喻經》中就講了一則公案：從前，印度有個修行之處，那裡有十萬沙門。其中五萬人已證得阿羅漢果，斷除煩惱，具足六通；剩下的五萬人，或得少果，或未得果。一位長者對他們生起信心，為求人天福樂而作了供養。在最後迴向時，僧眾中地位最高的長老卻說：「今天你作供養，實際上造了大罪業。」

　　未得果的沙門不理解，以為他年紀太大，有點老糊塗了。長老解釋道：「這位施主是為了人天安樂而供養。將來獲得這種快樂時，他會滋生驕慢，不求解脫，對三寶沒有恭敬心，最終福報享盡，必定墮入惡趣。⑥」

　　由此可見，我們無論做任何善事，都不能追求瞬間的善趣安樂，或者獨自一人得到寂靜的聲聞緣覺果位。如果是這種發心，不去饒益無始以來曾當過父母、現今沉淪在輪迴苦海中的無邊眾生，那實在不合情理。所以，我們理當修行無量福德的大士道皈依，為一切眾生獲得佛果而皈依三寶。

　　若能如此，龍猛菩薩在《中觀寶鬘論》中說：「有

大圓滿前行廣釋（六）附大圓滿前行實修法

---

⑥《雜譬喻經》中，上座答曰：「汝等識其一，未識其二。此人種福復受人天中樂，於受樂中大生憍慢，自謂為足，不求解脫，睹佛不奉，見經不讀，見沙門無虔敬之心，放逸自恣，食福既盡，當墮惡道無量阿僧祇劫，罪畢乃出。所以得種大罪者，因受世俗大報故也。若擬心聖道而為此福者，後受報時終無此報也。」

情界無量，利彼亦復然。」因為眾生是無量無邊的，故想利益他們而發心行持六度萬行，福德也是無量無邊的。為什麼？因為所緣對境是無量的，故緣此只是發心的話，功德也是無量的。

修皈依的時候，大家一定要知道大士道的功德。如果不懂這一點，只為了暫時的利益而皈依，不但沒有大的功德，反而會像那個施主那樣，造下墮入三惡趣的因。《四童子三昧經》中也說：「三界何有樂，數數流轉生，死已復更生，增長相續苦。」眾生流轉輪迴、死而復生，如此不斷地增上痛苦，毫無實義。因此，我們要為了他們斬斷輪迴根本、發無上菩提心而皈依。

總之，作為大乘佛教徒，無論在任何場合，利益眾生都不能忘。這一點，這次修五十萬加行，務必要貫徹始終。無論是哪一個修法，在最初時都要想到：「修它不是為了我獲得解脫，是為了利益無邊眾生。」而千萬不要認為「修加行是為了能聽密法，不修完，就沒有資格得到密法傳承」，若是這樣一個目的，那你的方向就搞錯了！

丁三、皈依之方法：

皈依法的分類

一、共同乘皈依法：

以誠信佛為本師、法為道、僧眾為修道助伴的方式來皈依。

這是顯宗的皈依。就像一個人去印度的話，首先要找個有經驗的嚮導，以前曾去過那裡，或對各方面比較了解；然後需要有道路，要麼是空中的航道，要麼是地上的公路等；還需要有同伴，在路上可以彼此照顧。

同樣，眾生若想得到圓滿正等覺的果位，首先要依止佛陀，佛陀相當於是嚮導，指引我們該怎麼走，這個叫皈依佛；然後佛陀是依靠修法而得道，故他所宣講的法，就是我們要行的道，所以要皈依法；在漫長的菩提道路中，沒有可靠的助伴或道友，一個人可能會害怕，擔心路上遇到種種違緣，沒辦法獨自前往菩提之路，因此就要皈依僧眾。

（不過，有些人跟道友出去時，因為很多觀點不同、想法不同，回來就不說話了。你們要注意啊！以前就有這樣的，出去旅遊或朝聖時，剛開始兩人關係特別好，錢全部合在一起，但到了後來，由於好幾次觀點不合，錢就分開了，最後都不理對方了，這樣就不好。）

這是共同乘的皈依三寶。

二、不共同密乘⑦皈依法：

通過三門供養上師、依止本尊、空行為助伴的方式而皈依。

皈依時要以三門供養上師，因為上師是一切加持的

⑦指密宗事部、行部。

來源；依止文殊菩薩、觀音菩薩等本尊，因為本尊是一切悉地的根本；要以空行為助伴，因為空行是一切事業的根本。上師、本尊、空行稱為三根本，以此對境而作皈依，就是不共密乘的皈依。

三、殊勝方便之金剛藏⑧皈依法：

依靠脈清淨顯現化身、風清淨顯現報身、明點清淨顯現法身的捷徑來皈依。

《前行備忘錄》中也講了，處所的脈清淨，為僧寶和化身；動搖的風清淨，為法寶和報身；莊嚴的明點清淨，為佛寶和法身。以這三者為皈依對境，就是金剛藏的皈依方法。

四、究竟無欺實相金剛乘⑨皈依法：皈依境聖眾相續中的本體空性、自性光明、大悲周遍無二無別大智慧，我們為了使自己也能生起來，反覆修持、決定，依靠這樣的方式而皈依。

其中，本體空性即佛寶和法身，自性光明是法寶和報身；大悲周遍是僧寶和化身。蓮花生大士在《空行心滴》中，也以不共的竅訣闡述過。

---

⑧指瑪哈約嘎、阿努約嘎。
⑨指無上大圓滿心滴派。

念誦的皈依偈

念皈依偈的時候，可以是龍欽心滴派的「真實三寶善逝三根本……⑩」，也可以是《開顯解脫道》的「南葵內色那卡剛瓦耶……」，各人可根據自己的情況來念。但不管是哪一個，最好能圓滿十萬遍。

有人說自己已經修過覺囊派、格魯派或其他教派的皈依，這個我也很讚歎，但你以後如果要聽無上大圓滿密法，最好是修無垢光尊者龍欽心滴派的五十萬加行。這是我個人的想法，並不是說其他教派的加行修完之後，不修這個的話，還是沒有用。我不是這個意思，也不敢這麼說。但我總覺得，每個傳承的加持、悉地略有不同，理念上還是有點差別，即使你修過其他教派的加行，但這次因為不同的緣起，最好能再修龍欽心滴派的五十萬加行，或全知麥彭仁波切《開顯解脫道》的五十萬加行。我個人而言，對這個法脈特別熟悉，我們若能一起將這個傳承的儀軌修圓滿，各方面定有不共的殊勝之處。

當然，你修其他教派的加行，也沒什麼不可以的。只要法清淨，不是某某人以分別念寫的儀軌，就都有資格學修密法。否則，我也確實不敢保證，大家一定要注意！

大圓滿前行廣釋（六）附大圓滿前行實修法

---

⑩真實善逝三寶三根本，風脈明點自性菩提心，本體自性大悲壇城中，直至菩提果間永皈依。

明觀皈依境

以上內容明確之後，接下來是明觀皈依境，修持真實皈依。

觀想的時候，如果你有能力，就一步一步全部觀想；實在不行的話，就想：「我前面有一棵五枝菩提樹，樹上有三寶總集的蓮花生大士，還有佛寶、法寶、僧寶。」這樣簡單地觀想也可以。

　　在座的各位，有些年齡稍微高一點，聽說連觀音心咒都不會背，那背皈依偈也許有點困難。但除了這種情況以外，其他人應該沒問題，務必要把這個念完。

　　具體來說，先將自己的住處觀想成珍寶組成的清淨剎土，美妙悅意，平坦光滑猶如鏡面，無有凹凸不平的山崗、窪地。就像《維摩詰經》中講的，螺髻梵王說釋迦牟尼佛的剎土極為清淨，但舍利子不承認，於是佛陀用腳趾壓地，三千大千世界頓現清淨無比。佛陀說：「我此佛土恆常清淨，只不過有些眾生沒有見到罷了。譬如天人享用同一食物，由於各自福德不同，感受的味道千差萬別，同樣，眾生因為業力有異，有些人見不到此土莊嚴。心清淨的人，才能見到諸法清淨。」明白這個道理之後，我們首先將住處觀想清淨，這是第一步。

　　然後在自己正前方，觀想一棵具有五枝的如意樹，枝繁葉茂、百花齊放、碩果累累，極其圓滿，蔓及各方，遍布東南西北整個虛空界，枝葉全部是由各種珍寶鈴、瓔珞裝點。這在唐卡和一些圖片上都有，大家觀不起來就好好看，之後再分別觀想五方樹枝上的境相。

　　觀想的時候，除了這些，就不用多想了。有些人還

大圓滿前行廣釋（六）附大圓滿前行實修法

要問很多細節，「樹枝有多少，樹葉有多少……」。其實你能觀這些，觀想能力就夠豐富了。我的話，能觀這個已經不錯了，不用再加很多了。

中央的樹枝：根本上師

觀想本體為三世諸佛總集的根本上師，形象是蓮花生大士。這跟前不久學的《虛幻休息》不同，《虛幻休息》中無垢光尊者一再要求，觀想時上師的形象不能變。但此處，法王如意寶也講過，如果你上師年邁體老、滿面皺紋，不能這樣觀想，一定要觀成蓮花生大士佛父佛母。所以，每個修法的要求不一樣。

這裡的要求是，觀想形象為蓮花生大士，本體是自己的根本上師。他身色白裡透紅，一面二臂，雙足以國王遊舞式，安坐在八大獅子寶座的蓮花、日月坐墊上。右手以契克印執持純金五股金剛杵，左手平托天靈蓋，裡面有充滿無死智慧甘露的寶瓶，瓶口由如意樹嚴飾。蓮師身著錦緞大氅、法衣、咒士衣，頭戴蓮花帽，與身色潔白、手持彎刀和托巴的佛母益西措嘉空行雙運⑪。（對密宗有信心的話，可觀修雙身像；假如不但生不起信心，還有一些不清淨的念頭，那修單身像也可以。）蓮師的面部朝向自己，安坐在前方的虛空中。

---

⑪《前行》後面的「上師瑜伽」中，有這些的詳細繪畫，並標有名稱。

上方的樹枝：傳承上師

觀想蓮師的頭頂上，諸位傳承上師以重樓式安坐。本來各大教派有無數傳承上師，如格魯派的傳承上師，噶舉派的傳承上師。單單是我們寧瑪派，續部中也有不同的傳承上師，據佛教史記載，有傑珍大圓滿的傳承上師，龍欽大圓滿的傳承上師，布瑪莫扎派的傳承上師……但在這裡，只是略觀大圓滿心滴派最根本的傳承上師。

這些傳承上師，《前行》後面一一有畫像，《上師心滴·歷史寶鬘論》中，也有這些上師的簡介及彩圖，大家應該一個一個地看。這些上師對我們生起大圓滿的覺性證悟，有不可缺少的緣起，所以一定要觀想。

這些傳承上師分別是：法身普賢如來、報身金剛薩埵、化身極喜金剛（嘎繞多吉）、阿闍黎文殊友（蔣花西寧）、上師西日桑哈、智者加納思扎、大班智達無垢友（布瑪莫扎）、鄔金蓮花生大士、法王赤松德贊、譯師貝若扎那、空行益西措嘉、遍知龍欽繞降、持明無畏洲（智悲光尊者）。這在《前行·上師瑜伽》中也有專門介紹。

如果你能繼續觀想，下面還有如來芽尊者、蔣陽欽哲旺波、華智仁波切、全知麥彭仁波切、托嘎如意寶、法王如意寶，這是我本人的傳承上師。當然，假如你是其他教派的，傳承上師不一定是這些。但學《前行》的

大圓滿前行廣釋（六）附大圓滿前行實修法

話，把法從普賢如來一直傳到你這裡的，就是你的傳承上師。

剛才也說了，這些傳承上師的位置，就在蓮花生大士上方。他們各自的裝飾、裝束樣樣齊全，上面一位上師的坐墊沒接觸到下面一位上師的頭部。這些傳承上師就這樣以重樓式安坐，周圍由本尊及四續部不可思議的尊眾、空行勇士、護法團團圍繞。

前方的樹枝：三世諸佛

本師釋迦牟尼佛的周圍，由賢劫1002尊佛等十方三世諸佛所圍繞。他們全部是殊勝化身梵淨行的裝束，頭有頂髻、足有輪寶等具足三十二相與八十隨好，雙足金剛跏趺坐，身色有白、黃、紅、綠、藍，身體放射出不可思議的光芒。

這是觀想佛寶。在不同經典中，有些說是賢劫千佛，也有說是1002尊佛。不過，在皈依境上，只畫了三尊，代表過去佛、現在佛、未來佛。這些佛都是殊勝化身的裝束，就像釋迦牟尼佛一樣。這樣觀修，就是皈依佛；剛才觀想的是上師，修法上是皈依師。

右方的樹枝：大乘僧眾第

以文殊菩薩、金剛手菩薩、觀音菩薩這三位怙主為首的八大隨行佛子⑫，由大乘聖者僧眾圍繞。

他們的身色也有白、黃、紅、綠、藍，以十三種圓滿報身裝飾莊嚴，雙足以平等式站立。

左方的樹枝：小乘僧眾

舍利子、目犍連聲聞二聖，由聲聞緣覺聖者僧眾圍繞，身色潔白，身著三法衣，手持錫杖與缽盂，雙足站立。

以上左右兩方的樹枝代表僧寶，即是皈依中的皈依僧。

後方的樹枝：法寶經函

法寶經函層層疊疊，金光閃閃的格架中央最上方，陳列著640萬頌大圓滿續部。所有函頭的標簽⑬都對向自己，經函光芒四射，自然發出「阿勒、嘎勒⑭」的自聲。

樹枝的空隙：男女護法

這些樹枝的所有空隙中間，有智慧護法神、業成護法神。

其中，男相護法神面部一律朝外，成辦和保護修持

---

⑫八大隨行佛子：觀世音菩薩、文殊菩薩、金剛手菩薩、地藏菩薩、彌勒菩薩、普賢菩薩、除蓋障菩薩、虛空藏菩薩。
⑬函頭標簽：藏式書函左端的書名浮簽，一般多用網子製成。
⑭阿勒、嘎勒：嗡 阿阿 額額 嗚嗚 熱熱 勒勒 唉唉 哦哦 昂阿 嘎喀嘎嘎阿 匝擦匝匝釀 札叉札札納 達塔達達納 巴帕巴巴瑪 雅繞拉哇 夏喀薩哈恰。此為梵文元音字母組和輔音字母組，這五十個字母非常有加持。

菩提正法、遣除違緣與障礙、禁止外部障礙進入內部的事業；女相護法神面部向內，成辦內在成就不散失於外的事業。

這些護法神，正如《大幻化網》所說，不管是業成也好、智慧成也好，全部是佛陀的自現，具有智、悲、力的無量功德，對我們十分慈愛。總之，所有護法神、本尊、空行都是主尊的顯現，皈依時一定要這樣觀想，把他們全部觀成引導眾生的大導師，跟釋迦牟尼佛、蓮花生大士沒有任何差別

具體觀修方法

假如你很難同時觀想這麼多對境，可以一會兒觀中間的蓮花生大士，一會兒觀左邊的小乘僧眾，一會兒觀右邊的大乘僧眾，一會兒觀後面的經函，一會兒觀前面的三世佛。最好以閉關的方式，一邊這樣觀想一邊念誦。

念皈依偈的時候，皈依的對境就是這些，但心裡應該怎麼想，才是最關鍵的。首先，你要皈依的話，就應把身體、壽命等一切，全部託付給佛陀等三寶。若能如此，《經律異相》中說：「諸有歸命佛，不趣三惡道，受福天人間，後逮涅槃界。」

其次，要明確皈依的目的，是為了利益天邊無際的眾生，不是為了求身體健康，或是為了可以聽密法，看

別人念完了自己還沒有，就拼命念求個數量。所以，你們這次修十萬皈依，應該反反覆覆地想：「我皈依是為了利益天邊無際的眾生。」

修皈依時，從自身而言，應當如何觀修呢？把今生的父親觀想在右側，母親觀想在左側，前面是以憎恨自己的敵人、加害自己的魔障為首的三界眾生，他們就像大地上規模盛大聚會的人們一樣，聚集在一起。

今生的父母觀在兩側，因為他們是恩德之處，《前行備忘錄》和其他教言中也講了，即生中對父母一定要有感恩之心。然後，還要把關係最不好的人，觀在自己前面。那天有個道友說：「我正在修加行，但最近跟我不好的人太多了，所以我前面有一群道友，今天又增加了一個……」她每天都跟一個人吵架，吵完後又把那人觀在前面。不過，這樣觀想也是對的。

假如你沒有關係不好的人，把六道眾生觀在前面就可以了，不用單獨觀一個特別「重要」的人。或者，對你身體、修道製造違緣的魔障，以及在生活中無緣無故誹謗你、害你的，這些都可以觀在前面。

然後，你和這些人一起面向皈依境，雙手合掌，三門畢恭畢敬——身恭敬頂禮膜拜，語恭敬念誦皈依偈，意恭敬心裡默念。（我們作為凡夫人，不一定能時時如此，但至少也要在一座之間觀修一次。）

默念什麼呢？「從現在起，我無論是上升還是下

大圓滿前行廣釋（六）附大圓滿前行實修法

墮、是苦是樂、是好是壞、是病是痛，除了上師三寶您以外，我沒有其他依靠、救護、怙主、友軍、希求處與皈依處。」以這樣特別虔誠的心，在上師三寶等皈依境面前，發誓「從今以後我的一切都拜託您了」──那天有個領導找我，他平時對我不好，我建學校他也不理，經常遠離我。那次他跟老鄉發生衝突，實在沒辦法了，就打電話讓我勸勸老鄉。這時他對我很有信心，一直連連說：「一切事情都拜託您了！」

我們在三寶面前也要如此，自己苦也好、樂也好，「一切事情都拜託您了」。雖然生起這樣虔誠真摯的心很困難，但如果生不起來的話，只是口頭上說「皈依佛、皈依法、皈依僧」，確實意義不大。所以，這次修皈依，希望大家要注重質量，「利益眾生」、「全心全意」、「一切依賴於您」這些關鍵詞，必須要反反覆覆地思維，否則，皈依的效果不一定很好。

剛才也講了，除了三寶以外，再沒有其他的救護處、皈依處。接著還要默念：「從即日起，直到獲得菩提果之前，我全心全意、誠心誠意將自己託付於您。成辦任何事情，既不向父親詢問，也不與母親商量，又不自作主張，完全依賴於上師三寶您。一切奉獻給您，精勤修持您，除您之外，我無有其他皈依處、指望處。」

要想真正成為一名三寶弟子，就要有這樣皈依一顆心。以這樣的心態念十萬遍皈依偈，質量上肯定會過

關。上師如意寶講過，一般而言，五十萬加行最好以閉關方式修，這樣沒有什麼散亂，每天處於寂靜的狀態中。尤其是，若能在每座當中，開頭發菩提心，中間在前面放張皈依境的唐卡，作些供養，然後一心一意地念誦儀軌，最後作個迴向，每次都以三殊勝來攝持，加行肯定修得很圓滿。

這次《大圓滿前行》我講得比較廣，在一生中，這是第一次，也應該是最後一次。所以，大家不要輕易錯過，這方面一定要下功夫。

下面以至真至誠的猛烈心，念誦皈依偈：

དཀོན་མཆོག་གསུམ་དངོས་བདེ་གཤེགས་རྩ་བ་གསུམ༔

滚　秋　色　慪得　相　匝瓦色

真實三寶善逝三根本

རྩ་རླུང་ཐིག་ལེའི་རང་བཞིན་བྱང་ཆུབ་སེམས༔

匝龍特利讓　雲向　切　塞

風脈明點自性菩提心

ངོ་བོ་རང་བཞིན་ཐུགས་རྗེའི་དཀྱིལ་འཁོར་ལ༔

慪哦讓　雲特　吉　傑　闊拉

本體自性大悲壇城中

བྱང་ཆུབ་སྙིང་པོའི་བར་དུ་སྐྱབས་སུ་མཆི༔

向切　釀波瓦德　加色切

直至菩提果間永皈依

念這個十萬遍也可以。或者，還可以念《開顯解脫道》裡的皈依偈：「南葵內色南誇剛瓦耶，喇嘛耶丹寬竹措南當，桑吉秋當帕波給登拉，達當桌折給貝嘉森切。」這個可能很多人比較熟悉，兩個都可以，沒有很大差別。

從明天開始，大家就要修皈依了。凡是看光盤和學會裡的人，一定要把十萬遍皈依偈念完。現場聽課的學院道友，最近就要把它修完。假如你各方面條件具足，應該以閉關的方式修；實在沒辦法的話，各班就以集體共修的方式來完成。

總而言之，一定要把十萬遍完成，這是我們寧瑪巴傳承上師始終強調的，藏傳佛教其他教派的傳承上師也特別重視。現在極個別人說，五十萬加行不修也沒關係，這樣的做法我們無法想像。華智仁波切在《前行》中講過：「每一座期間，盡心盡力念誦皈依偈，總數合計起來至少要圓滿十萬遍。」在華智仁波切、麥彭仁波切、法王如意寶等諸多大德的傳統裡，若不修完五十萬加行，根本沒有資格聽任何密法。

所以，希望你們這次好好修，不僅要在數量上完成，質量上也應盡量過關。修這個雖然要花一點功夫，但若想獲得解脫的話，就肯定要下功夫。否則，縱然你人生過了七八十年，修行也不一定成功。

恰卡瓦格西曾說，在他60年的生涯中，大部分時間

都被飲食、衣食、治病耗光了，如果真正算起來，用於修行的時間連5年都不到。我們好多人也是如此，在短暫的人生中，忙忙碌碌了一輩子，卻連一次五十萬加行都沒有修。看看以前的高僧大德，他們一生修過多少次加行？我們若連一次質量過關的都沒修完，就不是真正的修行人了。

　　當然，若想質量過關，華智仁波切也說了，最好是以「閉關」的形式觀修。希望大家盡量做到，即使做不到，也應避開一些散亂的因緣。那麼五十萬加行修完之後，是不是就可以完全放下了呢？也不是。你平日裡還要經常串習，該念修的皈依偈一直要念。這點必須要注意！

大圓滿前行廣釋（六）附大圓滿前行實修法

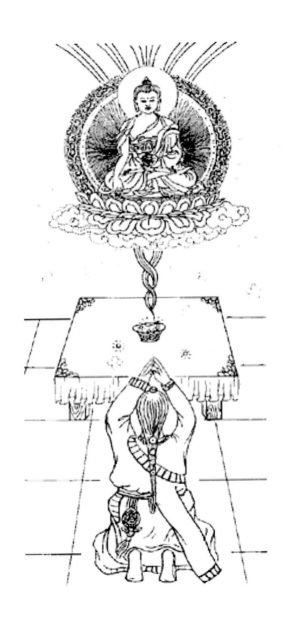

第
八
十
六
節
課

第八十七節課

「皈依」中，上一節課已介紹了皈依境，又叫資糧田。其中講到，中間是形象為蓮花生大士、本體為根本上師，上面是歷代傳承上師，前面是三世佛，後面是以大圓滿十七大續部為主的一切經函，左右分別為小乘、大乘僧眾，周圍有寂猛浩瀚的護法神。自己觀想：前方是怨敵、魔障為主的六道眾生，左右兩側是今世的父母，大家全部面向皈依境，口裡念誦皈依偈，身體恭敬頂禮。

有些道友十萬遍頂禮沒完成的話，按個別上師的傳統，也可以將皈依和頂禮一起修。我自己剛開始修加行就是這樣；而且很早在學院帶過一部分道友修五加行，當時也要求皈依與頂禮合修。

修的時候，觀想帶著三界六道的眾生，身體作頂禮，口誦皈依偈，心裡意念：「從今日起乃至菩提果之間，一切都依賴於三寶您。除了您以外，夢中也不尋找其他皈依處。做任何一件事情，不與父親詢問，不與母親商量，也不自作主張，一切的一切都依賴於您。」然後以非常虔誠的心，全心全意地祈禱三寶。

若能以這樣的心態念誦十萬遍皈依偈，在三寶面前發十萬遍誓，自己則不太會改變。之所以要念這麼多數量，也是因為皈依非常重要，若在三寶面前再再表決心，以這種方式堅定自己的信念，以後就不容易退轉。

大圓滿前行廣釋（六）附大圓滿前行實修法

所以，不管是現場的道友，還是將來通過法本、光碟聽受的人，如果你真想成為一名虔誠的佛教徒，五十萬加行必須要修，這是歷代傳承上師的要求。除了極個別病人或年齡特別高的人之外，在這一輩子中，自己一定要想辦法完成五十萬加行。

這一點，希望大家都應該發願，這對我們來講特別重要。如果你把加行修得非常純熟圓滿，以後的修行會很踏實、穩固。當然，除非是極個別利根者，可能不需要這樣，但我們95%的人並不是這種根器，故應遵從歷代上師的傳統，這對自己來講也是特別好的緣起。

我們這次共修加行，機會確實來之不易，所以一定要珍惜。有些人自認為境界很高，沒有必要這樣修，若果真如此，我也不會勉強。但過去的傳承上師們，境界再高，一生中也修過多次加行。所以，你應該怎麼樣做？最好還是考慮考慮。

下面開始講今天的內容：

怨敵、魔障比父母恩德更大

有人可能問：「皈依時，將自己的大恩父母觀在左右，卻將討厭的怨敵、魔障觀在前面，為什麼他們比父母還重要呢？」

這是因為，作為已進入大乘的修行人，我們理當對一切眾生平等地修慈悲心與菩提心。釋迦牟尼佛在因地時也

好、得果後也罷，對羅睺羅與提婆達多都平等看待、一視同仁，並沒有因為一個常常誹謗自己，就對他不滿；一個是自己親生兒子，就對他極其慈愛、另眼相看。同樣，我們也應當像佛陀那樣，平等地修慈悲菩提心，即使原來對某人有嗔心、有偏見，也要消除這種耽著。

尤其是為了圓滿廣大的福德資糧，避免失毀以前的一切善根，完全有必要將修安忍放在首位。否則，以一念的嗔恨心，就能摧毀千百劫中所積累的布施、持戒等善根。

而且，《入行論》云：「若無生嗔境，於誰修安忍？」也就是說，只有依靠怨敵、魔障對自己進行損害，我們才能修成難行的忍辱。故對菩薩來講，安忍的對境就像如意寶出現在窮人家裡一樣，非常難得，由於他可助自己圓滿菩提行，我們一定要對怨敵生喜。誠如《入行論》所言：「故敵極難得，如寶現貧舍，能助菩提行，故當喜自敵。」

可是很多人因為修行不夠，不願意見到怨敵的樣子，不願意聽到怨敵的聲音，只願意接觸關係好的人，只願意跟見修行果一致的人交往，這就是安忍修得特別差的原因。其實，假如沒有怨恨的敵人，我們又對誰修六度中的安忍呢？

當然，就六度本身而言，前前比後後更容易。比如說，跟布施比起來，持戒比較難；但跟安忍相比的話，

持戒就簡單多了。所以，對一般人來講，布施東西、守持戒律輕而易舉，但面對敵人的危害，自己能做到安之若素的，實在寥寥無幾。

不過，倘若你好好加以觀察，就不難發現，仇人、魔障並不那麼讓人恨之入骨，從修行方面而言，他們甚至比父母的恩德更大。為什麼這樣說呢？大家都知道，父母教給我們的，是成辦現世利益的一切欺誑手段，從小就灌輸怎麼樣殺生、怎麼樣談朋友等教育，讓我們不斷串習貪嗔癡為主的各種行為，使後世無法從惡趣的深淵中解脫。從這一點來說，父母的恩德並不是很大。

而怨敵、魔障呢？先拿怨敵來說，他對我們製造違緣、妨礙修行，成了我們修安忍的對境。並且通過巧取豪奪等方式，使我們不由自主地斬斷或遠離長久以來無法擺脫的輪迴縛索——一切痛苦來源之財產、受用等，所以對我們恩德極大。

佛經中就有一則公案⑮：昔日有個富人，他有兩個兒子，臨終時囑咐大兒子，一定要照顧好自己的弟弟。後來，大兒子娶了一個妻子，妻子擔心弟弟長大後分家產，就經常勸丈夫儘早除掉弟弟。經過一而再、再而三的挑唆，大兒子便聽從她的建議，把弟弟帶到城外的墳地那兒，由於不忍心親手殺死他，就用繩子把他緊緊綁在樹上，想讓虎狼等猛獸把他吃掉。

⑮詳見《雜譬喻經》卷2。

臨離去時，他假裝跟弟弟說：「你在家裡經常觸怒我，今天在這兒好好思過，明天我再來接你回家。」說完就走了。

到了黃昏，天慢慢黑了，猛獸四處狂叫，弟弟聽了非常害怕，但動也動不了，只好仰天歎息：「在這個世界上，有沒有一個大慈大悲的皈依處，可以救護我？」佛陀聽到他的求救，放出一種大光明，名曰除冥，將墳地周圍照亮；接著放出第二種光，名曰解縛，令他身上的捆縛不那麼緊，身體不再疼痛；然後放出第三種光，名曰飽滿一切，令一天都沒吃飯的他，不感到飢餓。然後佛陀親自現前，用手解開他的繩子，對他進行說法。弟弟當下獲得了聖果。

此時，他很感恩哥哥和嫂子，因為若沒有他們的加害，自己就不會有這番遭遇。於是他以神足通飛回家裡，哥哥和嫂子見到他，羞愧萬分，特別不好意思。後來他給他們說法，他們當即獲得須陀洹果。

另外，至尊米拉日巴，也是依靠伯父與姑母霸占他家財產的這種外緣，才遇到了正法。

他的傳記前面已提過好幾次，當時如果他父親沒有死，伯父和姑母沒有害他，可能他一輩子也不會有這麼高的成就。正是因為他們害他特別慘，他的仇恨特別強，才發生了後來一連串的事情。

他為了報復伯父和姑母，與幾個人離開家鄉去學惡

咒時，母親送了他們很遠一段路，並再三地叮囑：「聞喜啊，你跟他們不同。他們是因為好奇或維生去求學的，而我們，實在被逼得走投無路了。如果你這次沒有好好學，回來我就死在你面前。」後來，米拉日巴在修惡咒時，眼前常浮現母親的這一句話，以此來鞭策自己，一定要能害到伯父他們。之後，他依靠惡咒確實造了彌天大罪，看到死了那麼多人和畜生，他生起真實的後悔心，最終精進修行而獲得成就。所以，怨敵正是米拉日巴即身成就的唯一因。而且他在成就以後，也經常把善根迴向給他們。

從這些公案可以看出，依靠怨敵，可令我們獲得法利。在座的很多道友也想一想，你剛開始學佛時，是不是因為諸多不順？尤其是個別人，最初不但不信佛，甚至特別排斥佛教，但後來因為怨敵的加害，才逐漸開始步入佛門。試想，倘若沒有當年的痛苦，你如今或許還在五欲中沉浮，不求解脫，故一定要對怨敵存感恩之心。

同樣，魔障也是我們修忍辱的對境，它使我們身體不好、心情不好，遭受百般折磨。但依靠這種折磨，可以清淨自己往昔的許多罪業。例如藏地的吉祥比丘尼，就是因為遭受龍魔的侵害而修持觀音法，最後獲得了殊勝成就。

吉祥比丘尼，本是一位國王的女兒，長得非常漂

亮，有許多王子及貴族向她求婚，但都沒有成功。公主在16歲時，不幸染上了麻瘋病。原來追求她的人得知後，一個個都退避三舍，就連平日最疼愛她的父王與母后，也因此不再親近她。

公主深感世態炎涼、人情冷暖，於是獨自離開王宮，躲入大雪山的山洞裡，殷勤禮拜觀世音菩薩，祈禱菩薩解除她身心所受的痛苦。這樣經過了十二年。

有一天，她在禮拜時，忽見觀世音菩薩佇立在面前，頓感身心無比清涼，麻瘋病也遂即痊癒。

她問觀世音菩薩：「我看世間有許多濁惡的眾生，不知有何方法能度化這些人？」菩薩回答：「我救度眾生的方法有很多，每一種都是隨眾生需要而顯現出來的。」菩薩現為十一面觀音，並傳授密法給她，令其以後用此法度化眾生。

公主受到加持、獲得成就後，隨即返回王宮。認識她的人都覺得，她比以前更漂亮、更好看了，又紛紛前來求婚。然而公主已悟世間無常的道理，於是放下一切，出家為尼，以十一面觀音的密法利益眾生，並開創了藏地的巴摩派，成為十一面觀音密法的第一代傳承祖師。

以前我們去印度時，觀音上師就專門傳了這個法門。巴摩派的法非常殊勝，到目前為止在藏地一直很興盛。金剛橛中也有巴摩派的修法，《藏密佛教史》中還提到了此派的一些傳承。

試想，吉祥比丘尼當年若不是病魔纏身，也不一定有後來成就的機會。包括我們學院的個別道友，也是因為以前得了特別嚴重的病，後來一心出家，把病魔放下，全心全意地皈依三寶，結果依靠諸佛菩薩加持，自己的癌症等惡疾不藥而愈，所有的違緣蕩然無存。據我所知，這樣的事例在學院有好幾個。

通過諸如此類的事例可以看出，怨敵和魔障作為我們值遇正法之因，可以說是恩德深厚。如果沒有他們，很多人都會沉溺在世間八法的苦海中，不會有解脫的因緣。

無垢光尊者對此的看法

這方面的道理，全知法王無垢光尊者曾在《竅訣寶藏論》中也揭示過。如云：

遭受危害令己遇正法，得解脫道害者恩德大。

正因為遭受別人的危害，我們才有幸遇到正法，得到解脫。所以，害我們的人恩德非常大。

《大莊嚴論經》中就有一個故事說，從前，在印度的摩突羅國，有位相當聰慧、但不信佛法的婆羅門。一天，與他結怨的幾位婆羅門為了算計他，明知他不喜歡親近僧眾，卻特意悄悄來到僧團，假借他之名，邀請比丘到他家中應供。想到第二天他將因無法供養比丘飲食而惡名遠揚，這些人不禁暗自竊喜。

次日早晨，比丘們威儀莊嚴地來到他家。他見後非

常驚訝，但馬上冷靜下來，心想這可能是與自己有嫌隙的人，故意讓他措手不及，落得不敬僧寶的壞名聲。於是，他禮儀具足地恭請比丘進入家中，並派人盡速準備美味佳餚，供養僧寶。

比丘用齋畢，慈悲地告訴他：「僧眾在接受居士的供養後，會為其開示法要。雖然你非信佛之人，但還是可借此因緣仔細聆聽。」於是，婆羅門端身正坐，聽受比丘開示輪迴痛苦及四諦之理。由於過去善根成熟，他對三寶生起極大的信心，當下證得須陀洹果。

可見，有時候陷害自己的人，恩德非常大，他使我們有因緣遇到正法，獲得解脫。

厭離痛苦令己遇正法，獲得永樂痛苦恩德大。

有人因為家人死了等痛苦，從而遇到正法，得到永久的安樂。所以，這種痛苦的恩德很大。

就像塔波仁波切，他在家時跟妻子感情很好，後來妻子因瘟疫突然去世，他特別特別傷心。最後跑到米拉日巴那裡，證悟了特別高的境界。

還有蓮花色比丘尼，也是因為一生中遭受了特別多的痛苦，以此引發她趣入佛門而獲得解脫。

個別道友可能也是如此，因為在家裡遇到各種痛苦，即生才有緣學習正法。所以，我們理應感謝那些痛苦的來源。

非人作害令己遇正法，獲得無畏鬼魔恩德大。

大圓滿前行廣釋（六）附大圓滿前行實修法

因為非人對你進行作害，結果令你遇到正法，最終獲得無死無畏的果位。所以，鬼魔的恩德也非常大。

米拉日巴在拉息雪山修行時，就有許多非人鬼神幻現各種形象，多次向尊者攻擊。尊者對他們說：「一切妖魔的幻變和魔障，都是我心的莊嚴。對我來說，魔障越厲害，越能增益我的菩提勝行。」

明白這個道理之後，有些道友平時在修行時，沒必要擔心出現不順，也用不著在走路時看到關係不好的人，就趕緊掉頭，不願意走這一條路。

人等嗔恨令己遇正法，獲得利樂嗔者恩德大。

別人嗔恨你，令你遇到正法，獲得了利樂。所以，嗔者的恩德非常大。

唐朝有個人叫馬子雲，一次，他負責督運本郡的租糧入京，途中船隊沉溺，致使萬斛皇米沉入江中，他也因此被禁閉獄中。馬子雲從此專心念佛。5年之後，遇到皇上大赦天下，才得以出獄。此後，他隱居寺中，精持佛法，最終成就了西方淨業，往生極樂。

所以，他遭受的那種違緣，其實是很好的解脫順緣。

猛烈惡緣令己遇正法，獲無變道惡緣恩德大。

遇到病痛、逆境等猛烈的惡緣，亦可令自己值遇正法，成就無邊大樂的聖果。所以，這些惡緣的恩德非常大。

以前我也講過，嘎秋喇嘛在「文革」期間，天天挨批鬥。每一次批鬥時，他就以三殊勝攝持修自他交換。

最後在接近圓寂前，他說：「我一生中修的就是自他交換，這個竅訣對修行最有效果、最有利益。」

我們遇到一些違緣、惡劣的對境時，常會特別痛苦傷心，而境界比較高的聖者，絕對不會如此。像無著菩薩生病時，弟子問他以什麼辦法治療，無著菩薩回答：「如果我病了對眾生有利，但願我生病；如果我死了對眾生有利，但願我死去；如果我健康對眾生有利，但願我健康。除此專一祈請三寶外，不需作任何其他治療。」

我翻閱《無著菩薩傳》時，就對這句話觸動很大。這種聖者的行境，我後來每次生病、遇到違緣時，雖然不能完全行持，但不管怎麼樣，經常口裡假裝說一說，對自己的心態也很有幫助。

所以，修行人將違緣轉為道用，這一點跟世間人完全不同。有些修心要訣裡也講了，對高明的醫生而言，山上所有的草木無非是藥，同樣，修行好的人，不論是遇到快樂、痛苦，或是生病、不生病，都可以變成修行的助緣。

他人勸告令已遇正法，獲精華義勸者恩德大。

別人勸你皈依、學佛，以此使你遇到了正法，獲得無上的精華義。所以，勸你的這個人恩德很大。

有些人被別人帶到學院，去某某上師那裡皈依時，剛開始什麼都不懂，連頭都不會磕，但慢慢通過學習，最後成了大法師。這種現象不在少數，我們就有一位法

大圓滿前行廣釋（六）附大圓滿前行實修法

師是這樣。誰啊？猜一猜。

平等報恩善根迴向彼。

因此，不管是恩重如山的父母，還是這些害自己的怨敵、非人，我們都要平等地報恩，把善根迴向給他們。

以上華智仁波切講了將怨敵、魔障觀想在前面的原因。他們不僅今生對我們恩德很大，而且也是往昔生生世世的父母。明白這些道理之後，原來你把他們觀在前面，可能心裡有點不舒服，現在就可以想通了。

收座時的觀修方法

最後收座時，自己要以滿懷恭敬作為緣，

觀想蓮花生大士為主的皈依境所有聖尊，身體放射出無量光芒，普照自他一切眾生。眾生接觸到這些光後，猶如鳥雀被石簧⑯驚動「撲棱棱」地飛起一樣，融入皈依境的諸位聖尊。（這不是特別深的生圓次第，應該大家都會觀想。）

接著，皈依境的所有尊眾，也從邊緣逐漸融入光中，之後，融入中間的蓮花生大士佛父佛母。頭頂重樓式的一切尊眾，也慢慢融入下面的蓮花生大士。蓮花生大士又融於光中，光也消失於法界，最後自心盡可能地

---

⑯石簧：是藏族牧民用犛牛毛或山羊毛編織的拋石繩，長約兩米，由正繩、古底、副繩、加呷等四部分組成。它可將石球較準確地拋擲到兩百米以外的目標，拋擊偷襲畜群的豺、狼、狸等野獸，或在遼闊的草原上指揮畜群向預定的方向前進。

安住在遠離分別散收的離戲法身本體中。你們獨修的時候，最好這樣稍微安住一下，觀想一下。

起座時，將一切善根迴向無邊眾生，並念誦：

དགེ་བ་འདི་ཡིས་མྱུར་དུ་བདག །

給瓦 的 意 涅德 大

我速以此善

དཀོན་མཆོག་གསུམ་པོ་འགྲུབ་གྱུར་ནས། །

滾 秋 色 波 哲 傑 內

成就三寶尊

འགྲོ་བ་གཅིག་ཀྱང་མ་ལུས་པ། །

卓瓦 戒 江瑪 利巴

願將無餘眾

དེ་ཡི་ས་ལ་འགོད་པར་ཤོག །

得葉薩拉 故巴 秀

安置於佛地

等一會兒下課，我們共修皈依時，也是這樣：先念誦「南葵內色南誇剛瓦耶，喇嘛耶丹寬竹措南當，桑吉秋當帕波根登拉，達當桌折給貝嘉森切」，然後稍微安住一下。起定時念「給瓦的意涅德大……」，最後再用「索南德義……」迴向。

這個沒什麼不會修的，一定要按這樣修。修多了以後，三寶的加持自會融入心，你的修行自然非常順利。

71

現在有些人喜歡修風脈明點，但修了多少年，什麼感覺都沒有，其實這是因為基礎沒有打好。如果你先好好地修皈依，那生起大圓滿的境界並不會很難。

日常如何修皈依

我們隨時隨地，都要不離正知正念而觀想皈依境的尊眾。

不管到哪裡去，在行走的時候，可將皈依境觀在自己右肩的虛空中，作為轉繞的對境。

安坐的時候，把他們觀想在自己的頭頂，作為祈禱的對境。以前很多上師就是如此，無論坐在哪裡，都觀想傳承上師和蓮花生大士為主的皈依境，就在自己的頭頂上，並念「喇嘛欽」來作祈禱。

享用飲食的時候，將其觀想在自己喉間，作為飲食獻新的供養處。現在好多人做得還可以，吃飯時不忘供養三寶。這一點，《前行備忘錄》中曾一再強調，我也要求菩提學會的人在吃飯之前，最好能先念供養偈：

敦巴拉美桑吉仁波切　　無上本師即佛寶
秀巴拉美丹秋仁波切　　無上救護即法寶
珍巴拉美根登仁波切　　無上引導即僧寶
嘉內滾秋森拉秋巴波日　供養皈處三寶尊

如果你祈禱的話，就把最後一句的「秋巴波日」改成「所瓦德」，並將三寶觀在自己頭頂上，這樣就可以了。

睡覺的時候，觀想皈依境在自己的心間，或者在頭頂的枕頭旁邊，所有的三寶聖尊以慈悲關照著自己，以此作為迷亂夢境隱沒於光明境界的要訣。

　　總之，一切威儀中，要處在明觀皈依境尊皈依眾的境界中。其實，你別的不會修也不要緊，若能在行住坐臥中經常不離三寶，這就是非常好的修行人。而且你這樣是為了利益一切眾生，屬於上等皈依。所以，我們應以堅定不移的信解，誠心誠意依止三寶，堅持不懈地修行皈依。

　　有些人修皈依不能持之以恆，修加行的話，一兩個月中念念皈依偈，數量完成後就再也不修了，這種做法是不行的。真正好的修行人，終身都會把它當成自己的功課，日積月累不斷地修持，這樣才對自己有利。

　　我本人接觸這個法，至今已有二十多年了。在這麼長的時間裡，自己雖然觀修得特別差，不能做到時時憶念，但它的重要性還是明白，平時只要想得起來，行住坐臥都在觀。我想以後應該也會如此。不過下一輩子不好說，因為身體這些換了以後，有沒有這種正知正念很難講，但即生當中，一般不可能以種種原因產生邪見。

　　以前我剛學《前行》時，德巴堪布講得特別細緻，而且再三要求必須這麼做。這些老修行人跟我們不同，他們不但給別人這麼強調，而且在自己生活中，也是這樣行持的。後來我來到學院，法王如意寶也常常叮嚀：

大圓滿前行廣釋（六）附大圓滿前行實修法

我們作為佛教徒，應當在行住坐臥中，時時刻刻不離皈依境。依靠這些上師們的教言，我雖不敢說證悟了很高的境界，但對皈依境的重要性和修行次第牢記於心；這些不敢說一天也沒有忘，但至少一個月中觀修幾次，應該是有的。

所以，希望在座的道友，也能終身把皈依作為最主要的修行，而不是為了完成五加行，為了聽一部密法。若能以這樣的信念圓滿一生，這才是真正的佛弟子！

丁四（皈依之學處）分三：一、三種所斷；二、三種所修；三、三種同分。

戊一、三種所斷：

皈依以後，就應該有皈依戒。下面先講講必須要斷除的三種戒律：

一、皈依佛之後，不能再頂禮世間天神，

也就是說，不能把那些還沒擺脫輪迴痛苦的自在天、遍入天、上帝等外道天尊，以及地方神、土地神等世間大力鬼神，作為後世的皈依處，對他們頂禮、供養等。

當然，從廣義上講，各大宗教應和睦共處，可以不稱他們是外道；但從狹義而言，我們皈依佛之後，不能再把鬼神、天尊當作解脫的究竟依處。

有些人認為這只是藏傳佛教的說法，實際上，漢傳佛教中也有這樣的理念。《大般涅槃經》第8卷中就說：「歸依於佛者，真名優婆塞，終不更歸依，其餘諸天神。」可見，這並不是藏傳佛教的一家之言。我們作為佛教徒，皈依了佛陀的話，就不能再皈依天神、土地神等等。

有些地方供養土地神、世間護法、龍王、狐仙，這雖是當地的一種習俗，但你不能永遠皈依他們，而應把他們當成自己成佛的助伴，以成辦利益眾生的事業。蓮花生大士的很多儀軌中，也有供養鬼神、天龍八部的。不過，這些眾生不像智慧護法神、業成護法神那樣已獲得了出世間成就，只不過是在蓮師等大成就者面前作過皈依，承諾要護持我們的修行，故不是究竟皈依的對境。所以，皈依跟供養還是有一定差別，在這些問題上，希望很多人應該要懂得。

現在有些人一聽這樣說，就覺得是種執著，如今網上有不少人，經常對佛教的內容斷章取義。像我昨天發了條微博，講了《前行》的三種皈依，馬上就有人評論：「佛教不是講平等嗎，為什麼有皈依、有高賤的差別？」其實，如果什麼都要平等的話，世上怎麼會有男女的差別？怎麼會有富人和窮人、領導者和被領導者？你不能因為提倡男女平等，就要求所有男女的個子都一樣，權利也是平等的。

大圓滿前行廣釋（六）附大圓滿前行實修法

現在很多人佛教水平特別低，看到一個詞就依文解義，用自己的分別念去理解。這樣的話，不要說佛教的甚深道理，就連世間的法則也很難成立。所以，有時候看到這些人的問題，真的不想回答，只有一笑了之。

二、皈依法以後，必須斷除惱害眾生之事，盡己所能防微杜漸，努力做到連夢中也不損害眾生。

漢地有些人明明已皈依了三寶，但還在殺雞、殺蟲、殺蚊子蟑螂，甚至有些法師也開許這麼做。但佛陀明確告訴我們，這樣做是不合理的，正如《涅槃經》所云：「歸依於法者，則離於殺害。」《涅槃經》說的是「殺害」，《前行》說的是「傷害」，也就是連輕微地害眾生都不行，更何況是殺他們了？

所以，佛教徒一定要杜絕殺生。否則，你把皈依證揣在包裡，然後開始殺害眾生，此舉就已經破了皈依戒，已經不是佛教徒了。

三、皈依僧之後，不可與外道為友，也就是不能與不信仰佛教及導師佛陀的外道交往。當然，有時候跟不信佛的人說個話、吃個飯，這也是很難免的，但你的見解千萬不能與之同流合污。在我們藏地，雖然沒有真正的外道，但侮辱上師、詆毀正法，及誹謗密宗甚深法門的人，也與外道基本上相同，故絕不能和他們親密接

觸，友好往來。

　　我們常說「遠離惡友佛子行」，對上師、佛法不恭敬的人，跟他交往久了以後，自己的善根就會全部毀壞，故《涅槃經》中云：「歸依聖僧者，不求於外道，如是歸三寶，則得無所畏。」皈依僧眾之後，不要與外道交往，這樣的皈依，可令你獲得無所畏懼的境界。其他佛經也說：「若尊重三寶，當得三菩提，遠離三種見，則不生諸苦。」倘若尊重、恭敬三寶，就能證得三種菩提，遠離障礙解脫的三種邪見，斷絕一切痛苦的產生。因此，我們一定要懂得皈依的這些道理！

大圓滿前行廣釋（六）附大圓滿前行實修法

第
八
十
七
節
課

第八十八節課

現在正在講皈依的學處，也就是皈依後須守的九條戒律。昨天已講了三條所斷的戒律，今天接著講：

戊二、三種所修：

所修，就是皈依三寶後應該做的。它也有三條：

一、皈依佛以後，對佛寶的身像，乃至零碎片段以上，也要恭敬供養，以頭頂戴，放在清淨的地方。對它起真實佛寶想，生起信心並觀清淨心。

佛陀雖然已示現了涅槃，但很多經典裡也講了，佛陀幻化的形象就是佛像。故《親友書》中說⑰，作為智者，即使看到木雕的佛像，也會恭敬頂禮。

我們作為皈依佛門的人，不要說對佛菩薩的畫像、塑像頂禮膜拜，就算是佛像的碎片、唐卡的一角，也應當恭敬頂禮，放在清淨之處，不能任人踐踏。在末法時代，佛陀會顯現為佛像來度化眾生，故要把這看作是真正的佛陀，對它生起歡喜心、恭敬心。而千萬不能輕蔑佛像，甚至見到時連帽子都不摘，以不恭敬的態度來對待。

---

⑰《親友書》云：「佛像縱然以木雕，無論如何智者供。」

大圓滿前行廣釋（六）附大圓滿前行實修法

二、皈依法後，不要說對顯宗的《大藏經》、論著，密宗的續部、經典要有恭敬心，甚至是隻言片語，乃至一字一句，也要頂戴供養，生起真實法寶想。

佛陀曾在經中說：末法濁世時，我會以文字相來利益眾生。因此，我們不僅要恭敬佛經論典的文字，從廣義上講，世間的雜誌報紙由於能指導人們取捨，故也應該值得恭敬。

然而，聽說有些寺院的佛教徒，在跟別人辯論時，手裡拿著《釋量論》的法本，說它只不過是文字而已，對它恭敬沒什麼意義，然後就放在屁股下面。這種行為特別可怕！持此邪見的人，表面上是佛教徒，實際上根本不是。當然，他也是因為愚癡所致，不知道佛經的價值，所以非常可憐。

我們作為佛教徒，皈依了法寶之後，不能把經典放在不淨的地方，或者地上，而一定要放在高處。有些人把法寶、佛像塞在床底下，甚至坐火車時把有經書的行李放在下層，這真的很不合理。一般來講，有智慧的人，絕不可能將法寶放在身體下面，這樣對三寶連基本的恭敬都沒有。

「文革」期間，藏地有些人被紅衛兵逼迫必須坐在轉經輪上、經函上，他們寧死也不坐，不願意捨棄三寶。還有個地方的紅衛兵，把經函、玻璃碎片分別攤在路上，讓一個誓言特別堅定的人，要麼光腳踩玻璃碎

片，要麼就去踩經書。後來那人選擇了玻璃碎片，而不願意踩在經書上。所以，我們一定要對所有的佛經有恭敬心，因為你已經皈依了法寶。

三、皈依僧[18]以後，對僧寶所依、乃至僧衣的紅黃補丁以上，也應當生起真實僧寶想，恭恭敬敬頂戴供養，將它放在乾淨的地方，生起信心並觀清淨心。

僧眾的僧衣，我們千萬不能踩，如果在上面跨來跨去，過失也相當大。為什麼呢？因為有關經典中說，出家人的紅黃僧衣，實際上是過去、現在、未來諸佛成佛時的裝束，天龍八部、人與非人都會恭敬頂戴。還有些經典裡說，大鵬每天捉龍而食，龍王向佛陀求救，佛以僧衣贈與龍王，教其及眷屬各分一縷，繫在龍角上，就能避免大鵬捉食之難。

所以，出家僧衣加持極大，我們穿上之後，除非是前世殺生等異熟果報現前，否則，一般的世間鬼神無法加害。

現在有些在家人，邪見特別重，對出家人很看不慣，看到誰都覺得是壞人。有這種心態的話，造的業會非常大。阿底峽尊者說過：「四個僧人中，一定會有一位聖者。」只不過我們的心不清淨，看不到而已。因此，能穿上這樣的紅黃僧衣非常不容易，大家理應觀清淨心，否則，一不小心就會破皈依戒。

---

[18]在小乘中，四位比丘以上稱為僧眾；在大乘中，得地的菩薩稱為僧眾。

戊三、三種同分：

一、對為自己開示取捨道理的上師，不管他的身相如何、地位怎麼樣，我們都應把他看作真正的佛寶。甚至連其身影也不能隨意踐踏，而要精勤承侍、供養。

當然，將上師視為與佛無異，並不只是藏傳佛教的說法，漢傳佛教個別人對此頗有微詞，這也是他孤陋寡聞而已。其實，漢地有一部經典叫《最上根本大樂金剛不空三昧大教王經》，裡面就說：「當於阿闍梨，起大信重心，其阿闍梨者，諸佛等無異。」所以，我們對上師像佛陀那樣承侍恭敬，是非常合理的，如果沒有這樣，則得不到佛法的悉地和加持。

二、對上師所賜的任何教言，都應當作真正法寶想。如果你天天吹毛求疵，覺得上師講的這個不對、那個不對，那絕得不到真實的利益。所以，我們應當依教奉行，對上師要有恭敬心，對上師的教言要有歡喜心，哪怕僅僅是一言一句，也不能置之不理。

現在有些人認為：「對上師要有恭敬心，這是一種過時的傳統思想。現在已進入21世紀了，人人都是平等的，上師和弟子也不例外。」

如果你這樣想，那不要說佛教中，連世間上也說不過去。試想，假如學校的老師和學生都平起平坐，學生

可以隨意反抗老師，他們不願意坐在下面，就可以跟老師一樣坐在講臺上，如此沒有尊重心的話，學生永遠也學不到任何知識。所以，現在這個時代特別可怕，好多人都特別愚癡，將很多傳統理念棄之不顧，反而去推崇一些似是而非的道理。

另外，對於上師的眷屬、弟子，及與自己共同持梵淨行的道友們，也要作真正僧寶想。身語意恭敬依止，一剎那也不做令他們不歡喜的事。

包括為上師發心的人，你也不能看作敵人，背後遇到誰都講他的過失，甚至覺得上師如何如何偏袒。就像藏地的一句諺語：「看到騎馬的人，在他面前站著說；看到走路的人，在他面前坐著說。」其實，就算是當年釋迦牟尼佛身邊，也有好人和壞人，但這並不是佛陀的過失。不過，嘴巴長在自己身上，你想給別人說是上師的過失，說是上師身邊發心人員的過失，不把他們當僧寶想的話，想怎麼說都可以。如果上師的眷屬不歡喜，實際上也跟間接危害上師沒什麼差別。

當然，假如上師的眷屬、弟子，行為確實說不過去，那也不一定非要維護。包括上師若不是真正的善知識，所作所為完全違背正理，佛教中也並不是強迫你一聽說是上師，就必須無條件服從，上師什麼都可以隨心所欲，什麼壞事都可以幹。

不過，上師若是真正的善知識，就必須要以恭敬心

大圓滿前行廣釋（六）附大圓滿前行實修法

來依止。尤其在密宗金剛乘中，皈依境的主尊就是上師。我們務必要清楚地認識到，上師的身為僧眾，他代表了十方諸佛，在末法眾生面前示現為善知識的形象；語為妙法，以講辯著的方法，為眾生開示取捨，廣轉法輪；意為佛陀，他已證得一切萬法的實相，跟佛陀的密意無二無別。故上師是三寶總集的本體，對於上師的所作所為，我們都要看作是正確的、善妙的，誠信不疑地精進依止，時時刻刻虔誠祈禱。

假若自己三門的行為，讓上師生起厭煩心、生起不歡喜心，那就完全捨棄了一切皈依境。這樣的話，再祈禱諸佛菩薩賜予悉地，也沒有一點用處。因此，我們應隨時隨地以堅定不移的毅力和決心，想方設法讓上師歡喜。

然而現在末法時代，好多弟子不在乎這一點。包括不少聽過密法的人，覺得上師就像親友一樣，不高興也無所謂，從來沒想過自己觸怒上師的話，不能過夜就要懺悔。有些人可能是不懂這個道理，有些雖然懂一些，但不把它當回事，如此一來，他們一切悉地都得不到。

以前我看到《藍色手冊》裡說：「一切大乘之教規，令師歡喜最重要，上師極為喜悅故，一切所為具大義。」只有讓上師心生歡喜，一切所作所為才有了實義。因此，令師生喜在修行中特別重要，我們應當以三種歡喜來依止上師。

第八十八節課

84

一切都是佛陀的加持

總而言之，在生活中，不論痛苦也好、快樂也好、吉祥也好、不幸也好，疼痛也好、哀傷也好，我們都應一心一意依賴上師三寶。如果幸福快樂，也知道這是三寶的悲憫所致。誠如佛在經中所說：此世間的安樂與善事，乃至烈日炎炎時，有習習微風吹到臉上，都是佛陀的悲憫與加持。

《福蓋正行所集經》亦云：「若佛不興世，三界何有樂？由佛出現故，我等獲安樂。」佛陀出世，不僅能開示正法，引導我們懂得取捨，獲得解脫的安樂。甚至在夏天特別熱時，吹來一絲涼風；冬天特別寒冷時，出現一縷陽光，也都是佛陀的加持。

記得《中觀莊嚴論釋》裡還說，對出家人而言，包括刀能剃髮、衣能著色，也完全源於佛陀的加持，只不過人們不知道而已。到了末法五百年的形象期時，釋迦牟尼佛的度生事業在娑婆世界已經圓滿，此時人們很難獲得佛陀的加持。很多出家人雖想剃頭髮，但剃髮工具無法使用，只能把牛皮覆在頭上，裝成光頭的形象；想把法衣染成紅黃色，顏色也沒辦法染在衣服上，只好將牛皮反過來，當成袈裟穿。

對此，或許有人不一定相信。但不管怎麼樣，大家應該知道，世間上的一分快樂、一分開心、一分祥和，全部是佛的加持。很多老修行人就有這樣的心態，自己

大圓滿前行廣釋（六）附大圓滿前行實修法

如果特別快樂，或是喝了一杯茶，特別香，馬上就會說：「這是佛陀的加持！這是上師的加持！」

同樣，哪怕你生起一剎那的善分別念，比如想修行、想出家、想放生、想發菩提心等，也是佛陀不可思議的加持力帶來的。就像《入行論》中所言：「猶如烏雲暗夜中，剎那閃電極明亮，如是因佛威德力，世人暫萌修福意。」在這樣的末法時代，我們生起如閃電般短暫的學佛意樂，或者對佛陀生起信心、對眾生生起悲心，是特別特別不容易的，因此，這一切均為佛陀的加持。

倘若沒有這種加持，我們會永遠沉溺在苦海中，感受極大的痛苦，所以一定要時時感恩佛陀。《勝天王般若波羅蜜經》也說：「若佛如來不出世，一切眾生受大苦，無復善道唯惡趣，但聞三塗苦惱聲。」《方廣總持經》還說[19]：佛陀滅度之後，若有法師為人說法，令眾生趣入大乘之道，假如他們生起一絲歡喜心，乃至掉下一滴眼淚，這也是佛的威神力所致。

就像我們跟別人交流佛法時，有些人對佛陀生起歡喜心和信心，聽著聽著就感動地流淚，這都是佛陀的加持，是很不容易的。對一般世間人而言，哭的話，多是為了自己的感情、自己的家庭，這時候他流的眼淚比長

---

[19]《方廣總持經》云：「佛滅度後，若有法師，善隨樂欲為人說法，能令菩薩學大乘者，及諸大眾有發一毛歡喜之心，乃至暫下一渧淚者，當知皆是佛之神力。」

江黃河還長，但這種眼淚沒有任何價值。

以前我在一所醫院住院，有個護士對我很不好。有一天，我看她在流淚，就問：「你是不是為我哭的？」她惡狠狠地回答：「我才不會為你哭呢！」（眾笑）法王講《釋尊廣傳》時說，對眾生因悲心而流淚，或者對三寶因信心而流淚，這種淚水有很大功德。但如果只為了自己而哭，那沒有什麼意義可言。

也許有人會問：「如果三寶有這麼厲害，那天天祈禱三寶就可以了，我生病是不是就不用看病吃藥了？」

並不是這樣。假如出現病痛、苦痛、魔障等磨難，首先你要祈禱三寶，除此之外，若是需要採取醫療術、禳解術⑳等行之有效的方法，也要明白這些都是三寶的事業，然後再接受治療等，而不要認為「祈禱三寶起不到什麼作用，我看了醫生以後才好」。其實你到醫院去，不管是醫生診斷還是開藥，全是三寶的威神力在作饒益。所以，我們要把這些理念搞清楚，對「一切顯現都是三寶的遊舞」要深信不疑，並且觀清淨心。

如果為了辦事等目的，我們要前往異地他鄉，也應先頂禮所去方向的如來或三寶，然後再開始動身。比如，要去東方的話，就觀想東方如來，並作頂禮、祈

大圓滿前行廣釋（六）附大圓滿前行實修法

---

⑳禳解術：禳解災難的法術。

禱；去西方的話，就向西方如來頂禮和祈禱。或者，可以念些《八吉祥頌》，對三寶始終有一種恭敬心。若能如此，則會成就一切順緣。《佛說灌頂經》亦云：「禮拜向三寶，供養散花香，釋梵相擁護，萬事皆吉祥。」

我們藏地就有這種習慣：出門之前先去寺院供養僧眾，請他們念經，然後自己進行祈禱，向所去地方的佛陀頂禮，這樣的話，一切所願就很容易成辦。

《三戒論》中也講過，阿底峽尊者規定，皈依後有五個共同學處：「不為命獎捨三寶，何等要事不尋他，常供令自他皈依，頂禮所去之方佛。」

意思就是，第一、皈依以後，就算遇到生命危險，或者得到再大的獎賞，也不能捨棄三寶。

第二、不管發生怎樣重大的事，也不能認為三寶不能救護，而去另尋其他的世間辦法。

第三、行住坐臥中恆時憶念三寶功德，不間斷供養。

第四、了知功德後，令自他虔誠地皈依三寶。有些人出去時，坐車也看看有沒有容易調伏的對象，如果有人看起來不錯，就馬上坐到他跟前，笑眯眯地問：「你皈依過沒有啊？」結果別人不但不領情，反而一直抽煙，最後把他給熏跑了。

第五、無論去往何方，要對那方的佛陀進行頂禮。

日常生活中如何祈禱三寶

一切時處，都應念修寧提派儀軌的皈依偈「真實三寶善逝三根本，風脈明點自性菩提心，本體自性大悲壇城中，直至菩提果間永皈依」[21]，或者共同乘的皈依偈「皈依師、皈依佛、皈依法、皈依僧」——在藏地，幾乎人人都會念。那天我去一個學校，問了很多小學生，他們大多數都會。不過，現在藏地很多知識分子不像以前了，因為新文化的衝擊特別大，他們對三寶的信心日益退化，這種現狀不容樂觀。

念誦三皈依，其實功德非常大，《聖解脫經》中說，若能在臨死的旁生耳邊，念「南無布達雅，南無達瑪雅，南無桑嘎雅」，牠來世就會擺脫惡趣之苦。而四皈依，是在三皈依的基礎上加了「皈依師」，因為上師是三寶的總集。所以，我們要經常念修四皈依，在他人面前也不時讚歎三寶的功德，令其皈依，並使他們明白：自他所有眾生今生來世的依賴處就是三寶，故要精勤念修皈依。

不過現在末法時代，有些人真的特別過分，常說佛經的這個道理不對、那個道理不對，出家人如何如何不好……這些人口口聲聲說這是事實，但實際上並非如此。他們只看到過失的一面，卻從不看功德的一面，因為自己心不清淨，故根本看不到皈依三寶的功德。

---

[21]也可以念《開顯解脫道》中的皈依偈。

大圓滿前行廣釋（六）附大圓滿前行實修法

其實，就所有眾生而言，對今生來世最有利的，即是皈依三寶。如經云：「唯有諸世尊，能加施無畏，當至歸命佛，及法與聖眾。」唯有世尊可以賜予無畏的境界，故我們應以誠摯的信心，皈依佛陀、法寶和僧眾，只有這樣，今生來世才會得到快樂。

真正懂得皈依功德的人，不管到哪裡去，哪怕路上見到一個人，沒有皈依過的話，他也肯定要講皈依的功德。或者他在旅館裡住一晚上，旁邊的人若不信佛教，他就慢慢慢慢講，到了第二天分開時，那人已經皈依佛門了。

不過，有些人特別剛強難化，你講了半天也沒有用，這樣的話，你就給他念些皈依偈或佛陀名號，這對他也是有利的，因為在暗劫中，連三寶的名號也聽不到。所以，遇到實在聽不進去的人，你可以在他耳邊突然念「佛、法、僧」；或者走路、坐電梯時，突然念「釋迦牟尼佛」、「南無阿彌陀佛」……在別人看來，你可能有點問題，但實際上，這對他們利益非常大。只要能在眾生阿賴耶上種下善根，這也是一種弘揚佛法。畢竟你即生中想找一批眷屬，專門給他們講經說法，機緣不一定很成熟。但在走路的時候，可以把路人當成你的得力弟子——呵呵，是不是啊？

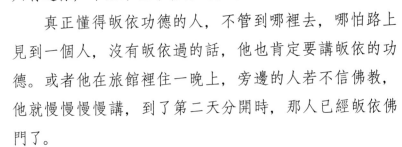

在日常的行住坐臥中，也要觀想憶念三寶。

睡覺：晚上就寢時，要像前面所說那樣，

將皈依境的尊眾觀想在自己心間，心專注於皈依境而入睡；倘若你沒有生起次第、圓滿次第的境界，實在不會觀想，那也要在心裡意念：「上師三寶此時就安住在我的枕頭上，以慈悲的目光垂視我，憐憫地關照我、加持我。」若能在這種境界中入眠，自己迷亂的夢就會變成光明夢。所以，睡覺前應當這樣觀修，盡量不要有貪嗔癡的心態，而應在不離隨念三寶的狀態中入睡。

吃飯：享用飲食的時候，就像平時薈供一樣，將三寶的壇城觀於自己喉間，以飲食的美味作供養。不過，有實執的人因為沒有生圓次第的境界，就會產生很多不必要的念頭：「具體是在喉間的哪裡呢？三寶會不會有這麼小？」其實，在觀想時，我們的身體並不像現在這樣，而是全部顯而無自性的，一塵上有無數剎土和世界。說喉間，只是一個方向而已，在那裡有無量無邊的如來壇城，你也變成無量無邊的幻化身作供養。

若實在不能這樣觀想，則可誠心意念：一切所飲所食的獻新㉒部分，首先供養三寶。藏地很多老修行人就是這樣，平時哪怕喝一瓶飲料，也是一打開就先沾少許，向空中彈三下。假如你不方便這樣做，也可以在心裡念一遍供養三寶的偈頌，然後再自己享用。

㉒獻新：新鮮飲食等未用之前，首先用指拈少許，向空彈撒三次敬獻三寶。

這方面，學院大多數道友做得不錯，不管是男眾、女眾，平時吃飯的時候，把飯盛到碗裡後，先合十念供養偈，然後才開始吃。這也是一種修行，這種習慣要慢慢養成。我們每個人世間習氣很重，不好的念頭和行為經常出現，好的行為學起來非常艱難，所以，大家應該經常這樣串習。

穿衣：當你準備換上一件嶄新的衣服時，還沒有穿之前，應先觀想供養三寶，向空中甩動一下，然後意念三寶賜給了自己，再穿上。

當然，不僅僅是新衣服，任何一種你特別喜歡的對境，比如新房子、新道場，都可以先供養三寶，之後觀想三寶賜給自己，這樣是非常有功德的。聽說有個道友天天在佛前供水果，完了以後，就跟佛說：「釋迦牟尼佛啊，您把最好的蘋果給我吃哦！」呵呵，這樣也可以。

同樣，遇到悅意的外境，如美麗的花園、清澈的河流、美妙的宮殿、悅意的樹林、廣大的財產、富饒的受用、佩帶裝飾的俊男美女等，也應先供養三寶。（你在路上看到一個特別好看的人，可以馬上想：「供養三寶！供養三寶！」）無論看見任何喜愛或貪執的事物，都要誠心意念供養三寶。

打水時，也應將獻新供養三寶之後，再把水裝入自

己的水器。不過，現在城市裡有自來水，不一定有條件這樣做。在以前，人們去泉邊、井邊打水時，都會先沾取水瓢裡的一點點，向空中灑三下，然後再裝入自己的水桶。

古人的這些行為，如今不少人覺得是一種多餘，這是因為他們不了解此舉的功德。其實，除了我們眼睛看見的以外，還有無形的三寶加持，不管你承不承認，只要供養了三寶，就算財物不是很多，也可以積累許許多多功德。《大莊嚴論經》云：「雖無諸珍寶，及以資生具，能信三寶者，是名第一富。」因此，我們看見一個美妙的對境時，隨時隨地都要供養三寶。

此外，自己獲得現世的幸福美滿、安居樂業、名聲遠揚等任何稱心如意的事情，也要想到這完全來自於三寶的大悲，首先供養三寶，生起恭敬心，並觀清淨心。

自己頂禮供養、觀修本尊、念誦咒語等一切善根，也應當供養三寶，然後迴向眾生。我們平時念的放生儀軌中，就有專門供養三寶的偈頌，有些人看後覺得：「我自己放生就可以了，還供養三寶幹嘛？沒有必要。」其實不是這樣的，無論你做任何一件善事，將善根先供養三寶，後迴向眾生，如此既有供養的功德，也有布施的功德。比如，你今天聽課、念《普賢行願品》、修加行的善根，首先觀想供養三寶，然後迴向給天下無邊的眾生。表面上看這是一種耽著，但實際上，

大圓滿前行廣釋（六）附大圓滿前行實修法

這種耽著可令我們積累很大的菩提資糧。

尤其在藏曆每月十五、三十的晝夜六時中，一定要盡可能供養三寶。或者每月的初八、初十、二十五、二十九㉓，以及漢地的佛陀成道日、觀音菩薩誕生日等吉日中，也要盡量作供養。並且，平時也不間斷供養三寶。

我在小的時候，常聽父母、附近修行人說：「今天是初十，一定要行持善法。」「今天是初八，所有孩童都要行善。」從小就有這樣的傳統。但現在藏地的一些地方，這種習慣還是有點改變。我常常會想：「可能是與前世的福德有關吧，我從小不管讀小學、中學，還是在家裡放犛牛，總能遇到非常好的善知識，一直不讓我學得特別壞。一個人在年齡沒有成熟時，很容易隨外境而轉變，此時周圍如果有好的觀念和行為，就會影響他一輩子。」所以，現在的父母特別需要在孩子耳邊、孩子眼前，作正面的引導。我們也應通過各種方法，給這些新一代的孩子灌輸佛教的理念和教育。

第八十八節課

總之，大家隨時隨地切切不要忘記：無論是苦是樂，唯一要皈依三寶。若能做到這一點，那在夢中心裡

㉓無垢光尊者在《心性休息大車疏》中說，在此等吉祥日，外空行與內風脈聚集，故稱為近聚日。尤其是在上旬的初十白日及下旬的二十五夜晚，空行聖眾紛紛聚集在修行者的住處，由此可成辦任何事，故應精進於依修四支，作薈供及酬補懺悔，依此可恢復此月中所失毀的一切誓言，迅速成就共同、殊勝悉地。

害怕、恐懼萬分時，也能夠皈依，這樣一來，在中陰界時也能做到。在沒有達到這樣的境界之前，務必要努力念修皈依。

寧死也不捨棄三寶

歸根到底一句話：一心一意依託三寶之後，縱遇命難，也絕不能捨棄三寶。

《六度集經》中說，從前有一位國王，以佛法來治理國家。為了推行佛法，他詔令天下：凡是肯受持戒律、身心清淨者，即可免除一切賦役。

有些人為了免稅，表面上信奉三寶，背地裡卻為非作歹。國王發覺這種情況後，決定重重懲治這些人。為了分辨出哪些人是偽善之徒，國王想出一條計策：

他命人在全國各地貼出告示，上面寫著：「凡是信奉佛法者，都要處以死刑！」結果，那些偽善之徒一看告示，紛紛捨棄佛法，露出本性，毫無顧忌地作奸犯科。

當時有一位年老的修行人，看到國王的禁令，心裡非常悲哀。他想：「佛經中記載，三寶的功德非常大。我今以宿世功德，才能信奉三寶，如果要我捨棄正道，即使可貴為帝王，我也不會去做。若能親近三寶，就算犧牲性命，我也在所不惜。」於是，他對佛教依然篤信不已，並勸兒子千萬不能捨棄三寶。

大圓滿前行廣釋（六）附大圓滿前行實修法

國王得知後非常高興，派人請他到王宮來，任命他為宰相，並待以厚禮。至於那些捨棄佛教的偽善之徒，皆被課以重稅和勞役。從此以後，國內就再無偽善的行為了。

其實，我們對三寶若有這樣虔誠的信心，三寶的加持自會時時入於心。假如縱然遇到生命危險也永遠不捨棄三寶，有如此堅定信念的話，才是名副其實的佛教徒。

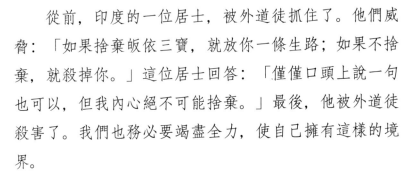

從前，印度的一位居士，被外道徒抓住了。他們威脅：「如果捨棄皈依三寶，就放你一條生路；如果不捨棄，就殺掉你。」這位居士回答：「僅僅口頭上說一句也可以，但我內心絕不可能捨棄。」最後，他被外道徒殺害了。我們也務必要竭盡全力，使自己擁有這樣的境界。

尤其是這次大家共修皈依，一定要反反覆覆地思維。雖然你現在沒有遇到那麼大的違緣，但可能你家裡不信佛教的人，經常對你百般威脅，在這種情況下，萬萬不能捨棄三寶，這種誓言一定要堅定。（口頭上也不能捨棄，否則也有一定的過失。）

在「文革」期間，藏地也好、漢地也好，這方面可歌可泣的故事相當多。那個時候，誰是真正的佛教徒，誰是虛偽的佛教徒，一下子就可以看得出來。而我們沒有遭受這種逆境時，理應多多串習，修滿十萬遍皈依。

其實，每個人的心是可以轉變的，以前對三寶的信心馬馬虎虎，後來通過不斷修持，必定能產生堅定不移的信心。否則，只是名相上的佛教徒，對解脫沒有多大意義。

這些內容，大家必須要先了解好，之後再慢慢串習，串習到了究竟時，才算是有了修行境界。加行中雖要求我們念十萬遍皈依，但這個數字只不過是最低界限。你念完之後可以捫心自問，如果有人逼你捨棄三寶，不然就會殺死你，此時你會怎麼做？倘若你有可能捨棄，那說明修行還不到量，還要繼續念，二十萬遍、三十萬遍都可以。

總之，皈依不是口頭上的，大家一定要從內心中，對三寶生起穩固的信心。假如你在皈依境面前，已經發了十萬遍誓言，再變心的話，就太壞了。世間人說一句海誓山盟，永遠都會刻在心底，將來變了要受到懲罰。那我們在三寶面前，一心一意地發了十萬遍誓，就更不能輕易改變了！

大圓滿前行廣釋（六）附大圓滿前行實修法

第八十八節課

第八十九節課

皈依的學處還沒講完，下面接著講：

前面也說了，我們既然已皈依了三寶，遇到生命危險也不能改變。一旦放棄了皈依三寶，那麼即使修持再高深莫測的大法，也不能列入佛教徒的行列中。如阿底峽尊者云：「內外道以皈依別。」

阿底峽尊者，是當年印度東西方無與倫比的大班智達，他被迎請至藏地之後，主要強調了兩個問題：因果與皈依。尤其在皈依中，他說外道和內道的區別，不是看身上的穿著、守持的戒律，而是有沒有皈依三寶。

其實在外道中，也有斷除惡業、行持善法、觀修本尊、修持風脈的，並能依此獲得共同成就。以前為迎請阿底峽尊者進藏，藏地先後派了很多人，藏王智光也付出了生命代價。在尊者入藏前的很長時間，去印度迎請他的譯師，一直形影不離地跟著他。一次在恆河旁邊，尊者和譯師看見一個老婆羅門，背著一個小孩的屍體。到了河邊，老婆羅門放下屍體，先在恆河裡洗乾淨，放在自己身邊，然後就開始坐禪。過了一會兒，只見小孩復活過來，老婆羅門卻斷氣身亡。之後，小孩把老婆羅門的屍體扔到恆河裡，大搖大擺地揚長而去。藏地的譯師見此深感稀有，問阿底峽尊者是怎麼回事。尊者告訴他，這是外道的一種借屍還魂法。

大圓滿前行廣釋（六）附大圓滿前行實修法

（類似的修法，在藏傳佛教中也有，名為遷識奪舍法。以前瑪爾巴的兒子不慎落馬身亡，之後就把自己的心識遷移到一個屍體中，從而得到了重生。當然，被遷移的身體必須完好無損，不能受傷或者殘疾。）

從這個故事也可以看出，外道不光是只會念咒語、持戒律、行善法，甚至有些出乎意料的境界，比如在水裡像魚一樣暢游，在空中像飛禽一樣飛翔，在山岩中無礙地穿來穿去，他們也都具有。但因為不知皈依三寶，他們與解脫道就有千里之遙，永遠不能從輪迴中解脫出來。

現在世間上有很多人，一生都在追求名聲、地位、財富，其實，今生短暫的快樂並不重要，最關鍵的是什麼？就是要永遠脫離三界輪迴。若想達到這一點，首先必須要皈依三寶。漢地的《廬山蓮宗寶鑒》說：「佛言一切眾生，若不歸依三寶，永劫墮三惡道。」《大乘理趣六波羅蜜多經》裡也有相似的教證：「歸依佛法僧寶，脫苦方便。若不歸依，後悔何及？」所以，脫離輪迴的最好方法，就是皈依佛、皈依法、皈依僧。

在我們藏地，大大小小、男女老少都特別重視皈依，他們從小就對三寶有非常虔誠的心，皈依偈也念得特別多。前兩天，我們學院剛圓寂了一位老喇嘛，他念了很多皈依偈，具體數目我不是很清楚，只知道他還念了六億遍觀音心咒，十萬遍《三十五佛懺悔文》，一百

萬遍《普賢行願品》。他叫丹珠喇嘛，學院許多人都認識他，我剛來學院時，他就已經在了。前不久他圓寂時，好像是去往另一個地方一樣，沒有任何恐懼心，非常自在灑脫的感覺。他一輩子都在行持善法，去世時是84歲。希榮博堪布的傳記中說，第一次到學院時，自己就是跟他一起上來的。據他隔壁的有些法師講，丹珠喇嘛在聞思上不是很聰明，但在念誦、觀修方面，還是很下功夫，白天晚上非常精進，晚上睡眠也比較少。其實我們來到這個世界，每個人都是一樣的，但離開這個世界時，有些人是滿載而歸，有些人卻兩手空空。

話說回來，我們若想從輪迴中解脫，沒有皈依三寶的話，是根本不可能的。阿底峽尊者是藏地後弘時期著名的大德，他在朗達瑪滅佛後一百多年，即公元1040年59歲時來到藏地，從阿里開始弘揚正法，後漸擴展至整個藏區。他對浩瀚如海的顯密正法，無所不知、無所不曉，對個別有緣者也傳過密宗的灌頂、竅訣，但考慮到皈依對初學者來說是重中之重，於是在所有的法會中，著重弘揚皈依和業因果，由此被人們稱為「皈依班智達」、「業果班智達」。

有些弟子曾問阿底峽尊者：「您是印度那麼出名的大班智達，結果來到藏地之後，卻被稱為『皈依班智達』。這對您來講是一種侮辱吧？因為皈依是特別簡單的法。」尊者回答：「顯密所有教法的根本，就是皈

依。人們給我這個稱呼，是對我的莫大讚歎，我今後還要不斷弘揚皈依。」

由此，皈依的重要性可見一斑。大家在修行的過程中，一定要打好這個基礎。否則，光是身上穿著紅色僧衣，頭髮剃得光光的，對三寶連尊重心、歡喜心都沒有，那怎麼稱得上是出家人呢？倘若連皈依的基本要求都做不到，這是特別可笑、可恥的。

因此，作為已邁入解脫道的佛教徒，從今往後，即使遇到生命危險，也絕不可捨棄皈依及皈依戒，這一點必須要付諸於實際行動中。正如經中所說：「何人皈依佛，彼為真居士，何時亦不能，皈依其他尊；皈依於正法，遠離惱害心；皈依聖僧眾，不應交外道……」

這個教證，與我前面引用的《涅槃經》㉔意思一致，只不過譯法不同。意思是說，皈依佛陀之後，你就成了真正的居士，何時也不能皈依帝釋、梵天等外道天尊。常有人說：「我只想皈依三寶，居士戒不想受。」其實你皈依了三寶的話，就已經成了居士了。

皈依正法之後，千萬不能損害任何眾生。當然，你無意中因嗔心控制不住，可能會直接或間接傷害眾生，但做了以後要馬上懺悔，而且不能殺害眾生。

皈依皈依僧眾之後，與外道徒、無信仰者，乃至罟

㉔《涅槃經》云：「歸依於佛者，真名優婆塞，終不更歸依，其餘諸天神；歸依於法者，則離於殺害；歸依聖僧者，不求於外道。」

罵上師或褻瀆正法之人，絕對不能交往。否則，「近朱者赤，近墨者黑」，慢慢受到他們的影響，自己的見行也會同流合污，結果與正法背道而馳。

若能虔誠地皈依三寶，佛陀是絕不會欺惑我們的，始終會賜予加持和悉地，讓我們真正得到快樂。誠如《妙法蓮華經》所言：「若人信歸佛，如來不欺誑。」所以，佛陀、佛法、僧眾這三者，是一切功德之海，我們理應恭恭敬敬、歡歡喜喜地皈依，經常觀想和祈禱，《華嚴經》中也說：「一切諸導師，正法菩薩眾，聖僧功德海，皆悉應恭敬。」

杜絕對三寶所依的不敬

如今有些人，表面上是佛教徒、出家人，自以為是三寶的隨行者，可對佛經、佛塔、佛像等三寶所依，沒有一絲一毫的恭敬心，甚至把這些只看成是普通的財物，進行買賣或作為抵押品……這就是所謂的「享用三寶身財」，罪過極其嚴重。

《觀佛三昧海經》裡有一位優填王，他因思念去忉利天為母說法的佛陀，就特意造了一尊釋迦牟尼佛的金像，天天頂禮供養。後來佛陀從忉利天回到人間，他用大象載金像去迎接。金像見到佛陀之後，從象背上下來向佛陀頂禮。佛陀也合掌向金像頂禮，虛空中百千化佛也向金像合掌長跪。佛陀對金像授記：「我滅度之後，我的弟子就託

付給你了……㉕」從那時起，世間上就有了佛像。即使佛陀後來示現了涅槃，但眾生仍有禮拜、供養的對境。

這樣的三寶所依，我們若為養活自己而當成買賣品，是非常不合理的。我以前也講過，智悲光尊者在《功德藏》及其自釋中說：「如果買賣或毀壞佛像、佛經、佛塔，依靠三寶而造罪，這叫做無與倫比的罪業㉖。應當怎麼彌補呢？應按照兩倍以上作修復，再在三寶面前懺悔。」比如，以前你毀過100塊錢的佛像，就要造一尊200塊錢的佛像；你毀過100塊錢的經書，就要印200塊錢的經書，然後再進行懺悔，如此方能得以清淨。

在座的道友也不妨想想，你曾毀壞過佛像、佛塔沒有？如果有，臨死前就要趕緊懺悔，否則，這種罪業不但影響來世，甚至現世中也會感受報應。

《安士全書》中記載：康熙初年，檀香的價格相當昂貴。有個開香鋪的人，過去以三金買了一尊檀香的觀音像，此時這些檀香已升至十六金，於是他想把觀音像毀掉，變成檀香條去賣。他家傭人怕造罪，極力勸阻，但因身分卑微而沒有人聽。後來他們把觀音像給毀了，不到一天，整個香鋪突然起火，所有人都葬身火海。只有那個傭人，因去別的香鋪幫工而逃過一劫。

㉕《觀佛三昧海經》云：爾時世尊而語像言：「汝於來世大作佛事。我滅度後。我諸弟子以付囑汝。」
㉖因為造五無間罪等，可以依靠三寶懺悔。而依靠三寶造的罪業，無有懺悔之所依。

可見，以三寶所依為對境造罪，過失非常嚴重。在我的人生中，也見過有些人故意燒經堂、毀佛像，最後他們在今生中成熟的果報極其慘烈。還有，在《目連問戒律中五百輕重事》中㉗，有人問：「買賣佛像有怎樣的過失？」答：「罪同買賣父母。」所以，這方面務必要注意！

此外，除非是繪畫、雕刻佛像時需要測量尺度，不得不評價佛頭的大小、佛身的高矮，否則，對佛像指手畫腳，妄加評論這裡不莊嚴、那裡不美觀，過失也相當嚴重。

《極樂願文大疏》中講過，從前有個人對著一尊斷了手指的佛像，說「斷指佛」。話音剛落，他自己的手指就斷了。

現在漢地有些人，根本不懂這個道理，經常說：「這是胖胖的佛、瘦瘦的佛、高高的佛……」這是不允許的。我們對人尚且不能如此不敬，更何況是佛像等三寶所依了？常有人評論：「這個蓮花生大士很難看！」「這個釋迦牟尼佛不莊嚴！」哪有這樣的？釋迦牟尼佛、蓮花生大士等諸佛菩薩，全是相好圓滿，我們千萬不能對如此嚴厲的對境，亂造口業。

㉗《目連問戒律中五百輕重事》云：問：「比丘賣佛像有何罪？」答：「罪同賣父母。」

倘若你對有些佛像的工藝不滿意，那不能說佛像不莊嚴，而應該說造佛像者的技術不好，不能像有些人動不動就：「哇，這麼難看的觀音菩薩！」這方面一定要注意，不然的話，輕易就會造很大惡業。

另外，也不允許將經函等直接放在地上㉘，從經書上跨來跨去，或者翻頁時手指蘸唾液等。所有這些不恭敬的行為，罪過都特別嚴重。

以前法王去美國時，有一次給大家傳《文殊大圓滿》。中間灌頂的時候，有些人把法本放在圓圓的坐墊下，用坐墊壓著法本，然後上去接受灌頂加持物。我們看了覺得特別可怕，趕緊提醒他們不能這樣做。但個別人聽了不以為然，連聲說：「沒事，沒事。」

那麼，這樣做為什麼會有過失呢？佛陀在經中親口講過：「末世五百年，我現文字相，作意彼為我，爾時當恭敬。」《大般若經》中也說：「法是佛身，若供養法即供養佛。」還有《大方便佛報恩經》說：「佛以法為師，佛從法生，法是佛母。」《歷代三寶紀》亦云：「法是佛母，佛從法生，三世如來皆供養法。」其實經函等文字就是佛法，能夠出生三世一切佛，因而我們務必要恭敬。

如今，佛陀雖然已涅槃2500多年了，但佛教中慈悲

㉘假如不得不放在地上，經函下面也要墊一塊乾淨的布。

喜捨的智慧，出離心、菩提心等教義，仍然保留完好，令我們相續中產生各種功德。這一切也來源於法。

前段時間，我跟一位法師聊天時說：「一個人來到這個世間，貢獻最大的，就是寫些好書。」如果寫了不好的書，可能毀壞整個世界，但若是好書的話，對人類的貢獻真的非常大，其價值遠遠勝過一些建築。像無垢光尊者、宗喀巴大師、麥彭仁波切，正是當年留下了大量珍貴法寶，我們現在才能「前人種樹，後人乘涼」，快樂地享受這些法義。

經書既然如此殊勝，世間也有這樣的俗話：「佛經上不能放佛像。」我們在擺設佛堂時，應該把經書擺上面，佛像擺下面。因為在所有佛像、經典、佛塔中，佛經具有開示取捨道理、延續佛法慧命等作用，與真佛沒有一點一滴差別，甚至與佛陀相比，可以說有過之而無不及。所以，從這個角度而言，經書比佛像更為重要。

《地藏十輪經》也說：「如遇得賢瓶，除貧獲富樂，如是遇佛法，滅惑證菩提。」窮人若遇到珍寶如意瓶，就能遣除貧困，獲得富裕之樂。同樣，我們遇到佛法之後，能成為精神上的富翁，就算有漏財產不多，也會過得非常快樂。

所以，佛法特別重要。我們皈依了佛法後，對一字一句以上的法寶，乃至佛經的一點點碎片，也務必要恭敬供養。

大圓滿前行廣釋（六）附大圓滿前行實修法

尤為值得一提的是，在藏地，很多修行人去一些鄉村念經時，雖知道金剛鈴杵是不可缺少的，但多數人只將它當作平平常常的用品，而不認為是三寶所依。

實際上，金剛杵表示佛陀的五種意智慧。金剛鈴也

同樣具有本尊面相，下續部㉙中說這代表毗盧遮那佛，上續部㉚中說表示金剛界自在母，因此，它具有佛陀的身相；再者，金剛鈴上的蓮花中有八個文字，是八大佛母㉛真實的種子字；它清脆的響聲，代表佛陀說法的妙音。可見，金剛鈴已完全具備佛陀身語意三所依的象徵。尤其是密宗的文武百尊壇城輪，在它上面象徵性地全部具足，並且它也是不共誓言的標誌。

在密宗中，凡是得過灌頂的人，都要護持密咒和手印不間斷的誓言，鈴杵不能離身。當然，如果金剛鈴杵太大，你到處帶著不方便，則可在念珠上繫個小鈴杵，作為象徵和標誌，

第八十九節課

㉙下續部：事部、行部、瑜伽部。
㉚上續部：瑪哈約嘎、阿努約嘎、阿底約嘎。
㉛八大佛母：四空行與財神四母。

如此不會毀壞誓言，對法器也能保持恭敬。反之，假如對這些輕視，就會有嚴重的罪過。因此，我們必須常常恭敬供養。

丁五、皈依之功德：

皈依三寶是一切正法的基礎，任何人僅僅皈依，也能播下解脫種子，遠離不善業、增上善業，所以它是一切功德的源泉。假如沒有皈依，僅僅做一些形象上的善事，則功德不大。而且皈依也是一切戒律的根本，沒有皈依的話，任何一個戒條也不能受。

皈依三寶的人，會受到白法護法神的保護，一切所願稱心如意，值遇善知識，遠離魔眾，經常不離三寶的光明，能回憶宿世，今生來世安樂，究竟獲得佛果等等，功德利益不可估量。

《皈依七十頌》中還說：「雖眾皆可受戒律，然未皈依不可得。」在比丘戒、沙彌戒、居士戒等所有別解脫戒中，皈依都是不可或缺的先決條件，倘若沒有皈依，不但得不到出家戒，連居士戒也不能受。而且，大乘發菩提心與密宗灌頂等，也必須以具足皈依為前提，在沒有皈依的人面前，不能宣講大乘、乃至密宗的甚深教言。甚至僅僅受持一天的八關齋戒，首先也不可缺少皈依。因此說，皈依是一切戒律與功德的根本。

大圓滿前行廣釋（六）附大圓滿前行實修法

引導更多的人懂得皈依

漢地常講「三皈五戒」，但皈依的真實涵義和功德，不少皈依多年的佛教徒也茫然無知。所以，你們今後要特別弘揚這方面的道理，就算講不了中觀、大圓滿等高深大法，但讓別人相信三寶，受皈依戒，這應該也沒什麼困難。

這次來學院的個別出家人、居士，回去的路上，可以給旁邊的人講講這些。他們其實很可憐的，來到這個世界，只知道殺生、邪淫、偷盜，整天為了短暫的生活而奔波，造惡業方面很擅長，而行持善法方面，基本上一無所知、極其愚癡。現在學校裡的老師，在講臺上講課時，也是再三強調今生的快樂，根本不知除了今生還有來世，還有更加漫長的時日。如此以盲導盲的下場，只能令自他陷入痛苦的深淵。

說實話，現在這個迷亂的世界，到處都是迷亂的教育，這樣教出來的人，目標是什麼呢？

吃吃喝喝，就像薩迦班智達在《薩迦格言》中所言，跟無毛豬沒有什麼差別㉜。所以，這些連皈依都不懂的人，從某個層面來講確實可憐，他們一生中兢兢業業、努力經營，卻只為了眼前幾十年的生活。

因此，我們應將佛教的廣大智慧，傳遞給更多的有

㉜《薩迦格言》云：「不察有益和無益，不求智慧不聞法，唯有尋求充腹者，真實一頭無毛豬。」

緣人，這比給他們金錢、地位更有意義。給一兩百萬錢的話，他們很快就花光了，只能帶來暫時的享樂，但若在其相續中種下解脫的種子，對他們今生來世的利益不可思議。故而作為發了菩提心的人，我們了知皈依的功德之後，理應隨時將這些與周圍的人分享。

否則，讓你給他們灌頂，你可能也沒有這種能力，但只是講個皈依的話，相對來說簡單多了。有時候別人讓我灌頂，我仔細觀察自己：本尊的咒語念滿了沒有？夢中或境界中得過本尊加持沒有？雖然有人說二十年前我給別人灌過頂，但這完全是一種假象，只是用個照片來摸個頂。真正的灌頂不是那麼容易的，《大幻化網》中講了二因四緣，哪一個我都不具足。不過讓我講皈依的話，我應該會，內心中也有這樣的定解：確定在這個世界上，什麼都不重要，皈依三寶很重要。所以，若有人讓我講皈依，我肯定歡喜若狂——「過來過來，我馬上給你講！」

與三寶僅結少緣也能解脫

不要說知道三寶功德後，生起信心而皈依，甚至僅僅耳聞佛號，或對佛陀身語意所依[33]的任何一種結上少許善緣，也會播下解脫的種子，最終得到涅槃。

《心性休息大車疏》中，引用過《佛陀眾行經》的

---
[33]身所依指佛像，語所依指佛經，意所依指佛塔。

大圓滿前行廣釋（六）附大圓滿前行實修法

教證說：「於導師佛陀，雖做微小事，轉種種善趣，後獲菩提果。」漢地的《三寶感應要略錄》也說：「釋迦如來末法中，一聞三寶生少信，三世罪障盡消除，當生必見諸聖眾。」

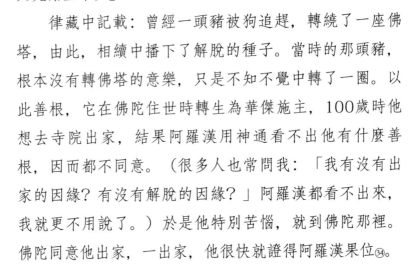

律藏中記載：曾經一頭豬被狗追趕，轉繞了一座佛塔，由此，相續中播下了解脫的種子。當時的那頭豬，根本沒有轉佛塔的意樂，只是不知不覺中轉了一圈。以此善根，它在佛陀住世時轉生為華傑施主，100歲時他想去寺院出家，結果阿羅漢用神通看不出他有什麼善根，因而都不同意。（很多人也常問我：「我有沒有出家的因緣？有沒有解脫的因緣？」阿羅漢都看不出來，我就更不用說了。）於是他特別苦惱，就到佛陀那裡。佛陀同意他出家，一出家，他很快就證得阿羅漢果位㉞。

他的善根來自哪裡呢？就是往昔當豬時，被狗追著轉了佛塔。豬只是無意中轉繞，就有這麼大功德，那我們與之完全不相同，若能以善心來轉繞，功德更是不可估量。

還有藏地第一批出家的預試七人，他們前世是樹葉上的七條蟲，樹葉被風吹落水中，水中有一座古塔，牠們隨波逐流右轉佛塔七圈，以此也成了解脫之因。

這些善根不但微小，而且無記，都能成就如此功德的話，那我們發心轉佛塔、轉佛像、轉寺院、拜佛，功

㉞也有說華傑施主解脫的善根是，往昔他當樵夫時，被老虎追趕，爬到樹上喊了一聲「南無佛」。

德又會怎樣？可想而知。尤其是轉生於南贍部洲，造什麼業都會很快成熟，所以，我們即使轉一圈轉經輪，在佛像面前磕一個頭，不信因果就另當別論了，相信的話，功德的的確確非常廣大。因此，大家現在得到這樣的人身，並遇到了佛法，確實是不幸中的萬幸。

此外，還有「依靠一泥像，三人得成佛」的公案：從前，有個人發心造了一尊小泥像，放在路邊。另一個人看到之後，心想：「這尊小泥像這樣放著，很快會被雨水淋壞，不能讓它就這樣毀壞。」他左顧右盼，發現前面有一個被扔掉的鞋墊，於是將鞋墊蓋在小泥像上面。又有一人看到這種情景，認為骯髒不堪的鞋墊蓋在小泥像上，很不恭敬，就將鞋墊扔掉了。

蓋鞋墊和扔鞋墊的二人，雖然行為截然相反，但因發心賢善、清淨，後世都獲得了王位。如頌云：「善意置鞋墊，於能仁佛頂，他人復棄彼，二者得王位。」（現在有些國家領導人，得這些地位也不是特別難，對三寶做一點點善事的話，就可以了。）所以，最初造小泥像、中間蓋鞋墊、最後扔鞋墊的三個人，暫時得到了王位等善趣樂果，究竟播下了解脫種子，逐漸都得以成佛了。

一個殊勝的對境，實際上就可令無數人獲得解脫。比如，一個人造了尊佛像，一個人給佛像加些裝飾品，一個人見到佛像就去轉繞，一個人對佛像供一朵花，一個人供一根香……僅僅是一尊佛像，就能讓很多人都結

上善緣。所以，我有時候去漢地的一些寺院，看到莊嚴無比的佛像、殿堂非常隨喜，因為造這些功德非常大，可令大家逐漸趨入菩提之道。

虔誠皈依可擺脫痛苦

皈依能遠離不善的功德，也是同樣。若以最大的虔誠和恭敬皈依三寶，那麼，以往所造的惡業就會減輕，或消盡無餘。

《天子受三歸依獲免惡道經》中說，有一個天子，還剩七天壽命時，以神通發現自己下一世會變成王舍城的豬，住處骯髒不堪，就傷心地向帝釋天求救。帝釋天讓他好好皈依佛、皈依法、皈依僧。他於是全心皈依，死了以後，帝釋天用神通觀察，怎麼都找不到他的去處。帝釋天跑到佛陀那裡詢問，佛陀說因為皈依三寶的功德，他已轉生到兜率天了，因為在帝釋天的上面，所以他看不到。

可見，皈依三寶功德真的很大，大家千萬不能輕視。《帝釋所問經》中說：「唯有佛世尊，是世間大師，善降大魔軍，能度諸有情。」而且皈依之後，自相續承蒙三寶的大悲加持，一切所作都會成為善法，不會再造惡業。

佛經中記載：未生怨王尚處母胎時，占卜師就預言此子將會弒父。父王聽後十分驚恐，在他剛出生時，把他

第八十九節課

114

從高樓上摔下去，然因業力未盡，他僅折斷一個手指而未死。長大之後，他造了無間罪，殺害了自己的父親，後來至誠皈依三寶，以此原因，他僅感受了七天的地獄痛苦，便得以解脫；也有經中說，他本應墮無間地獄，然以皈依的功德，死後墮入黑繩地獄，並很快獲得了解脫㉟。他還在佛陀涅槃後，成為佛教的大護法，大迦葉於七葉窟結集三藏時，他為大施主，供給一切資具所需。

提婆達多，也曾造了三個無間罪——破和合僧、出佛身血、殺阿羅漢。他還驅使大醉象攻擊佛陀，並於十個指甲中藏毒，欲禮佛足而傷佛陀。他命終之後墮入地獄，活活感受烈火焚身時，才對佛語誠信不疑。他說：「我現在從心坎深處皈依佛陀。」佛陀告訴他：「光是皈依佛還不行，還要皈依法、皈依僧。」隨後他發自內心皈依三寶，佛陀授記他將來成就緣覺果位，號為具骨㊱。

小乘經典中說提婆達多是惡人，但大乘《妙法蓮華經》專門有個「提婆達多品」，佛陀在裡面講了，因地時正是提婆達多傳授《法華經》，自己才依此獲得了成就。佛陀還說，誰聽聞此「提婆達多品」，就能不墮三惡趣等，有許許多多功德㊲。故從大乘了義經典來看，提

㉟《大方便佛報恩經》云：「阿闍世王雖有逆罪，應入阿鼻獄故，滅阿鼻罪入黑繩地獄，如人中重罪七日都盡，是謂三寶救護力也。」
㊱另有經典說，他將來成為南無辟覺。如《增一阿含經》云：「由提婆達兜最後命終之時，起和悅心，稱南無故，後作辟支佛，號名曰南無。」
㊲《法華經》云：「未來世中，若有善男子、善女人，聞妙法華經提婆達多品，淨心信敬，不生疑惑者，不墮地獄、餓鬼、畜生，生十方佛前，所生之處，常聞此經。若生人天中，受勝妙樂；若在佛前，蓮華化生。」

大圓滿前行廣釋（六）附大圓滿前行實修法

婆達多應該是佛菩薩的化現。不過這裡講的，是提婆達多造了三個無間罪，後來虔誠皈依三寶，終於得到了解脫。

在座的道友們，你以前雖不一定造過無間罪，但多多少少都造了一些惡業。若能在三寶所依面前，發自內心地懺悔，並念誦：「我從現在開始，皈依佛、皈依法、皈依僧。」這些罪業很容易就能得以清淨。

所以，這次共修皈依，大家應時而觀想皈依境，時而思維自己的罪業，明白得個人身不容易，故一定要皈依三寶，然後再念「南葵內色那卡剛瓦耶……」。這樣才不會只是口頭上的聲音，而是發自內心的「心聲」。若以此心態修十萬遍皈依，對三寶的信心定然生得起來，那自己過去造的業再嚴重，以後也不會墮三惡趣；就算還是要墮，時間也非常短暫，這是佛陀的語言，剛才也說了，「若人信歸佛，如來不欺誑。」因此，大家應該有這個信心！

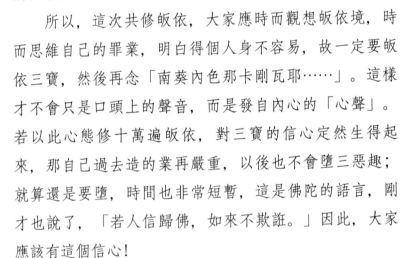

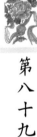

第八十九節課

第九十節課

下面繼續講皈依：

皈依是斬斷不善、遣除障礙的最好途徑

如今，依靠善知識的恩德和加持，大家有幸聽聞佛法，並生起一點點行善斷惡的念頭：「我要修加行」、「我要出家」、「我要利益眾生」……此時若能從內心深處皈依三寶，三寶必定會賜予加持，使我們的信心、清淨心、出離心、菩提心、堅信因果等善法功德，自然而然增上。

不管是出世間法，還是世間法，信心都非常重要。尤其是我們發心人員，還是要有一種信心，有一種積極性。否則，就像石頭一樣，做什麼都沒有感覺，這樣不行，行持善法方面還是要有信心。《大莊嚴論經》云：「信亦如河箭，駛流甚迅速，能令於心意，速疾至善法。」所以，有了信心的話，你的動作不得不快，做任何事都會有效率。

同樣，對三寶也要有信心。倘若你懂得三寶不可思議的功德和力量，信心自會日益增上，一切功德也會直線上升。相反，假如將皈依、祈禱三寶棄之一旁，即使你現在的出離心等非常善妙，表面上行持善法也不錯，但由於形形色色的外境善於蠱惑人心，電視、網絡等媒體上的信息，十之八九都在引人造惡。再加上我們自身

117

智慧淺薄、無有主見，不像古大德那樣，就算到眼花繚亂的城市裡去，心也像山王一樣不為所動。而我們只要換了一個環境，就很容易被外境誘惑，心隨著外境不斷在轉。這樣一來，縱然我們現在奉行善法，但到了一定的時候，也很可能把這一切拋之腦後，輕而易舉地走向罪惡，有這個危險性。

（這一點特別重要！《前行》的每一段文字，從開頭到結尾都特別珍貴，字字句句可以說是價值連城的如意寶。）

因此，我們務必要清楚認識到：若想今後徹底斬斷不善業的相續，再沒有比皈依更為殊勝的了。

完全依靠自力的話，一般人很難把握自己不受外在的影響。就像有些父母送孩子去外地讀書，臨走前會諄諄告誡：「你一個人出門在外，千萬不要跟人學壞了！」孩子雖然也常提醒自己，但由於外境的誘惑太大，不由自主就會隨波逐流。或者像有些道友放假回去，一切行為很難完全如理如法，此時一方面自己要有正知正念，不能一點也沒有「剎車」的能力，同時，最關鍵的是什麼？就是要皈依三寶、祈禱三寶。

尤其在黑暗的末法時代，要想遣除修行中的違緣，祈禱度母和蓮師尤為殊勝，這也是我自己的經驗之談。假如你不會念二十一度母的祈禱文，那度母心咒「嗡達列度達列度列所哈」，這個誰都會念；如果祈禱蓮師的儀軌或伏藏品不會念，念蓮師心咒也可以，這是遣除違

第九十節課

緣的最好方法。

現在很多人都希望行持善法善始善終，許多出家人也想終生清淨戒律、聞思修行，但有時候魔眾干擾相當厲害，自己雖不願意做不如法的事情，然而隨著外緣的誘惑，內心的煩惱逐漸增上，最終也會身不由己，被惡業的河流捲走。所以，這個時候一定要祈禱。

我原來也講過，我們寺院有個老修行人叫拉雪堪布，他經常說：「依靠正知正念來對治煩惱固然重要，但最主要的，還是常常祈禱三寶。」法王如意寶也講過：「我們出門也好、在家也好，時時刻刻要有祈禱三寶的意念。若能如此，不管你到什麼地方、住在哪裡，修行的境界和善良的人格都會保持下去，延續下去。」這是非常重要的，大家應該好好記住，並再三思維這些金剛語！

再者，在修行的過程中，正如人們所說：「精進行者，魔眾尤憎恨。」《虛幻休息妙車疏》中也引用《寶積經》講了，不精進、不好好聞思修的人，魔眾不會加害，這種人身體特別壯，不容易生病，也不會有任何違緣；而越是精進的人，魔眾越喜歡干擾，即使你沒有出現大病和魔障，每天也會不斷咳嗽——呵呵，我們經堂裡咳嗽的，都是精進的人。不過，不要故意咳嗽啊！

俗話說：「法深之時，黑魔亦猖獗。」「道高一

大圓滿前行廣釋（六）附大圓滿前行實修法

尺，魔高一丈。」如今正值五濁惡世，我們修持甚深法義、行持廣大善舉時，常會面臨世間名聲、地位的種種誘惑，或親朋好友的百般阻撓——有些道友來這裡求法很不容易的，非常隨喜你們的精神。包括學會的有些居士，聽一堂課也要騙家人，說是單位組織出去玩。經常用這個藉口的話，家人都產生懷疑了：「怎麼你們每個星期天都出去玩？」

還有，法越來越殊勝，修行越來越踏實時，還會出現病痛魔障的層層違緣，心裡也會疑惑重重、妄念紛紛，覺得這裡不對、那裡不對……各種障礙變化多端，以此摧毀自己的善業資糧。

此時此刻，我們若能精進地皈依三寶、祈禱三寶，就不容易退失道心，修行的所有障礙也會變成順緣，並使善法越來越增上。誠如《舍利弗阿毗曇論》所云：「若歸佛法僧，此歸最為安，此歸最為上。歸依於此處，能離一切苦。」

而且，在學佛的過程中，我們就算暫時遇到一些違緣，比如家人的阻撓、自身的疾病等，如果自己很堅強，不會因為今天感冒了，就「我不行了，以後再也不看書了，再也不念皈依了」，魔眾便不會有機可乘，善法也不會因此而斷滅。所以，大家在修行時，一定要有堅強的意志，這是不可缺少的！

降伏法並非人人都能行持

在過去，按照藏地的傳統，有些在家人為保佑全家一年平安、除病免災，需要採取保護措施，於是就將一些既沒有得過灌頂和傳承、也未曾圓滿持誦基數密咒[38]的上師僧人請到家中。這些僧人表面上擺一個猛修儀軌的壇城，明明自己沒有生圓次第的境界，只是睜著碗大的眼睛，對著一個食團，生起忍無可忍的嗔心，口中喊著「召召[39]、殺殺、呀呀、打打」，一聽就給人面目猙獰的感覺。隨後，他們唯一做的，就是血肉供養……若好好觀察諸如此類的現象，誠如米拉日巴尊者所說：迎請智慧天尊維護世間的利益，猶如將國王從寶座上拉下來，吩咐他做掃地的事情一樣。

米拉日巴在圓寂之前，還跟弟子們說：「降伏事業應以慈悲為懷，千萬不能有嗔恨心，否則就不是真正的密法，自己也會因此而墮入地獄。」《大薩遮尼乾子經》亦云：「若不修慈悲，能行嗔害心，雖行諸善行，死入於泥犁[40]。」

又如帕單巴尊者親口說過：「將密宗的壇城設在村子的羊圈裡，怎麼能對治呢？簡直可笑！」意思就是，請一些什麼境界都沒有的人，以嗔恨心去做降伏事業，

---

[38]基數密咒：密宗中修任何本尊、做降伏等事業，先須念滿儀軌中規定的基本心咒數量。

[39]召召：修誅法時行者召喚的「勾召」之聲，使邪魔等召集融入食團，對它們進行懲治。

[40]泥犁：地獄。

大圓滿前行廣釋（六）附大圓滿前行實修法

就像把密宗壇城擺在骯髒的羊圈裡一樣，怎麼可能請到聖尊賜予吉祥呢？因此，像這樣的持誦密咒，必將沾染上苯波教吟誦的過患，所作所為都是在欺騙眾生。

如今漢地也有個別「上師」，打著密宗旗號，到處宣揚降伏、雙運，讓大家做不如法的事，這是必須要斷絕的。阿底峽尊者當年來藏地時，也是看到個別寺院和僧人的行為與教理不符，就對此作了重新整頓。

那這些是不是密宗的過失呢？並不是，這是個人的過錯，不能說是教法的過失，這個一定要分清楚。密宗的教義，完全經得起任何觀察，就算以顯宗教義來衡量，也根本找不到可遮破之處。但是行持密宗的人，有些因為貪財，有些因為貪色，有些因為貪名聲，行為上難免出現種種差錯，可這不能怪到法的頭上。

剛才米拉日巴和帕單巴尊者，異口同聲批評了藏地個別的不良現象。其實，這兩位尊者是同一個時代的，彼此之間還見過一面。

記得米拉日巴的《道歌集》中說：有一天，米拉日巴在夢中見到獅面空行母，說次日帕單巴尊者從印度來到藏地，問他要不要去見見。與此同時，帕單巴尊者也夢到獅面空行母鼓勵他去見米拉日巴。

第二天，米拉日巴去的時候，想看帕單巴尊者的神通如何，就在路上變成一叢鮮花。帕單巴尊者走近時，

似乎毫無知覺的樣子。米拉日巴心想：「人們說他具有無漏神通，看來好像不太可靠！」正這樣想著，帕單巴尊者忽然轉過身來，用腳就要踢那一堆花，但又轉念一想：「米拉日巴是大成就者，這樣不恭敬，算了算了。」

此時，米拉日巴現出自己的身體，與帕單巴尊者交流修行境界，並邀請他一起舉行薈供。帕單巴尊者說：「好，但你是西藏人，作為主人理應招待我這個印度人，所以請先為我準備薈供的供品。」

於是米拉日巴把身體全部化為甘露，用絕地火來燒煮顱器。此時，帕單巴尊者變化了七個化身，個個站立在七根馬尾草的尖端。米拉日巴也變化了七個化身，同樣站立在七根馬尾草的尖上。接著二人開始薈供，得到了六種滿足。

此時，米拉日巴所站立的馬尾草尖端，略微出現一點彎曲。他問帕單巴尊者：「你我在寶瓶氣的成就上沒有差別，為什麼我站立的草尖會有彎曲呢？」

帕單巴尊者說：「我們斷證功德上無有差別，可因為你出生在西藏，所以會如此。你我的見、行完全相同，所以，未來我們的傳承弟子在見行上也會一致。」

故而在此處，他們兩個的觀點完全一樣，都認為當時藏地個別修行人的行為不如法，並不留情面地進行了批評。

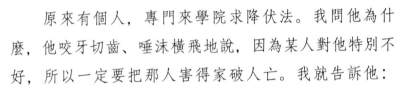

其實，藏傳佛教中的降伏事業，不是人人都能行持的，它只對那些沒有私心、能成辦廣大弘法利生事業的人才有開許。而且，對於理應降伏的十大應誅④，有能力的瑜伽士若不作降伏，也是犯了密乘戒。但如果你偏執自他，以自相的嗔心進行降伏，那不但不可能降伏對方，反而將成為自己墮入地獄之因。

原來有個人，專門來學院求降伏法。我問他為什麼，他咬牙切齒、唾沫橫飛地說，因為某人對他特別不好，所以一定要把那人害得家破人亡。我就告訴他：「看你的態度，肯定修不成降伏法！」誠如《正法念處經》中所說：「一切不能護，嗔恚亂心人，於此世他世，能作黑闇果。」對眾生嗔恨心特別重的人，根本無法得到三寶的維護，今生來世只能成就黑暗的惡果。所以，我們修密宗的人，千萬不能為了害別人，就跑到上師那裡去，非要修個降伏法。

不過，假如你是以悲心攝持，麥彭仁波切在《大幻化網總說》裡講了，即使只能做一個降伏形象，也有不可思議的功德。法王如意寶在夢境中，也從上師托嘎如意寶那裡，得過這樣的教言。

因此，這些不能一概而論，認為無論是誰都不能修，一見到雙身像或降伏法就產生惡心、嗔心，這是特

---

④十大應誅：又名十逆怨賊。佛教密乘所說應誅不赦的十惡怨敵：毀滅佛教、摧殘三寶、劫奪僧財、謾罵大乘、坑害上師、挑撥金剛弟兄、障難修行、絕無慈悲、背棄誓戒和顛倒業果。

124

別愚癡的行為。許多不可思議的境界，你不起信心的話，也應當觀清淨心，因為這不是你智慧的對境。

祈求平安的方法莫過於念修皈依

前面剛講了，根本沒有生圓次第境界、三昧耶不清淨的人，以嗔恨心作降伏法，一味進行血肉供養，此舉非但不能得到智慧天尊和護法神的護持，反而會使黑法方面的鬼神雲集，來享用那些供品及食子。雖說這些鬼神眼前能給你做一些利益，可是從長遠來看，只會給你帶來諸多不幸。所以，若想獲得平安吉祥，皈依三寶才是最保險的。

《米拉日巴道歌集》中就講了一個故事，米拉日巴尊者有個特別富裕的施主，他雖生長在苯波教的家庭裡，但卻對佛法信仰甚篤，並常將自己的財物供養尊者師徒。

後來他得了不治之症，自知將不久於人世，於是集合所有的親人，宣告遺囑說：「我要把一切財產供養給米拉日巴尊者及其弟子，請他們來超度我，你們千萬不能給苯波教。」過了一會兒，他懷疑眾人不聽他的話，就威脅道：「你們如果不聽，我就自殺。」大家只好依他的話去做，他才放心地斷了氣。

家人依遺囑去請米拉日巴師徒，讓他們住在二樓；但也迎請了苯波教的教徒，住在樓下。雙方同時各作法事。

作法不久，在苯波教的壇城中，出現了死者的靈魂，他全身碧綠、滿頭長髮，大口大口地在喝酒。正好尊者的妹妹經過樓下，苯波教徒就對她說：「米拉日巴總和我們敵對，現在你看，我們能把死者的亡靈勾召來，他辦得到嗎？」

　　妹妹上去後，就將此事告訴米拉日巴尊者。尊者說：「那根本不是死者的亡靈，只是他們的騙人把戲。」然後對一個弟子說：「你去握住那亡靈的無名指，問他在雅龍腹崖窟接受灌頂時，我給他起的密名叫什麼？」弟子去後，那亡靈受不住尊者的大悲光明，變成一溜煙就逃走了。

　　苯波教徒跟米拉日巴說：「我們勾召的，既然不是亡人的靈魂，那你有沒有這個能力？」尊者回答：「死者因過去的一點小業障，死後未能得到解脫，現已投生為一條小蟲，在山谷上面的一塊乾牛糞下，所以沒辦法把他勾召過來。」

　　他們不相信。米拉日巴就帶他們到了那個山谷，在一塊乾牛糞旁邊，尊者呼喚亡者的密名，只見牛糞裡爬出一條小蟲。尊者即向牠說法開示，並為其修往生法。小蟲立刻死去，蟲身上發出一道細長的光，直射融入尊者的心中。尊者稍微安住片刻，小蟲的心識變成一個白色「阿」字，由尊者心中放出，漸漸升至空中，越升越高。此時，空中傳出聲音：「尊者仁波切，您使我得到

解脫，實在是恩德廣大！」大家親眼目睹此事後，都對尊者生起了信心。

可見，佛教的加持力，客觀評價的話，確實無與倫比，但真正了知的人並不多。

其實，我們若想自己平安、家庭和樂，不一定非要作特別大的降伏儀軌，只要迎請那些寂靜調柔、戒律清淨的上師僧人，來家裡念誦十萬遍皈依偈，這是最保險不過的。這樣一來，你已經入於三寶的庇護下，今生不會出現任何不快之事，一切所欲如願以償，還會得到善法天眾的竭力保護，黑法魔障也無法靠近。

因此，大家這次修十萬遍皈依，心裡應該非常歡喜，不要覺得：「哎呀，念十萬遍多麻煩，不念又不能聽密法，怎麼辦呢？要不要報個假數？」這是沒有必要的。對每個人來講，一生中能念這麼多皈依偈，真的特別幸運。我以前剛聽《前行》時，就像枯木逢春般，內心歡喜踴躍，每天都在這種心態中念修。其實能念滿十萬遍皈依偈的話，不但對眾生能賜予平安，自己也能修行圓滿。

我認識的一些藏地老師，都發了願要一輩子修一次五十萬加行。以前他們好多人都不修，前不久我跟他們講了，來到這個世間，連一次五十萬加行都沒修的話，確實有點可惜。若能念十萬遍皈依，對自己是永恆的一

大圓滿前行廣釋（六）附大圓滿前行實修法

種保護，而沒有福報的人，肯定沒有這個機會。

有時候我看見有些人，根本不願意修加行，反而另外找個藉口，說要修什麼什麼大法，這種人真的特別可憐，但也沒辦法。所以，大家一定要念十萬遍皈依偈，如此一來，邪魔外道不能親近你，善法護法神也會經常保護你。

皈依三寶者不為鬼魔所害

舉個例子來說：從前，一個盜賊被主人逮住。主人一邊念皈依偈，一邊用棍棒打他，念一聲「皈依佛」就打一下，這樣三句皈依全部念完後，才將他放了。盜賊想：「釋迦牟尼佛的恩德實在很大，幸好皈依偈只有三句，如果有四句的話，我可能已被打死了。」在他心中，好像皈依偈的聲音與疼痛成了無二無別，腦海裡一直迴響著朗朗的皈依偈。他到一個橋下躺了下來。這時橋上來了許多鬼魔，說「這裡有個皈依三寶的人」，都不敢過橋害他，便吵吵嚷嚷地逃走了。

其實《大莊嚴論經》裡也有這個公案，說是往昔有一位比丘，家裡常被盜賊光顧。一次他在家裡時，盜賊又來撬門。他發現後，說：「我看到你就害怕，你不要進來了，只要把手伸進來，我把你需要的東西給你。」盜賊信以為真，就將手從門縫裡伸進來。比丘馬上用繩子把他手捆起來了，然後拿著一個棍棒，念一句「皈依

佛」就打一下，盜賊因害怕就重複一遍；念一句「皈依法」打一下，盜賊重複一遍；念一句「皈依僧」打一下，盜賊重複一遍。這樣打了三下，就把他給放了。後來這個盜賊也出家了。

所以，就算在別人的逼迫下，自己口裡念誦，或心中憶念皈依偈，也有這麼大的功德，三寶的加持確實非常殊勝。

當然，在這裡要給大家澄清一下：現在漢地有些人，引用這個公案反駁藏傳佛教的四皈依，說「四皈依害死人」。理由是什麼呢？因為剛才那個盜賊之所以出家，是他覺得：「佛陀真是慈悲，多虧只講了三個皈依，如果有四皈依的話，就把我給打死了。㊷」所以，這些人就說四皈依不合理。

這完全是一種可笑的謬論。那個盜賊說幸虧沒有四皈依，不然就被打死了，是此經中特定的故事情節，不能以此就說四皈依害死人。其實，四皈依並無任何不合理之處。藏傳大德在皈依三寶的基礎上，加上皈依上師，也不是什麼大逆不道的事情。如果上師是魔鬼的話，你不皈依也無可厚非，但不管是漢傳佛教、藏傳佛教中，上師都是值得皈依的對境，那為什麼不能皈依呢？

㊷《大莊嚴論經》云：「佛或遠見斯事，教出比丘打賊三下，使我不死。是故世尊唯說三歸，不說四歸。佛愍我故，說三歸依，不說四歸。」

比如，漢地的《蘇悉地經》云：「弟子之法，視阿闍梨，猶如三寶。」還有《大辨邪正經》也說：「未知者令知，亦當歸依真善知識；未覺者令覺，亦當歸依真善知識；未悟者令悟，亦當歸依真善知識；未通者令通，亦當歸依真善知識。」儘管皈依三寶非常重要，但三寶的教義依靠誰來傳給我們呢？就是善知識。沒有善知識的話，根本無從得到佛教的真義。

《華嚴經》中也說：「尊重恭敬諸善知識。」為什麼呢？因為善知識「滿眾生心，如如意寶」。可見，《華嚴經》說上師就是「寶」，我們皈依三寶和皈依四寶沒什麼差別。

還有，《大教王經》云：「此阿闍梨佛無異。」《瑜伽大教王經》亦云：「此金剛阿闍梨，即是一切如來。」既然上師就是佛陀，那你皈依佛之後，再皈依與佛無別的上師，會不會害死你呢？

所以，有些人真的太愚癡了，什麼道理都不懂，就隨便胡言亂語。其實，若把魔眾或石頭放在三寶當中，讓你皈依，你不願意也可以。但上師是那麼殊勝的對境，漢傳佛教中早晚課的念誦儀軌，也並非全是佛說的，好多都來自上師的結集、上師的語言，你們天天都念這些，怎麼可能害死你？

我平時給別人皈依的話，有時候念《聖解脫經》中的「南無布達雅，南無達瑪雅，南無僧嘎雅」，用的是

三皈依；有時候按照藏傳佛教的「皈依師，皈依佛，皈依法，皈依僧」，念的是四皈依。這兩個都是一樣的，沒有什麼差別。就像你從印度請來一個金戒指，上面再鑲嵌一個藏地的金剛鑽石，這有什麼不可以的？

　　現在漢地個別人，對自己的語言不負責任，看到一段佛經就斷章取義，開始誹謗這個、誹謗那個，這實在是愚癡之舉。你連三相推理的基本邏輯都搞不懂，就想推翻藏傳佛教的智慧大山，真的是白日做夢，非常可笑。這樣的結果，不會是四皈依害死你，而是你的語言會害死你，讓你永遠沉溺在地獄中感受無邊痛苦，所以說話不可不慎啊！

　　言歸正傳，假如我們從內心誠摯皈依三寶，不但今生可遣除一切損害，後世也將獲得解脫和佛果等，有不可思議的功德。《無垢經》也說：「皈依之福德，若其具色相，遍滿虛空界，

　　彼將勝虛空。」皈依的功德無法衡量，無法用語言來表達。故不管在什麼情況下，我們都不能捨棄皈依，有因緣的時候，還應通過各種方法勸他人皈依。

　　《雜寶藏經》中講過一個故事[43]：昔日有位長者，

---

[43]《雜寶藏經》云：爾時舍衛國中，有一長者，名曰弗奢，生二女子。一者出家，精進用行，得阿羅漢；一者邪見，誹謗不信。父時語此不信之女：「汝今歸依於佛，我當雇汝十枚金錢；乃至歸依法僧，受持五戒，當與八千金錢。」於是便受五戒。不久之頃，命終生天，來向佛所，佛為說法，得須陀洹。

生了兩個女兒。一個女兒虔誠信奉三寶，出家後證得阿羅漢果；另一個女兒不信三寶，持有各種邪見。後來，父親跟不信佛的女兒說：「如果你皈依佛陀，我就給你一千金；若能再皈依佛法和僧眾，並受五戒，我給你八千金。」這個女兒特別貪財，為了金錢就皈依了。她死後轉生於天界，用神通看到生前的因緣，對三寶生起了信心，於是來到人間向佛陀求法，之後獲得須陀洹果。

　　所以，有些人的父母親友，實在不信佛教的話，你若有錢財方面的能力，可以跟他們說：「你要能皈依的話，我每個月給您一百塊錢！」（眾笑）

　　要知道，皈依三寶的功德相當大。《般若攝頌》中云：「皈依福德若具相，此三界亦成小器，大海乃為水寶藏，藏合㊹豈能衡量耶？」又如《日藏經》云：「有情誰人皈依佛，俱胝魔眾不能害，縱破戒律心散亂，彼亦定能趨涅槃。」假如你虔誠皈依佛陀，千億魔眾也不能加害，即使你受戒後破了戒，心智不正常，但因為你內心中皈依了佛，也不會墮入惡趣，並能逐漸獲得解脫。《大集經》中也有類似的教證說：「若有眾生歸佛者，彼人不畏千億魔，何況欲度生死流，到於無為涅槃岸。」

　　因此，我們縱然遇到生命危險，也不能捨皈依棄三

㊹藏合：稱量單位，舊時一藏升的六分之一。

寶。就像法王如意寶，以前在「文革」時，有個官員叫慈誠嘉列，對法王一直頗為不滿。有一次，他威脅法王必須捨棄三寶，說佛教是迷信。法王不卑不亢地回答：「要想讓我說這句話，比登天還難，佛教完全是正信，即使捨棄生命，我也絕不捨棄三寶。」他暴跳如雷，大聲吼道：「真是敬酒不吃吃罰酒，走著瞧吧，三天後我們準備開個大會，到時候看你會悲慘地關在監獄，還是安穩地坐在這裡。」當時法王住在紫清山谷。那個官員回去的路上，突然酒癮大發，一杯接一杯地喝酒，結果口吐鮮血，一命嗚呼了。

還有拉薩的一位格西蘭仁巴，又名阿旺彭措。在「文革」期間，公開念經要受到批鬥，大家都手不敢拿念珠，口不敢誦六字真言。但他仍在自己的僧舍裡，敲鑼打鼓地誦經做佛事，明目張膽地宣揚三寶功德。別人勸他，說這樣做很危險，蘭仁巴說：「燈就是黑夜照明用的，白天何必點燈？在滅法的緊要關頭，才需要盡力支撐，以後聖教重興時，我就可以撒手不管了。」所以，這些高僧大德的故事非常感人。

總而言之，皈依具有無量功德，《聖解脫經》中說，即使皈依三寶的聲音在旁生耳邊聽到，牠們也會不墮惡趣。因此，我們平時看見待宰的犛牛，或市場上的魚類，沒有能力放生的話，也應多給牠們念皈依偈，念

阿彌陀佛、釋迦牟尼佛的名號。《一切智光明仙人慈心因緣不食肉經》亦云：「若有畜生類，得聞諸佛名，永離三惡道，不生八難處。」

對此我們一定要相信，因為這是佛陀說的，肯定會有這麼大功德。佛經云：「海水可枯竭，修羅宮可墮，日月可墜落，世尊語叵異。」就算海水會乾涸，阿修羅宮殿會倒塌，日月會從空中墜落，佛陀的金剛語永遠也不會欺騙人。所以，我們理當堅信佛陀的語言，認認真真以歡喜心來念修一切正法之根本──皈依。

若能以閉關的方式修，這是最好不過的；但如果實在沒有條件，數量上也要盡量完成。我前幾天也講過，丹珠喇嘛念《普賢行願品》有一百萬、觀音心咒有六個億，而你若連十萬遍的四句偈都不能念，那就太說不過去了。

本品的結文：
雖已皈依然而誠信弱，雖受三學然仍捨持戒，
我與如我無心諸有情，不退堅固信心祈加持。

華智仁波切謙虛地說：雖已皈依三寶很長時間，但信心仍極其微弱；雖已受持戒定慧三學㊺，可自己並沒有好好持戒。對於我和像我這樣的無心者，祈願三寶加持，信心永遠不要退，並且越來越增上。

堪布阿瓊等高僧大德，每次在修完皈依後，也經常用這個祈禱文來迴向。「萬法信為先」，如果你有了信心，什麼事情都好辦，不管是祈禱、磕頭、修加行，都會有一種積極性。否則，對修行根本沒信心，而看到好吃的東西，眼睛馬上睜得大大的，這樣就不是修行人了。

【一切聖道之基石——皈依之引導終】

我們這個學期已將「皈依」講完了。前不久，我在元旦賀詞中，給外面學會的人說了：從2006年8月起，近五年的時間裡，我們用網絡、光盤的方式，對外傳授了《入菩薩行論》、《量理寶藏論》、《般若攝頌》等多部大論。這樣的機會來之不易，以後若沒有什麼特殊違緣，我希望還是能繼續下去。無論如何，聞思修行不能捨棄；無論在哪裡，一定要樹立這樣的佛幢！

大圓滿前行廣釋（六）附大圓滿前行實修法

第九十節課

第九十一節課

今天講一下發菩提心的修法。

提前講此修法的原因

這個修法，以前學《入行論》時大概講過，至於詳細的觀修方法，《前行》後面也會提到。因為現在很多道友把「皈依」已經修完了，接下來若要修十萬遍「發菩提心」，就要提前了知它的修法。按理來講，先好好修四無量心，之後再觀修菩提心，這樣會比較穩妥。不過在座的很多道友，以前聽過多次四無量心的修法，也學過《入行論》的勝義菩提心、世俗菩提心。所以，這次我把後面正式發菩提心的修法，提前給大家大致講一下，這也未嘗不可。當然，後面學到這個內容時，還是會照樣講。假如你覺得先應把四無量心修好，然後再修菩提心，這是最好的。但若一邊學四無量心，一邊修發菩提心，這樣應該也可以。

理論與竅訣之間的差別

修四無量心時，在論典中通常順序是慈、悲、喜、捨；但按照上師們的竅訣，如無垢光尊者、華智仁波切的教言，則應先修捨無量心，真正做到自他平等之後，才觀得起來慈無量心、悲無量心、喜無量心。

我們在這裡也是同樣，按照論典的觀點，修菩提心的話，先要通達勝義菩提心、世俗菩提心的基本道理；但從竅訣的角度而言，則用不著學很多理論，關鍵是內心中要生起「一切眾生都是我母親，跟今生的母親一模一樣」的念頭。為了達到這樣的目標而實修，這就叫做竅訣。

　　所以，竅訣的實修，跟理論的講法完全不同，它不需要太多的教證和理證。現在很多知識分子特別強調理論，經常用因明、中觀的邏輯推理分析事情，這樣的分別念，對很多修法不一定適合。因此，我們在實修時，應將理論上的推斷暫時放下來，然後按照傳承上師們的教言，次第去實地修持，以令所修的內容在心裡浮現出來，自心與法融入一體，這才是修行的目的。

　　大家修加行時也是如此，不管是菩提心，還是其他修法，實際修持才最有意義。如果沒有這樣，理論上再怎麼精通、再怎麼會說，這些法也跟你的相續相隔千里。因此，傳承上師非常強調實修的重要。

　　尤其是藏傳佛教中，修行的次第相當完整，這在其他傳承中極為罕見。如今大家有幸值遇這樣的教法，一定要按照前輩大德的教言去做。否則，有些人口口聲聲自稱是大乘佛子，實際上根本沒有大悲心，對眾生也沒有同情心，甚至有時候連世間人都不如，那就很值得慚愧了。

　　我聽說有一個領導，看了11個孤兒的貧困家庭後，在開會時一直流淚，別人見了也深受感動。我們反觀自

己，自認為是大乘佛子、是密宗行人，但看到這種情景，會不會覺得心如刀割？還有些其他宗教的人，不顧自己的安危，到特別嚴重的傳染病群體中去，一心一意幫助他們，或者在大海裡輪船被毀時，自己不願意坐救生船，而把生存的機會讓給了老弱病殘，這種無我利他的精神，我們學大乘佛法的人有沒有？所以有時候看來，我們利益他眾的大悲心，確實很差勁。明白自己的境界後，就算別人怎麼讚美你，你也要有自知之明。

要知道，菩提心的基礎是慈悲心，慈悲心的基礎就是一顆善心。倘若連一顆善心都沒有，對所有眾生恨之入骨，那你能不能列入大乘行列，自己應該心知肚明。假如沒有大乘種性的善根，再宣揚自己是學大乘佛法的，也很難做到名副其實。

那麼，什麼樣的人有大乘種性呢？有兩種情況㊻：按照《入中論》的觀點㊼，當你聽到般若空性的法音，歡喜得汗毛豎立、眼淚直流，這是大乘種性甦醒的一種標誌；還有，根據《大乘莊嚴經論》中所說㊽，當你體會到眾生的痛苦，發自內心地流下悲憫之淚，這也是大乘種性復甦的一種象徵。

當然，這兩者都跟前世的善根有關。前世學過大乘

大圓滿前行廣釋（六）附大圓滿前行實修法

㊻前者是依大悲等方便，甦醒色身種性；後者依空性智慧，甦醒法身種性。
㊼《入中論》云：「若異生位聞空性，內心數數發歡喜，由喜引生淚流注，周身汗毛自動豎。彼身已有佛慧種，是可宣說真性器。」
㊽《大乘莊嚴經論》云：「大悲及大信，大忍及大行，若有如此相，是名菩薩性。」

空性，或修過菩提心的人，因緣成熟時才會有這種現象。而有些人的話，聽了多少大乘經論，看過多少菩提心的功德，也像聽氣功報告一樣，心裡沒有什麼感覺。即使偶爾有一點點，也像雲間的陽光一樣，一下子就被分別念的烏雲障蔽了。這樣的人，不但稱不上是「密宗大師」，連「大乘行者」的名號也當之有愧。

修菩提心的重要性

在這個世間上，有智慧的人若想以佛法來饒益眾生，就要生起大悲菩提心。《大乘四法經》中也說：「世間明慧者，應發菩提心。」現在饒益眾生的方法有各種各樣，比如建立社會慈善機構，或通過財物或地位去利濟別人，但這些所帶來的快樂只是暫時的，能斷除無明根本、令眾生永久快樂的，唯有菩提心。故《大寶積經》云：「若欲善安隱，度無量眾生，應發菩提心。」

菩提心在一切修行中極其重要，若沒有這個基礎，表面上修再高深的大圓滿、大手印，或者禪宗、淨土宗，這些大法到了你相續時，也完全變成了世間法，或者是一種小乘法。然而，這並不是法的過失，而是人的原因。就像《寶性論》中所說㊾，從空中降下的八功德

㊾《寶性論》云：「猶如雲聚中普降，清涼甘甜輕軟水，由合地層鹽鹼等，遂成種種諸異味。如是廣闊慈悲雲，普降八支聖道雨，由合眾生分類處，遂成種種異解味。」

水，到了鹽鹼不同的地面，就會變成不同的味道。同樣，佛陀從慈悲的雲中，普降下八聖道的雨，融入不同眾生的相續，也就成了三乘等不同的解味。

比如，大圓滿的法儘管高深莫測，其境界也不可思議，但你若為了今生的利益去修，只想把身體的病治好，那它融入你這個根器時，就會變成世間法，而不是解脫之因，如同國王寶庫裡的如意寶，被乞丐拾到之後，不知道其殊勝功德，而把它扔進了垃圾桶一樣。

因此，同一個法被不同眾生接受，所得的利益也有千差萬別。《維摩詰經》、《大寶積經》中亦云：「佛以一音演說法，眾生隨類各得解。」比如我今天講的是大乘佛法，但聽的人由於根器不同，有些把它當作小乘法，有些把它當作邪法，其結果也有天壤之別。或者像一大鍋藥分給大家，有些人的碗裡有毒，那藥倒進去之後，不但不能對身體有利，反而成為致命毒藥。同樣，一個上師所講的法，雖然從法本身來講完全正確，可它接觸到不同眾生的相續後，因為各人的根基不同，所起到的作用也迥然有異。所以，大家為了使自己的法器堪能，就一定要修菩提心。這一點，不僅僅要從理論上通達，實際行動中也要去修持。

修菩提心的具體方法

修的時候，《前行廣釋1》中講過一個《日修閉關要

大圓滿前行廣釋（六）附大圓滿前行實修法

訣》，希望你們依此來修。有時間的話，最好能每天修四座⑩或六座；實在沒有時間，至少也要修一座。

而且，念十萬遍發心時，最好能把《前行》中「發殊勝菩提心」的內容看一遍，觀修時一定要把眾生放在首位。

一、晨起修行

每天早上醒來時，先念「喇嘛欽」修上師瑜伽，或者念21遍百字明。接著觀察昨天晚上的夢，做了善夢就隨喜，做了惡夢則進行懺悔。

起床以後，先洗臉、刷牙、打掃佛堂，在三寶所依面前磕頭，開始修第一座——早上起來應該修一座，因為這時候比較清醒。

二、日間正式修行

正式修行，分前行、正行、後行三個階段。

（一）前行階段

前行必須具足三個要點：

1、身要：不管你修菩提心也好、人身難得也好，剛入座時，都要以毗盧七法⑪調整身體。這種坐式，可令你迅速生起所修的境界。

2、語要：排出三次或九次垢氣，再念元音咒⑫、

---

⑩四座：早上一座，上午一座，下午一座，晚上一座。
⑪毗盧七法：1、雙足跏趺坐。2、雙手結定印。3、脊背端直。4、頸部稍向前屈。5、臂膀後展放鬆。6、雙目垂視鼻尖。7、舌抵上顎。
⑫元音咒：嗡 阿阿 俄俄 嗚嗚 熱熱 樂樂 誒誒 沃沃 昂阿 索哈。

輔音咒㊼、緣起咒㊽。不會念的話，也可直接念「嗡啊吽」，以此令語言得以清淨。

有些人在修行前，為了清淨語言就開始漱口。其實，這樣做只能清淨身體，語言不可能用水來洗。

3、心要：分發心、祈禱兩方面。

1）發心：分為善心、惡心、無記心三種。閉關修行時一定要發善心，盡量不要有惡心和無記心。

善心也有應捨的發心、應取的發心。應捨的發心中，有世間、出世間兩種。

應捨的世間發心，一種是救畏心，即害怕自己生病、出現違緣等；一種是善願心，即希望自己得到名聲、身體健康等。這兩種發心都是希求今生的利益，故修行時應當捨棄。

應捨的出世間發心，是聲聞緣覺只求自我解脫的小乘心。這一點要特別值得注意！比如你這次修菩提心，若只想自己往生極樂世界，得到什麼什麼果位，這個很不好，而應該反反覆覆地想「我是為了眾生」。這一點，剛開始肯定很難做到，但若慢慢串習下來，就算不能完全與之相應，也可以經常想得起來。

應取的發心是什麼？就是要為了利益一切老母有情，成就無上佛果而發菩提心。

㊼輔音咒：嗡 嘠哞噶噶昂 匝擦匝匝釀 札叉札札那 達塔達達那 巴帕瓦 巴瑪
雅局拉瓦 夏卡薩哈嘉索哈。
㊽緣起咒：嗡 耶達瑪黑德抓巴瓦 黑頓得堪達塔噶多哈亞挖達 得堪雜喲訥若
達 諉望巴德瑪哈夏瑪呢耶索哈。

143

概而言之，修發心前，身要是作毗盧七法；語要若不會念其他的，念「嗡啊吽」就可以；心要關鍵不能有自私心、世間目的，要想生生世世利益眾生。

2) 祈禱：發心要想實現，按照阿瓊堪布的竅訣，必須要祈禱。

祈禱的對境，就是前面所講的皈依境，即把蓮花生大士佛父佛母觀在中間，三世佛在前面，法寶在後面，兩邊是大小乘僧眾，層層的傳承上師在上面，周圍是世出世間一切護法神。如此浩如煙海的聖眾，全部都在自己的眼前。

祈禱的時候，自己的佛堂裡最好有佛像、佛經、佛塔三寶所依，這些不可缺少。阿瓊堪布在《前行備忘錄》中說，祈禱之前，應於三寶所依面前陳設五供，先修一下七支供，隨後修四無量心，接著施捨三種自己最執著的事物——身體、受用、善根，以此來積資淨障。

或者，也可以先修上師瑜伽，觀想皈依境全部融入上師，上師融入自己，自己的心與上師的智慧無二無別，在這種境界中稍微安住一下。然後，再次觀想皈依境，在皈依境前開始念誦發心偈。

這些修法，可根據自己是否相應來定，不一定完全是一種。

（二）正行階段

念誦發心偈時，有時間的話，我建議先念三遍無垢

光尊者《三處三善引導文》中的一段文字，它歸攝了諸多傳承上師的教言，剛開始念一下是非常好的。

這段文字是：

我某某從今乃至菩提果之間，皈依諸大金剛持上師，皈依二足至尊諸佛出有壞，皈依離貪寂滅至尊正法，皈依諸眾之至尊不退轉聖者僧眾。

祈求攝受我為菩薩，祈禱諸大金剛持上師、諸佛出有壞、住地諸大菩薩垂念我。

如往昔諸佛出有壞、住地大菩薩為一切眾生而發殊勝菩提心，我某某也自此乃至菩提果之間為一切眾生而發廣大菩提心，未救度者救度之，未解脫者令解脫，未得安慰者安慰之，未得涅槃者令得涅槃。

念三遍之後，開始念發心偈。或者也可以念《開顯解脫道》，從開頭念到「發心」那裡，然後再一直念發心偈：

ཧོ༔ རེ་ལྟར་དུས་གསུམ་རྒྱལ་བ་སྲས་བཅས་ཀྱིས༔ །
吙　結達地　色　嘉瓦這　階吉
吙　如同三世佛佛子

བྱང་ཆུབ་མཆོག་ཏུ་ཐུགས་ནི་བསྐྱེད་པ་ལྟར༔ །
香且喬　德特　訥吉　巴達
已發最勝菩提心

བདག་ཀྱང་མཁའ་ཁྱབ་འགྲོ་ཀུན་བསྒྲལ་བྱའི་ཕྱིར། །

達江 卡 恰 桌 根 扎 西些

我亦為度遍天眾

བླ་མེད་བྱང་ཆུབ་མཆོག་ཏུ་སེམས་བསྐྱེད་དོ། །

喇梅香且 秋德 森 吉多

願發無上勝覺心

也可以念龍欽心滴《大圓滿前行》的發心偈:

ཧོཿ སྣ་ཚོགས་སྣང་བ་ཆུ་ཟླའི་ཅུན་རིས་ཀྱིས༔

吙 那湊囊瓦切得怎瑞 記

吙 種種顯現水月幻化紋

འཁོར་བ་ལུ་གུ་རྒྱུད་དུ་འཁྱམས་པའི་འགྲོ༔

扣瓦樂革傑德恰 波 畫

相續漂泊輪迴眾有情

རང་རིག་འོད་གསལ་དབྱིངས་སུ་ངལ་གསོ་ཕྱིར༔

讓熱恓 薩 揚 色鄂 瘦 謝

為於自證光明界休息

ཚད་མེད་བཞི་ཡི་ངང་ནས་སེམས་བསྐྱེད་དོ༔

擦美月葉昂 內 塞 吉門

以四無量境界而發心

以上偈頌最好用藏文來念。倘若實在不會,念漢文
也可以。

有人認為，這些應該等自己老了再修，年輕時應以聞思為主。但實際上，你剛開始聞思時，以《大圓滿前行》來打基礎是最好的，有了它的話，一生中的修行將會非常穩固。

我第一次修五加行，當時是23歲。因為上師極為強調，自己雖不敢說生起了真實的菩提心，但也在這方面努力過，一直覺得菩提心非常非常重要。從自身的修行體會來看，無論是年輕人、老年人，我都把他們當作自己的父母，沒有得救度的，我來救度他；沒有得解脫的，我來令他解脫，一定要讓他們獲得究竟安樂，這樣修持非常關鍵。

有了這種心態以後，再一直念發心偈。一座中能念多少算多少，最後自己打個記號。

（三）後行階段

念完迴向時，觀想皈依境從外圍開始，聖尊們依次化為光，融入中間的蓮師佛父佛母，蓮師再融入自己，自己的心與上師蓮花生大士的智慧無二無別，在此境界中安住片刻。

安住的時候，假如你修過大圓滿、禪宗，可在這種境界中安住；若沒有這方面的體悟，也可以先通過中觀推理，抉擇一切萬法為空性，於此妙觀察得出的空性境界中，稍許安住一會兒。

大圓滿前行廣釋（六）附大圓滿前行實修法

之後念一遍：

�བྱང་ཆུབ་སེམས་མཆོག་རིན་པོ་ཆེ། །

向卻森巧仁波切

菩提心妙寶

མ་སྐྱེས་པ་རྣམས་སྐྱེ་གྱུར་ཅིག །

瑪吉巴南結傑吉

未生者當生

སྐྱེས་པ་ཉམས་པ་མེད་པར་ཡང་། །

吉巴年巴美巴央

已生勿退失

གོང་ནས་གོང་དུ་འཕེལ་བར་ཤོག །

恭內恭德培瓦效

展轉益增長

若有時間，最好把發心儀軌後面的偈頌也念完，然後再用「文殊師利勇猛智，普賢慧行亦復然……」作迴向。

倘若你修的是《開顯解脫道》，那結座之後，接著念《開顯解脫道》的剩下部分，再作迴向，這是一座發

心的完整修法。五加行若能一座一座這樣完成，效果是很好的。不過，大家集體共修時，可能沒有這麼長時間。

修菩提心一定要落到實處

修菩提心時，有時候可以觀想眾生平等，親人和怨敵沒有差別，安住在捨心的境界中；有時候願通過自己的能力，讓一切有情獲得彼岸的快樂，在慈心的狀態中念誦；有時候願眾生離開所有的痛苦，住於悲心的狀態中；有時候看到眾生離苦得樂，內心由衷歡喜，處於喜心的狀態中。以此四無量心來修也可以，但最關鍵的是要想到眾生。

否則，《前行備忘錄》中也講了，上師若只是煞有介事地說說「利益天邊無際的一切眾生」，弟子也是裝模作樣地想想，雙方都眯著眼睛說「好可憐啊」，這樣空洞地說大話，沒有任何實質，就像空中漂浮的雲，沒辦法滋潤地上的莊稼。

所以，我們修菩提心時，最好能先修四無量心，並參考一下《前行備忘錄》的發心部分。藏地所有的高僧大德，共稱這部論典是最甚深、最圓滿的次第法要，學院很多人在修菩提心時，也常借鑒它的內容。因此，大家對這部論典一定要重視。

尤其是學院的四眾道友，今年除了學習《入行論》

以外，其他的背誦、辯論都放下了，全力以赴要先把加行修完。在這個過程中，大家應該把這部竅訣書多看一下，盡量減少一些瑣事，不要邊修加行邊做很多事，否則，心很散亂的話，修的效果不一定很好。

原來我在建學校的同時，也觀修過一些法，但在入定的過程中，經常冒出來學校建築的形象。所以很多大德也說：在修出世間法時，做許多世間法對修行是有害的。然由於每個人的因緣不同，再加上自己的發心，有時候也不得不去做。但不管怎麼樣，希望大家以後要根據自己的條件和精力，把大圓滿的基礎——菩提心修好。修的過程中，盡量減少瑣事和分別念，時時刻刻要想到眾生。

在想眾生時，正如剛才所說，不能只是嘴上會講「我要度化一切眾生」，一旦真正遇到怨恨的敵人，內心生煩惱卻束手無策。智悲光尊者在《功德藏》中說過，發心後一定要實修，修的時候，先將關係最不好的眾生觀在面前，以他為對境修四無量心，這個修成了以後，再一個一個眾生增加。若能如此，你以後無論見到什麼眾生，都會發自內心地愛護他，哪怕是看到一條小蟲，對牠的悲心也會油然而生。

我們現在修菩提心非常難，難在哪裡呢？就是遇到實際情況用不上。你雖然口頭上念過十萬遍發心，但若沒有以四無量心攝持，付諸於實踐相當困難。很多竅訣

書裡也講了，閉關或靜坐時念誦的發心，一定要用在日常生活中。你念發心偈時若能一直想「三世諸佛怎麼發殊勝菩提心，我今天也在十方三寶面前發這個願，要發菩提心度化眾生」，每一次都這樣觀修，那久而久之，因為提前有過訓練，當遇到任何眾生時，自然就想去利益他。

尤其是前世有善根的人，稍微修一點，菩提心就很容易生起來，從此之後，完全變成了另一個人。就像禪宗有種說法：你進來時是凡夫，出去時是佛陀。我們雖不敢說是佛陀，但也可以說：剛修這個法時是薄地凡夫，最後完全斷除了自利心。

當然，作為凡夫人，在沒有證悟空性之前，無法斷除實有的執著，但自利心卻可以斬斷。平時也看得出來，有些出家人或居士剛來學院時，一點利他心都沒有，但後來通過學習大乘佛法，慢慢地根本不把自己當回事，就像佛陀在因地時一樣，全心全意只想利益眾生，為此願意付出一切。這種人是真正的大乘菩薩，任何一個佛教道場中都非常需要。

我有時候去藏地、漢地的一些道場，看見很多出家人的行為，確實非常感動，覺得他們是活生生的菩薩，除了利益眾生，從來就沒有自己的空間、自己的事情。而有些出家人雖然名氣很大，但對菩提心從來沒觀修過，利益眾生也從來沒想過，這樣就不太好。不過，別

大圓滿前行廣釋（六）附大圓滿前行實修法

人的相續具體怎麼樣，他到底是菩薩還是眾生？我們凡夫肉眼也看不準，故不能隨便妄加評論。

　　總而言之，在修行中，最需要的就是菩提心。菩提心僅僅生起一剎那，其功德在億劫中也說之不盡。《守護國界主陀羅尼經》云：「若讚菩提心，所有諸功德，經於多億劫，稱讚不能盡。」

　　因此，上師如意寶常說：「你們每天聽課，法師要求發菩提心時，自己應稍微安住一下，知道今天聽法是為了利益眾生；最後作迴向時，相續中也要生起這樣一顆心。若能如此，它的功德無法用語言來描述。」稍稍思維一下就有這麼大功德，那我們在一座間去實際修持，功德就更不可思議了。所以，大家一定要把發心修好。

　　對於菩提心，歷代傳承上師都特別重視，有了這個基礎，修大圓滿才是真正的大圓滿。為什麼呢？因為大圓滿並不是自我解脫的小乘法，它的根本就是利他。所以，有了菩提心的話，才能體現出它的價值、它的加持。

　　其實，為利益眾生而修行，自利不求也會無勤成辦。誠如上師如意寶在《勝利道歌》中所言：「若欲長久利己者，暫時利他乃竅訣。」故你想自己成佛的話，就要把利益眾生的事放在第一。我們作為凡夫人，若能

第九十一節課

生起這樣相似的菩提心，也能斷除流轉輪迴或墮入惡趣的因。

法王如意寶有一次在大經堂專門立宗，說：相續中若有願菩提心和行菩提心，此人絕對不會墮三惡趣。然後讓所有法師對此駁斥，最後法王引用很多顯密教理力折群雄。這也是一個殊勝的緣起，我講《入行論》第一品時就提到過，後來又看了《華嚴經》、《大寶積經》等大乘經典，深感法王所說的道理完全成立。如果相續中真的有了菩提心，一般來講不會墮落；即使墮入惡趣，痛苦也非常輕微，時間也極其短暫，就像彈球般很快能得到解脫。

所以，我們每個人在今生中，最好能保質保量地完成十萬遍發心；退一步說，即使質量上不過關，數量上也一定要圓滿。其實，光念十萬遍倒不是很困難，但在念誦的過程中，每次都能前前後後觀想，這個才不容易。

有些工作特別忙的人，上班或走路時就念完了發心的數量，這也算是一種完成。有沒有功德呢？決定會有。因為這些發心偈，是無垢光尊者、麥彭仁波切等大德的金剛語，如果念了十萬遍，就算一點也不會觀想，甚至常生自私自利的念頭，這也有非常重大的意義。只不過嚴格來講，最好能以利他心為前提。但即使不具足，念也總比不念好。現在許多人覺得菩提心不重要，

大圓滿前行廣釋（六）附大圓滿前行實修法

吃飯、睡覺、好好休息才重要，所以每天特別懈怠，一個偈頌都不念。跟這種人比起來，你念了十萬遍的話，當然功德不可思議。

不管怎麼樣，希望大家在規定的時間裡，按照傳承上師的傳統和要求，一定要完成偈頌的數量，最後將善根迴向予一切眾生！

第九十二節課

下面正式講不共加行中的發菩提心。

二、發殊勝菩提心

發菩提心，對我們來講非常重要，不管是它的力量還是功德，都無法用語言來描述。在座共同聽課的人，非常有福報，否則，這樣的法不可能輕易得到。因此，每個人應當有一種歡喜心。

在一切思想、一切修行中，菩提心確實無比殊勝。《大丈夫論》中講過：「欲供養一切佛者，當發菩提之心；欲報佛恩者，當發堅牢菩提之心。」我們擁有今天這樣的快樂，完全是佛陀的加持，是佛陀千百萬劫中給我們創造的，故我們一定要有報恩之心。而要想報答佛恩、師恩、眾生恩，修菩提心是最好的方法。

佛教的精華就是強調菩提心，沒有它的話，修無上密法也談不上殊勝。記得《前行備忘錄》中說過，如果沒有菩提心攝持，即使你九年閉關，關房的門用泥巴封上，也不能獲得解脫。所以，菩提心在佛教中至關重要。

《舊雜譬喻經》中講過一則公案：有一次，佛坐在樹下為無數人說法。其中有人證得須陀洹果，有人證得

大圓滿前行廣釋（六）附大圓滿前行實修法

斯陀含果，有人證得阿那含果，有人證得阿羅漢果，這樣的人不計其數。

此時，佛陀臉色無有光彩，像是特別憂愁的樣子。阿難問佛是何緣故。佛陀說：「就像是商人，持價值千萬珍寶外出經商，路上遇到盜賊被洗劫一空，赤裸身體待在路上，你說愁不愁？」

阿難回答：「很愁。」

佛對阿難說：「我從無數劫來，千辛萬苦修持正法，欲救度一切眾生成佛。但現在我成佛了，卻沒有起到真實作用，難道我能快樂得起來嗎？」

阿難問：「不是很多人已證得聲聞聖果了嗎？」

佛陀說：「如同一家人，生了十幾個女兒，卻沒有兒子的話，就不能支撐門戶。同樣，我雖有阿羅漢無數，可他們都不是我的兒子，不能坐在樹下頓悟成佛，不能把佛法傳承下去。」

說完，佛陀流下三滴眼淚，三千大千世界為之震動，數不清的天、龍、神、人都發起無上菩提心。這時，佛陀的面容立即端正和悅，放出無數光明，照亮四方，歡喜地說道：「我的教法後繼有人了……」

從這個故事可以看出，沒有被菩提心攝持的任何一個善根，縱然像阿羅漢那樣，從三界輪迴中得到了解脫，也不算是特別殊勝。

現在漢地、藏地有許多人，經常參禪、拜佛、燒

香、念經、作經懺……但他們中的大多數，只是為了自身利益，真正為一切眾生成佛而行持善法的，可以說極其罕見。這樣的話，無論做什麼都意義不大。所以，大家在修行時，一定要對菩提心的重要有清晰的認識，並以此攝持自己的善根。

講正文之前，首先是華智仁波切讚歎自己的根本上師：

以大智慧現前勝涅槃，以大悲心住於輪迴中，

以巧方便證輪涅無二，無等上師足下我敬禮。

華智仁波切的上師如來芽尊者，以大智慧已現前了圓滿正等覺果位；但以大悲心仍顯現為人的形象，住於三界輪迴中，度化無量無邊的眾生；並依靠善巧方便，針對不同眾生的根基、意樂善說法要，令他們獲得解脫，證得輪涅無二的聖果。在如此世所罕見、無與倫比的上師足下，華智仁波切畢恭畢敬地頂禮。

我們在學習的開頭，或者修菩提心的時候，倘若各方面因緣具足，對華智仁波切為主的傳承上師，以及具無量恩德的諸佛菩薩，最好也能以恭敬心念三遍這個偈頌，並祈禱三遍、頂禮三遍。因為傳承上師有特別殊勝的菩提心，若能經常祈禱，自相續一定會得到調化。否則，就像如意寶雖具無量功德，有緣者不去祈請的話，也不可能降下所欲。所以，經常用恭敬心祈禱上師三

大圓滿前行廣釋（六）附大圓滿前行實修法

寶，這是非常必要的。

　　大家在修行時，也不能完全崇拜理論知識，一定要知道，除了理論了知的以外，還有很多不可思議的甚深、廣大領域。有些人天天用分別念探索理論，卻對感官以外的加持都不承許，這也是一種極端，不太可取！

　　丙二（趣入最勝大乘——發殊勝菩提心）分三：

　　一、修四無量心；二、發殊勝菩提心；三、願行菩提心學處。

　　丁一（修四無量心）分四：一、修捨無量心；二、修慈無量心；三、修悲無量心；四、修喜無量心。

　　本來，四無量心的修行次第是慈、悲、喜、捨，最初應從慈心開始修學。但此處，華智仁波切依據無垢光尊者《心性休息大車疏》中的教言㊺，次第有所不同。也就是，從實地修持的角度而言，首先若沒有修成自他平等的捨心，慈心與悲心就會偏墮一方，而達不到完全清淨，故最先要從捨心開始修。

　　這個很重要！否則，剛開始若沒修好捨心，眾生跟你的關係有親疏之別，有些眾生你毫不關心，甚至不共戴天，那你要發最大的心讓他們都離苦得樂，這有一定困難。所以，下面先從捨心修起，先要明白親友和怨敵

㊺《心性休息大車疏》云：「修法次第雖不定，初學補特伽羅者，首先觀修捨無量，親疏平等修餘三。」

的真實面目。

戊一、修捨無量心：

所謂的捨心，就是斷除對怨敵的嗔恨、對親友的貪愛，而對一切眾生無有親疏、無有愛憎的平等心。

可我們現在不是這樣，對親朋好友極度貪愛，對冤家債主卻排斥、嗔恨。所以要修這種心的話，就要斷除護親滅敵的習慣，對所有眾生都平等對待。就像佛陀在因地時，對讚歎他、傷害他的人，沒有任何貪嗔之心，完全做到一視同仁。

當然，剛開始就以平等心看待一切眾生，對我們來講，肯定非常困難。但不管怎麼樣，這也要慢慢串習，若能如此，才能真正生起菩提心。《大薩遮尼乾子所說經》亦云：「能於怨親中，悲潤心平等，如是諸菩薩，名發菩提心。」

我們現在修菩提心，最大的障礙就是親怨不平等，對父母親友等自方極其貪著，對怨敵等他方嗔恨難忍，正如《佛子行》所形容的：「貪戀親方如沸水，嗔恨敵方如烈火。」實際上，這也是未經觀察造成的。《大方便佛報恩經》云：「師長及父母，及諸眾生類，怨親心平等，恩德無有二。」師長、父母也好，其他眾生也好，真正去觀察時，怨親都是平等的。為什麼呢？因為他們在助己成佛方面，恩德上沒有任何差別。

而且，現在的怨敵，在往昔的生生世世中，也曾做

大圓滿前行廣釋（六）附大圓滿前行實修法

過自己的親友，彼此間互敬互愛、和睦相處、共同維護，所做的饒益無法想像。而如今被當作親友的這些人，在以往的生生世世中，也曾成為自己的仇人，加害過自己。

可惜的是，很多人對親怨關係沒有搞清楚，總認為「這是我的父母」、「這是我的子女」、「這是我的親人」，卻不知他們無始以來害過自己無數次。而如今冤冤相報的怨恨敵人，卻反而上輩子對自己有恩。所以，凡夫人的執著完全是錯的，對此大家應該好好地想想。

引用公案說明親怨平等

聖者嘎達亞那曾說：「口食父肉打其母，懷抱殺己之怨仇，妻子啃食丈夫骨，輪迴之法誠希有。」這個公案前面已講了，在此不再贅述。

《法句譬喻經》中也有個公案，跟它的情節比較相似：往昔佛陀在舍衛國時，當地有一位婆羅門，財富無數，但為人非常吝嗇。有一次，他殺了一隻雞，把所有的門全關上，烹調做成美食，跟妻子和兒子一起分享。

佛陀知道度化他的因緣已成熟，就化現成一個沙門，以神通突然出現在他面前，請他布施修福。這一家吃得正歡，看到沙門來化緣，就很不高興。婆羅門狠狠地罵道：「你真是無恥，不知慚愧！我們正在吃飯，你卻不請自來。」

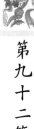

沙門回答說：「卿殺父妻母，供養怨家，不知慚羞，反謂乞士，何不慚羞？」意思是，你殺的雖是父親轉世，娶的妻子是母親轉世，養的兒子是前世的怨仇，如此都不知道羞愧的話，卻反說我這個沙門無有慚愧，簡直是豈有此理。

婆羅門聽後大驚。佛陀以神通令其憶起宿命，並為其說法，他當下得證了須陀洹果。

這樣的現象還有很多：美國阿拉斯加州有個人叫波特，他出生於1907年，2歲時就能講自己的前世，說他前世是印第安族的一個人，在一次戰爭中，被敵人用長矛刺死了。而殺他的凶手，正是他這一世媽媽的舅舅，也就是舅公。所以，殺人者與被殺者今生雖然是親戚，但前世卻是互相殘殺的敵人。

著名人類學家馬里奧博士，曾通過催眠等方式，證實人確實存在前世。在他研究的一千多個案例中，有一個輪迴再生的事例是這樣的：瑞士的一位大學女教授史貝克，49歲時丈夫艾米去世。之後她買了一隻鸚鵡，這鸚鵡是她丈夫去世那天出生的。她給牠起名叫耶維斯，但牠就不聽，自顧自地大叫「艾米、艾米」，並能說出他們結婚日，以及過去的婚姻生活。有人剛開始對此不相信，但跟那隻鸚鵡交談之後，不得不承認牠是艾米的轉世。

大圓滿前行廣釋（六）附大圓滿前行實修法

當然，生死輪迴非常神秘，不一定每個人身上都能發生同樣的事，但不管怎麼樣，如今這樣的事例非常多。所以，親怨都是不定的，沒有必要家人死了就哭，敵人死了就笑，這是一種特別愚癡的執著——聽說明天是「愚人節」，許多人會以騙人為樂，這完全是在造惡業。本來我們凡夫人就很愚癡了，不需要再加一個「愚人節」。原本這是西方的節日，但現在漢地也喜歡過，很擔心藏地有一天也變成這樣。

還有一則公案：從前，法王赤松德贊的王女蓮明公主，非常美麗、聰明，深得父王疼愛。她剛到17歲時，忽然得了急病，類似於現在的胃出血。國王得知後，連忙派人帶著公主，前往蓮花生大士的修行處，他自己也騎馬隨後趕到。

當時蓮花生大士在桑耶青浦閉關。益西措嘉佛母在另一個山洞修法，此時在她的修行境界中，突然出現蓮師的召喚，於是她立即動身過去。到了山洞之後，她發覺洞口拴了兩匹馬。進到洞裡，只見到公主的屍體躺在蓮師面前，國王卻因傷心昏倒在一旁。益西措嘉空行母特別驚訝，問蓮師他們到底怎麼了。蓮花生大士說：「先別問這些，快把國王扶起來。」空行母就用白綢帶，抬起國王的頭，讓他慢慢甦醒過來。

國王醒來後，為公主的死而痛哭失聲。蓮花生大士開示道：「一切萬法都是無常的，有生就必然有死。

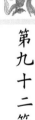

第九十二節課

不僅你的公主會顯現無常，到了一定的時候，國王你也會離開世間。無論是什麼人，臨終時只有佛法最重要……」

國王聽後，心情緩了過來，於是問蓮師：「我現在明白了無常之理，但我的這個王女蓮明公主，也算是一個宿業清淨的人，因為她轉生為國王我赤松德贊的女兒，並有幸遇見了您們這些猶如真佛一樣的大智者、大譯師，可為什麼她的壽命如此短呢？」

蓮師回答：「這也是公主前世的業力所致。往昔，她曾出生在印度東部的嘎瑪西日達城，是布拉古札王的大王妃。那時大王妃沒有孩子，小王妃卻懷了王子，因為嫉妒，大王妃謀害了小王妃的兒子。這位大王妃，就是現在的蓮明公主，由於殺生的果報是短命，以此前世因緣，她今生早早就夭折了。」

蓮師緊接著又說：「其實，蓮明公主也並不是因為宿業清淨，才投生為您的王女。而是因為以前我蓮花生、君王您、菩提薩埵曾轉生為劣種的三個兒子，我們在尼泊爾修建夏絨卡繡大塔，蓮明公主那時生為一隻毒蜂，叮入國王您的微血管，您無意中用手擦拭，碾死了那隻毒蜂。正是由於當時的命債，牠才轉生為您的王女。」

（要知道，法王赤松德贊是真正的文殊菩薩，他都有這樣以宿債而生的後代，更何況是其他人了？而且，無意中殺死蟲蟲，尚且有這麼可怕的果報，故意殺生就更不用說了。我那天聽說有一個佛教

大圓滿前行廣釋（六）附大圓滿前行實修法

徒，經常給別人講大圓滿，說他的境界如何如何，但在生活中，他特別愛打蚊子，甚至開車時看到蚊子，也會馬上停車打死，然後再繼續開。如果真是這樣，那他以後有什麼樣的命債，會感受怎樣的痛苦？可想而知。）

後來，蓮師為蓮明公主念經，通過密宗的勾招方法，把她的神識勾回身體，然後在她的頂、喉、心三處，分別標嗡、啊、吽三個字。當蓮明公主復活後，蓮師又對她進行灌頂，傳授密法，並在她心中埋下伏藏㊻《空行心滴》，授命她為法嗣，隨後她就去世了。

蓮明公主的後世，就是無垢光尊者。尊者每每憶起前世，都對蓮花生大士非常感恩，所以在他的作品中，常會提到「大恩蓮花生大士」。後來，他開取了《四心滴》中的《空行心滴》。（以前法王如意寶傳過，我們也講過、修過一部分。）他示現圓寂時，還跟弟子說：「我蓮明公主如今不再住留娑婆世界，就要去往那無死的大樂永地，我的壽命、事業、願力均已圓滿……」這在我翻譯的《全知無垢光尊者略傳》中有。可見，聖者也好、凡夫也罷，在漫長的生死輪迴中，都經歷過很多很多，有時候令人歡喜，有時候令人悲哀。

尤其是關於蓮明公主，本來我還有一些要講，但在這裡，暫時沒有必要。

㊻這種伏藏，不像把寶瓶埋在地裡一樣，而是通過加持，把法要隱藏在心間。

這種公案不僅藏地有，漢地歷史上也不乏其數。《華嚴五祖紀》中記載：唐代杜順和尚，有一次到外面化緣時，有個施主抱著兒子，求和尚給他消災延壽。和尚定睛對孩子看了許久，說：「這孩子本是你的冤家，現在應該給他懺悔。」

吃完飯以後，和尚叫施主把小孩抱到河邊，自己將其拋入水中。這時，施主夫婦捶胸頓足，號啕大哭。和尚說：「你們的兒子還在。」說完用手一指，結果小孩化為六尺丈夫身，立在水波之上，怒目斥責施主說：「你前生拿了我的金帛，還殺了我推入水中。若不是菩薩與我解怨，我決不饒你！」說完就消失了。

可見，有些人最疼愛的孩子，也不一定是真正的「親人」。

另外，漢地古代有個員外，生了兩個兒子，一個特別孝順，家中事無大小，均盡心盡力而為；一個不務正業，終日吃喝嫖賭、花天酒地。後來在同一天中，兩個兒子皆因故突然離世。員外萬分傷心，昏厥倒地。

他的神識離開身體後，到中陰法王那裡哭訴。中陰法王聽了，便命人將員外二子押至面前。員外見後喜出望外，立即要長子跟他回去，可原本孝順的長子，此時冷冰冰地說：「我已不是你兒子了。我之所以給你當兒子，是因為前世受你三年恩惠，需要償還這段恩情。十

大圓滿前行廣釋（六）附大圓滿前行實修法

165

幾年來，我日夜工作，替你效勞，現已還清，你我之間互不相欠，你還是自己回去吧。」

員外聽後深感意外，失望之餘，只好又勸次子回去。次子說：「我也不是你兒子了。我之所以給你當兒子，是因前世你借我五百兩銀子，一直未還，我是專門來討債的。現在債已還清，我也沒有回去的理由了。」……

所以，大家明白親人的本來面目後，對他們就不要特別執著。有些人剛剛學完捨無量心，聽說親朋好友病了、死了，就哭得天昏地暗，這說明你沒修好這些道理，否則對他們不會這麼貪執。當然，這樣的話，世人也許覺得你無情，但實際上，若是懂得了輪迴的真相，這種執著確實沒有實在意義。

從今生、來世兩方面說明親怨為何平等

在今生中，我們與父母有血緣關係，故他們對我們的關懷、疼愛，令人無法想像。當我們遭受痛苦或不幸時，他們比自己出現這類事還要悲傷。實際上，這全都是往昔互相加害的宿債在作怪。

而如今成為怨敵的人，也是同樣。他們在往昔生生世世中，沒有誰不當過我們父母的。就拿現在來說，雖然你將他看作勢不兩立的仇人，可他也不一定對你有害；就算你將他看成怨敵，他也有不把你當作怨敵的，

或者，即使視為仇敵也沒能力加害的。如果是他都沒有加害你，你又憑什麼把他當成怨敵呢？

再者說，依靠怨敵加害的因緣，也可能令你今生的名譽增上，遇到正法，甚至成辦究竟利樂。就像無垢光尊者在《竅訣寶藏論》中所說：「遭受危害令己遇正法，得解脫道害者恩德大。」換個角度來講，你若通過各種方便投其所好、順其心意，說些溫存柔和的話，那彼此間成為情投意合的親朋，也並不是一件難事。

相反，自認為是親友的人，也有子孫欺騙、甚至殘殺父母的情況。就像現在有些新聞中說，不少子女殺害父母，或者聯合怨敵，把自家所有的家產都搶光。

子女若與父母關係融洽，當他們出現痛苦、不快時，父母比自己出現還難過。為了維護子女，父母常積累下滔天大罪，到了後世必然被引入地獄。如《心地觀經》云：「世人為子造諸罪，墮在三塗長受苦。」

父母即使希望修持正法，卻常常受到子女親友的牽連拖累，或者父母捨不得子孫、子女拋不下父母，雙方一直依依不捨，以至於耽擱修法、坐失良機，相互間成了修行的最大違緣。寂天菩薩在《入行論》中也說：「無常眾親友，亦壞真常法。」貪愛無常的眾多親友，可毀壞我們對常有安樂的證悟解脫。由此看來，親人有時候甚至比怨敵更有害，對他們特別貪愛，的確是一種顛倒。

大圓滿前行廣釋（六）附大圓滿前行實修法

從後世來說也是一樣。現在被認為是怨敵的人，將來可能會轉生為自己的骨肉；如今親密無間的親友，來世也許會投生為水火不容的敵人。所以，如果將今生的親怨顯現執為實有，懷著貪嗔積累惡業，這會成為墮入惡趣的墜石，令自己永遠不能從中解脫，這樣做又有什麼必要呢？

因此，我們務必要從自身做起，把一切有情都想成父母與子孫，就像往昔前輩大德傳記中所說的那樣，平等地看待親怨。當然，世人對此一般很難接受，他們總覺得親人跟敵人有極大區別，這種顛倒的世間觀念，我們也不得不承認。但自己在修行的過程中，一定要好好地考慮。尤其菩提心的前提就是親怨平等，若沒有生起這種捨心，那麼對天下無邊的眾生，就不可能生起菩提心。

捨無量心的具體修法

對以上道理仔細思維後，我們正式觀修捨無量心：

首先，對那些極其討厭、總生嗔心的對境，用各種各樣的方法，盡量不嗔不怒，千方百計修煉自心，把他們看成是無利無害的中等人。

做到這一點後，接下來再觀想：「這些中等人從無始以來，曾無數次做過我的母親，與現世的親生父母一模一樣。」在沒有對他們生起這樣平等的慈愛心之前，

一定要反反覆覆觀修。假如實在生不起，那生一部分相似的捨心也可以。不然，有些人自詡為大圓滿行人，開口閉口都是光明境界，但連捨無量心都不具備，對眾生不能一視同仁，那光明境界就沒有基礎了。

到最後，不管是親人、敵人，還是中等人，把一切眾生都能看作今生的父母。在沒有生起這種平等心之前，務必要反反覆覆地觀修。

有些人總問我：「要修多少？能不能給我定個時間，大概修幾天？」哪有這樣的！菩提心一輩子也修不完，倘若你沒生起這樣的境界，就要一直修一直修。修行是否已經到量，並不是上師點個頭就可以了，而應該看在文字上，傳承上師是怎麼講的。

如果沒有達到上面所講的境界，單單對任何親怨既不生悲也不生嗔，只是平平淡淡的一種心態，這叫做無利無害的「愚捨」。這一點，無垢光尊者在《心性休息》中也再三強調過，說有些人自認為捨無量心修得很好，父母死了也沒什麼，怨敵死了也無所謂，這並不是境界高，而是人太差了，就像石頭一樣，對親怨沒有感覺。麥彭仁波切在《二規教言論》中也嚴厲批評過，說這樣的人是無愧者[57]。這種特別愚癡的等捨，並不代表是捨無量心。

大圓滿前行廣釋（六）附大圓滿前行實修法

---

[57]《二規教言論》云：「利濟恩人不報恩，作害仇人不追蹤，心頭茫然無所措，此等即是無愧者。」

真正的捨無量，應像仙人布施一樣。仙人宴請客人或發放布施，根本不看別人的身分，對高貴卑賤、強大弱小、賢善惡劣、高級中等的所有人，都無有差別地同等施捨。同樣，我們也必須對普天下的芸芸眾生——大悲心的對境平等相待。在沒有生起這樣的定解之前，應一而再、再而三地修煉自心。

若能生起這種捨無量心，一切功德會自然而然增長。如《差摩婆帝授記經》云：「常於愛不愛，善友怨平等，得平等心已，福德樹增長。」對於愛與不愛的善友、怨敵，若能做到平等對待，有了這種心之後，福德會日日夜夜增上。故希望大家不要把菩提心停留在口頭上、文字上，而一定要實實在在去修。如果沒修成的話，其他功德就會遙不可及。

總之，祈願諸佛菩薩、傳承上師加持我們，在最快的時間內，生起真實無偽的捨無量心，而不是一切都無所謂的愚捨。若能如此，你在生活中看身邊發生的任何事，都會像老人看孩童遊戲一樣，不會為之苦惱，也不會為之歡喜。因為，你已經通達了輪迴的真相。

第九十三節課

四無量心中，「捨無量心」已經講完了，從今天開始講「慈無量心」。

修持四無量心或菩提心非常重要。以前好多修行人，要麼沒有這方面的理論基礎，要麼只懂一些理論，卻沒有將其融於自心，從來也沒有串習過。這樣一來，法就是法，人就是人，正如噶當派大德所說，法與人之間可以過一匹馬。如此一來，法雖有調伏煩惱、趨入解脫的能力，可因為我們沒有修行過，就一直不能與之相應。所以，修行非常關鍵。現在很多道友在修加行，這相當不錯。尤其是菩提心，一定要認認真真對待，否則，錯過了，以後就不一定有這麼好的機會了。

戊二、修慈無量心：

修慈無量心之前，捨無量心最好要修到量。當然，完全到量的話，作為凡夫人恐怕不太現實，但一般來講，也要盡量做到自他平等，對敵人的怨恨和對自方的貪著不是很強烈。不然，對自他貪嗔極為猛烈的話，從這種行為中，也能看出來你的境界有多高。

捨無量心修到量之後，接著再修慈無量心——將一切眾生平等作為大慈心的對境，之後要像父母養育小孩一樣對待。父母親哺育幼兒時，全然不顧孩子的顛倒行為、脾氣不好，也不顧自己的艱辛勞累，只要能讓他平

大圓滿前行廣釋（六）附大圓滿前行實修法

平安安、快快樂樂、舒舒服服，就會想方設法去做，這是父母唯一的目標。

父母對子女的慈心，相當強烈。前幾年發生汶川地震時，有個母親在生死關頭，用身體支撐塌下來的房子，保護著自己的孩子，結果孩子毫髮未傷，母親卻永遠閉上了眼睛。後來救援人員在孩子的襁褓裡，發現了一部手機，屏幕上是一條寫好的短信：「親愛的寶貝，如果你能活著，一定要記住，我愛你！」現場頓時一片抽泣。

還有，某個國家大地震時，一個埋在瓦礫下八天多的3歲女孩，被奇蹟般救了出來。人們發現，這個小孩之所以能熬過既無食物又無飲水、陰濕寒冷的八天，完全是因為母親刺破了手指，讓孩子吮吸自己的血液。這位偉大的母親，用她全部的生命，換來了孩子存活的機會。甚至在動物界，也有很多關於母愛的感人故事。

了解這一點，對我們修菩提心特別關鍵。倘若遇到剛強難化的眾生，我們對他特別好，他不但不領情，反而還惡言相向、百般侮辱，此時我們也要義無反顧，像母親疼愛孩子那樣，身語意要竭盡全力，用各種方便令他今生來世獲得安樂。

《本事經》中曾講過⑤，僅僅對於一個有情，若能修持慈心，福德也是無量無邊，更何況是一切眾生了？在這裡，慈無量心的對境就是一切眾生，讓一切眾生獲得快樂，是慈無量心的定義。這一點，每個人在修行過程中，要反反覆覆地思維。

慈無量心的具體修法

具體怎麼樣觀修呢？世間上任何一個眾生，都希望快樂幸福，唯一追求的，也是自我幸福快樂，誰都不希望痛苦哀傷。可他們根本不知道安樂的因是奉行善法，反而一度造十不善，所求與所行南轅北轍、背道而馳。

看到這樣的現象之後，我們心裡要這樣默想：「這些希求安樂反而唯受痛苦的眾生，若能都各隨所願、各得其樂，那該有多好啊！」屢次三番這樣進行觀修。《涅槃經》中說：「若於一眾生，不生瞋恚心，而願與彼樂，是名為慈善。」哪怕對一個眾生不生瞋心，想盡辦法讓他快樂，這也是所謂的慈心。

最後觀想：「三界中的所有眾生，不單單是我渴望安樂，其他眾生也同樣唯求安樂，這一點跟我沒有任何差別。」一直修到真正生起這樣的定解為止。

華智仁波切的金剛語，的的確確有甚深意義。我們

---

⑤《本事經》云：「於一有情所，能修慈善心，其福尚無邊，何況於一切？」

修發心時，要一邊念發心偈，一邊這樣觀想。

慈心在身語意中如何體現

正如經中所說：「慈身業，慈語業，慈意業。」我們的身口意應以慈心攝持，口中所說的話、手中所做的事、心中所生的念頭，絕不能損害眾生，自始至終要真誠慈愛。甚至目視其他眾生，也應當和顏悅色，不能怒目而視，就像《入行論》中所言：「眼見眾生時，誠慈而視之。」若能如此，就會感得身相莊嚴，佛經云：「慈目視眾生，得大威妙色。」現在很多人之所以醜陋，也跟往昔損害眾生有一定關係。

從前，一位專橫跋扈的官員，一貫斜著眼睛看別人，結果後世生為一戶人家灶下吃剩飯的餓鬼。在佛經中，也講述了反目視聖者而墮入地獄等的過失。佛陀在《入定不定印經》中，還告訴妙吉祥菩薩：假如有人以怒目來看菩薩，其罪超過挖出三界眾生的眼目等⑤。所以，我們在日常生活中，若沒有什麼特殊密意，一般來講，對眾生應語氣和藹、目光慈悲，這是菩薩最基本的行為。

現在有些人，入定修慈心、悲心、菩提心時，境界還算不錯，但出了定以後，常以嗔恨心來對待別人，所

---

⑤《入定不定印經》云：「妙吉祥，假使有人以嗔惡心挑出十方一切世界有情眼目，若復有人以嗔惡心於菩薩所不欲眼視背之而去，其罪重彼無量無數。」

行與所修大相徑庭。就像一個人在學校裡讀書，學的都是善力量，但到了社會以後，全部都是惡行為，那這些書就白讀了。所以，我們修大乘佛法的話，入定不入定、閉關不閉關不重要，重要的是要看平時的行為。

平時若能把眾生當成父母，或者視為自己的獨子，說明你的修行比較成功。反之，假如與眾生交往的過程中，嗔恨心非常大，脾氣也特別暴躁，不管是說話、做事、想問題，全部處於惡的狀態中，那我們百分之百可以斷言：你的修行境界特別差。

一位修行好的菩薩，身體的威儀會溫文爾雅，給人一種舒心悅意之感，徹底杜絕了危害他眾，全心全意利濟有情；口中所說的每一句話，都實實在在、悅耳可人，不帶有藐視、侮辱、譏諷他人的意味；心裡也是同樣，處處饒益眾生，不望自己得到好處，如《入行論》云：「一心樂利他，不望得善報。」

（《大圓滿前行》的文字很簡單，沒有什麼不懂的，但若想將每句話落實到行為中，就要靠自己的修行了。）

不過，我們也不能憑著虛偽的調柔威儀、溫和語言等，讓別人把自己看作菩薩、高僧大德。原來有個人剛出家，行為特別寂靜，總看不慣一些老修行人，喜歡對他們評頭論足，說走路應如何如何，說話應如何如何……其實，剛出家經常會有這種熱情，但若過了一二十年，行為還能一如既往的話，那才算是真正的修

大圓滿前行廣釋（六）附大圓滿前行實修法

行人。有些人到一些上師那裡，求得大圓滿之後，兩三天中口口聲聲都說光明境界，講這些也特別舒服，但用不了多久，他的光明境界就慢慢變「黑暗」了。所以，偶爾的行為、偶爾的出離心，不代表一個人的真實境界。

若想變成名副其實的修行人，首先就要發自內心，唯一渴望利益他眾。在念發心偈時，可以有時候觀想皈依境，有時候觀想慈無量心的內容，有時候心裡反覆發願。因為你一點分別念都不起，也是不可能的，既然如此，就要盡量安住在善的境界中。

那麼，該怎麼樣發願呢？「但願我在輾轉投生的生生世世中，連其他有情的一根毛孔也不損害，一心一意利益他們。」這個很重要！因為我們這輩子不一定能解脫，那麼在廣大無邊的輪迴中流轉的話，就千萬不能害眾生。《分別業報略經》亦云：「慧者應當知，慈愍不害生。」一個人一生中若能守持這一條戒，我覺得就已經非常圓滿了。但現在的這個社會，做到這一點相當困難。你們若實在做不到，也要對自己的行為勵力懺悔，發願生生世世不害任何眾生。

尤其是，對於依靠自己的眷屬、奴僕、旁生等，都要滿懷關愛之情。乃至看門狗以上，也萬萬不要隨意毆打、過分役使。我們每個人都說「要悲憫一切眾生，度化所有眾生」，如果連最近的眾生都不愛護，跟父母的

關係都特別不好，那根本談不上什麼大乘菩提心。

當然，這裡也並不是說，要只關愛自己身邊的人，而是讓我們從自身做起，培養真正的慈悲心，隨時隨地、一言一行、心心念念都要以仁慈為本。

紀曉嵐在《閱微草堂筆記》中，講過一個故事：從前，有位姓董的比丘尼，在觀世音菩薩的聖誕日，買了很多很多供品。當她擺設完供品之後，感到有些疲倦，便靠著供案暫歇片刻。

恍惚之間，夢見觀世音菩薩對她說：「你不給我上供，我也餓不著。但寺外有四五個難民，快要餓死了，希望你把這些供品拿去給他們吃。救活他們的命，比給我上供的功德要大十倍！」這位比丘尼驚醒，打開寺門一看，果然有四五個飢餓的人，便忙將供品布施給他們了。

所以，關愛十分可憐的眾生，有時候比供養佛菩薩更為殊勝。現在不管是漢地、藏地，很多人對高僧大德的供養特別多，對一些棄兒、病人、孤寡老人，卻不一定願意花錢去幫助。當然，假如你供養的對境，是真正有菩提心、離貪欲的大德，肯定有很大功德。但一般而言，這些大德也不一定很缺錢，錦上添花不太有必要，倒不如以悲心、慈心布施給可憐眾生，這個功德應該遠遠超過前者。

對那些可憐眾生來講，如今投生為這樣，受到眾人

大圓滿前行廣釋（六）附大圓滿前行實修法

欺凌嫌棄，也是往昔身為有權有勢的人時欺辱、藐視他人的報應。（現在有些一國之君或有財有勢的人，看起來福報很大，但他們前世有可能是僕人；今生的僕人，前世可能是高官，這就是輪迴的本性。若能看清這一點，就會明白輪迴極其恐怖。但沒有宿命通的人，卻一直在盲目追求，盲目做很多事情。）如果我們現在也仗勢欺人，後世同樣會變成奴僕來償還宿債。所以，對那些身居自己之下的眾生，我們更應多一分仁慈、多一分愛心。

現在很多人對高高在上的人，比較恭敬尊重，忠心耿耿。而對無依無靠、孤苦伶仃的眾生，哪怕是一絲微笑、一句安慰、一點錢財，也吝於施捨。作為大乘佛教徒，不少人口口聲聲說是佛陀的追隨者，但看看佛陀因地時對眾生的行為，我們難道不感到慚愧嗎？

以前法王如意寶常說：「我在世時，你們不一定知道我的功德，一旦我離開這個世間，你們才可能覺得依止我是最大的福分。」的確，當上師圓寂之後，我們才發覺他的所作所為全是為了利益眾生，而我們呢？反觀自己確實慚愧。所以，大家應該對眾生有一分愛心。當然，這種愛心該怎麼樣付諸實踐，就要看個人的境界了。

特別是對父母雙親、久病患者等，一定要關心、照顧他們，三門盡力做利益事，如此功德不可思議。誠如阿底峽尊者所說：「對遠方的客人、久病的患者、年邁

的父母等慈愛行事，與實修空性大悲藏者相同。」

比如，有人從遠方來到藏地，沒有熟悉的人，高山反應很嚴重，氣候也不適應，在此無助之際，你給他一瓶溫水、一點食物，他可能會終生難忘；還有些久病不愈的患者，不僅僅是我們，連佛陀也會照顧他，這在很多公案中都講過；尤其是父母，對兒女仁至義盡、恩重如山，如果在他年事已高、老朽不堪時，刺傷他的感情，實在是大逆不道，罪過特別嚴重。

我等本師釋迦牟尼佛，也曾經為報母恩，前往三十三天為母說法，這在《心地觀經》中有過描述⑩。

佛陀在《增一阿含經》中說：兒子將父母扛在左右兩肩上，轉繞大地承侍，也難以報答父母之恩。但若使父母趨入正法，則能回報恩德。

《毗奈耶經》也講過：將父母各安置於自己兩肩，轉繞南贍部洲，供養無數珍寶，都不能報答父母恩德。唯一能報恩的方法是什麼？就是他們無信心者令其生信心，無戒者令其受戒，吝嗇者令其布施，無明者令其產生智慧，這樣才能報答父母之恩⑪。

---

⑩《心地觀經》云：「我昇三十三天宮，三月為母說真法，令母聽聞歸正道，悟無生忍常不退，如是皆為報悲恩，雖報恩深猶未足。」
⑪《根本說一切有部毘奈耶》云：世尊說：「假使其子一肩持母一肩持父，經於百年不生疲倦。或滿此大地末尼、真珠、琉璃、珂貝、珊瑚、瑪瑙、金銀、璧玉、牟薩羅寶、赤珠、右旋，如是諸寶咸持供養，令得富樂。或居尊位。雖作此事，亦未能報父母之恩。若其父母，無信心者，令住正信；若無戒者，令住禁戒；若性慳者，令行惠施；無智慧者，令起智慧。子能如是於父母處，善巧勸喻令安住者，方曰報恩。」

佛陀在《不思議光菩薩所說經》中還說：「非飲食及寶，能報父母恩。引導向正法，便為供二親。」因此，我們一定要想方設法令父母心入正法。

而且，蓮花生大士曾言：「切莫讓老人憂傷，要恭恭敬敬加以維護。」父母健在時，我們若沒有好好孝敬，一旦他離開了人世，作為子女一定會後悔的——「當時應該多打電話，不該讓他那麼孤獨！」但這個時候已經晚了。所以，我們平時對父母，務必要慈愛、隨順、關心、照顧。

前兩天，有個出家人問：「我想給父母寄點錢，可不可以？」我說：「應該可以。世親論師在《俱舍論》中講過，父母即使不是聖者，但對他們供養的話，功德也是無量無邊⑥。所以，就算你是出家人，把化緣所得的財物供養父母，實際上也合情合理。」

那麼對病人也是如此。佛在《毗奈耶經》中開許，僧眾的錢財可以分給病人。比如有些人因為生病，不想去念經，僧眾的念經錢就可以算他一份。不過，假如他沒病裝病，那就另當別論了。真正是病人的話，照顧他有時候比供養聖者還有功德。

從前，有一位明勖法師，想到五台山拜見文殊菩薩。他到了五台山以後，遇到一個長相奇特的僧人，認

---

⑥《俱舍論》云：「雖非聖者然而於，父母病人說法者，最後有者之菩薩，供養功德無有量。」

為應該是文殊菩薩，就向他禮拜；那人也以為他是文殊菩薩，也向他禮拜。兩個人拜來拜去，結果才發現弄錯了。後來他們結伴同行，一連三天形影不離。

（法王去五台山那年，我和慈誠羅珠堪布帶著乾糧也轉過五台，當時好像只有南台沒去。在北台，很多放羊牧馬的人，操著濃重的口音問：「你們到哪兒去哦？」到了中台，我們有點睏，一直睡了很長時間。晚上才來到東台，住在那裡時，我們兩個都不會燒煤，結果煤氣中毒，頭痛欲裂，差點不是死了。第二天迷迷糊糊的，下山都很困難。如今二十多年過去了，有時候談起來，我倆仍記憶猶新。）

有一天，他們來到東台頂，看到一座寺院，裡面有幾個出家人，可個個都很難看，氣質不好，也沒有什麼威儀。明勗生起了驕慢心，瞧不起這幾位僧人，但天色已晚，也只好將就寄宿在這裡了。

睡到半夜，那位跟他同行的僧人突然生病，而且一下子病得很嚴重，整個晚上呻吟不停，周身也散發出臭穢之氣，令人難以近身。

這個僧人看自己的病好不了了，就對明勗說：「我病得這麼重，本來有意陪你共同參拜，現在恐怕不行了。你先走吧！」「可是你──」因為三天來的相處，明勗不忍心不管。

僧人堅持道：「別管我，朝聖要緊，你來這裡是見文殊菩薩的，不是照顧我的，不是嗎？」「好吧，等我

遊訪禮拜過菩薩後，再回來照顧你。」

　　他離開之後，才走了幾步，忽然聽到背後有聲，回頭一看，剛才的寺院、沒威儀的僧眾、臥病在床的病僧，剎那間消失得無影無蹤，只有文殊菩薩冉冉騰空而去。他才猛然意識到，這些是菩薩試探自己。

　　明勗特別後悔，回去跟一個老和尚講了自己的經歷。老和尚告訴他：「你的過錯有兩點：一、看見面容不好、行儀較差的僧人，起了我慢之心；二、不該在友僧病重時捨棄他，只顧自己去朝聖。如此一來，文殊菩薩觀察到你慈悲心不切，就『遠走高飛』了。」

　　所以，照顧病人、照顧父母、照顧可憐人，是大乘佛教的核心所在，大家在修行中一定要切記。否則，很多人把修法當成終生最有意義的事，而饒益眾生則認為毫不相干，即使有人做了，也是自己的一種愛好，不知道這與證悟一味一體，這樣的話，大乘菩薩的精神就失去了。故我們的行為，應該像《華嚴經》中所說：「若見諸貧窮，老病眾苦逼，無所歸依者，大悲普慈念。」

不害眾生是可以做到的

　　正如剛才所說，我們應把眾生視為父母或自己的獨子，然後對他們修慈心。《菩薩念佛三昧經》亦云：「慈心觀眾生，如母念一子。」然而，當今時代的有些人，開口閉口都說：「因為我是在家人，要養家糊口沒

辦法不害眾生。」其實，這也並不是做不到的，即使你是在家人，生活如理如法也不困難。

從前，新疆地區的兩個沙彌，修持文殊法十二年，終於面見了文殊菩薩。文殊菩薩對他們說：「你們二人與我沒有緣分，你們生生世世的具緣本尊是觀世音菩薩，菩薩現化為吐蕃國王松贊干布的形象，你們去親近他吧。」於是這二人便前往西藏。

他們雖不知吐蕃到底在何處，但還是憑著對觀世音菩薩的信心，終於來到了拉薩。他倆在藥王山⑥後面，看到屍骨橫陳，血流成河，遍地都是割了頭的、剜了眼的、砍了手的、剁了腳的，慘不忍睹。

他們小心翼翼地打聽：「這是什麼原因？」人們說：「這是國王下令懲治的。」二人聽了特別害怕，心想：「這位國王肯定不是觀世音菩薩，我們也很可能被懲罰，還是趕快逃走為好！」於是轉身就往回逃。

國王以神通知道二人要逃，便命大臣騎馬追趕。這兩個沙彌發現有人追來，嚇得心驚膽戰，更加拼命地跑。後面的人則拼命地追，最後把他們抓到了，帶到國王面前。

國王問他們為什麼跑，他們把事情的原委如實說了。國王問他們想不想見阿彌陀佛，他們說想見。國王

大圓滿前行廣釋（六）附大圓滿前行實修法

⑥藥王山：拉薩布達拉宮西南一山名，西藏四大名山之一。另有說在堆龍山，他們看到了這些慘狀。

就將二人帶到一個草地上，解開纏在頭上的綢緞，露出阿彌陀佛的尊容。國王說：「這就是阿彌陀佛，我是吐蕃國王，你倆不必害怕。」

他們驚魂未定地問：「阿彌陀佛是大慈大悲的怙主，可你為何塗炭生靈、濫殺無辜呢？」

國王回答：「由於藏人剛強難調，所以我才顯示幻化。但我下令砍殺的那些人，全是我自己幻變的。實際上，我本人對一個眾生的一個汗毛孔，也從來沒有加害過。⑥」

隨後，國王問他們想獲得什麼樣的悉地。他們二人仍心有餘悸，便託辭說：「我們身心已疲憊不堪，只想趕快回家。」國王就給他們一人一袋沙子，讓他們頭枕著沙袋，好好睡上一覺。當他們一覺醒來時，已在千里之外的自家門口了，袋裡的沙子也變成了金沙。這兩個沙彌因對菩薩的行為產生邪見，故即生中沒有得到什麼成就。這個故事，在《西藏觀世音》這本書中有廣述。

其實，有些人剛好有善緣遇見一位善知識，但因為前世的惡業和暫時的因緣，對其行為產生種種邪見，以至於自己得不到法，這種情況十分常見。要知道，在依止善知識時，若對其言行全部特別尊重，對自己的今生來世有非常大的利益；但如果不能這樣，反而用另一種

⑥在《西藏觀世音》中，國王說：「我對治下臣民向來秋毫無損。然而，對那些施以仁慈而不能調伏者，只有用峻法嚴刑加以懲治，以便維護十善之法。不過他們都會晝死夜復生，轉惡向善的。」

第九十三節課

態度來對待，這也會變成修行的違緣。

國王松贊干布，實際上是觀世音菩薩的化身。他執掌西藏雪域國政，統轄了局部的四部王國，征服了邊境所有軍隊……成辦這樣廣大的事業，他連一個眾生的一個汗毛孔也沒害過，那麼如今，我們只是維持蟲穴般的小小家庭，又怎會沒辦法不害眾生呢？

說我們的家庭像「蟲穴」，有些人可能不理解，但看了這次日本大地震，海嘯一下子把許多房屋輕易捲走，真的感覺這些跟蟲穴沒什麼差別。

為了維護這樣的家庭，去傷害眾生的話，是非常不合理。傷害眾生的下場是什麼呢？就是自食惡果，今生來世感受無邊痛苦。僅僅就今生而言，自己也得不到絲毫利益。畢竟殺人償命、欠債還錢，就算你通過殺生等手段，暫時擁有一點點財富，但未來的苦果也足以抵消這一切。到頭來，除了白白浪費自己的財產受用，根本沒有誰依靠害眾生而獲得財富的。

所以，我們對眾生要修慈無量心，要像雌鳥養育小鳥一樣。雌鳥在養育小鳥時，首先會築一個柔軟舒適的窩，然後用羽翼覆蓋，給予雛鳥溫暖，在牠們不能飛翔之前，始終如一地輕柔、悉心撫育。同樣，我們也要通過身體的行為、口中的語言、心裡的念頭，慈愛善待三界一切眾生。

在座每個人都發了大乘菩提心，如此一來，即使周

圍有非常複雜、野蠻的眾生，也應該盡心盡力地維護他們，用佛法逐漸開導他們，直至他們相續成熟才放手，在此之前，不能捨棄任何一個眾生。我們身體做的，應當是為了眾生的事情；口中說的，盡量不傷害眾生，而且要對他們有意義；心裡想的，雖然很難全是無貪、無嗔、無癡的善念，但生起煩惱要盡快懺悔，想盡一切辦法對眾生產生慈愛心。以這樣的身口意攝持，然後像無垢光尊者在《心性休息大車疏》中所說，先從自己身邊的眾生做起，範圍慢慢不斷擴大，最終遍於三界一切眾生，這就是真正在修慈無量心。

　　若能如此，華智仁波切也講了，自相續「必定」會生起這種境界，就像口渴的人喝水定會解渴一樣，這個是必然規律。當然，你沒有修肯定沒辦法，就像不喝水，水也不可能自動流入你口中，但你若是喝了，水馬上就能解除乾渴。同樣，這個法特別有加持力，我們修的話，肯定會有這種效果。

　　因此，希望大家在日常生活中，經常修一下四無量心和菩提心，不要把加行修完之後，就將《前行》扔至一百公尺以外，再也不看了。這些法，乃至成佛之間生生世世都要修。我們先修加行，也只是打個基礎而已，並不是讓你修完後就放棄了。這不是什麼修氣功，觀一觀、摸一摸、推一推就可以。現在好多人對修行與修氣功分不清，好可憐啊！不說了。

186

第九十四節課

講正文之前,首先提醒大家注意兩件事情:

第一、在聽課時,不管你是什麼身分的人,都應該專心致志、聚精會神。否則,心散亂的話,無論聽哪門課,都不一定得到很大利益。

在《前行廣釋》第一冊中,我講過基本的聞法規律,除了新加入的個別佛友,大多數人應該都懂。聽課時如果不專心,即使是一個簡單的故事,你也不知道在講什麼,根本生不起任何意樂。《前行》的內容雖看似簡單,但卻是華智仁波切的智慧精滴,大家若能認認真真學習,肯定會有無比的利益。

我在講的過程中,有時候覺得自己胡言亂語,確實講得不好,但也盡量依據諸佛菩薩、前輩大德的教言,再加上自己的一點體會或理解,才給大家傳授的,所以每個人一定要認真聽。

在學院聽課的道友,對聞法規律長期以來就很重視,問題應該不大。但最近通過網絡學習的有些人,一邊聽課一邊講話、吃東西、做事情,這樣還不如不聽。你要聽的話,至少也要空出一兩個小時,認認真真地聽。其實,共同學習這些大德的金剛語,會令我們生起一些出乎意料的境界。你不願意的話,我們也不強迫,來這裡聽課的人,全部是自願的。但假如你願意聽,就

大圓滿前行廣釋(六)附大圓滿前行實修法

務必要專心，這樣才能養成良好的聽法習慣。

有些人聽法時間長了以後，從表情上看，已經成了「法油子」、「老油條」，好像沒什麼感覺了。當然，聽我這樣的人講法，沒有感覺也很正常，但《前行》是前輩大德的金剛語，沒感覺是不可能的，只不過是你心不專注而已。如果專注的話，每句話都能給你帶來無窮的利益。因此，希望大家好好地聽，每堂課都能獲得一些新知識，或者對已懂的道理再三串習，令這種境界蒸蒸日上。

第二、我以前也經常要求，在聞法過程中，沒什麼特殊情況的話，最好不要斷傳承。畢竟現在聽課比較方便，你若偶爾因故無法聽課，網絡上應該有重播。

還有，聽課時要念前後的念誦文，前面差不多有20多分鐘，後面的《普賢行願品》、上師瑜伽，大概也有10分鐘，這期間最好能用上轉經輪，如此功德不可思議。長期一直用的話，你可能沒有這個習慣，但在聞法的前後，不管是學院現場聽課的人，或是以後通過光盤、網絡接受法義的人，如果你有轉經輪，不要把它總藏在盒子裡，用一點是不會壞的。

現在大城市裡的很多人，在世間法方面經驗豐富、方法善巧，可是出世間法的話，能力確實非常薄弱。其實，你們每週抽出一兩個小時學習佛法，心最好要靜下來，聽課前把亂七八糟的事都處理完。聽課的一兩個小

第九十四節課

時，差不多只是你吃頓飯的時間。而且在大城市裡吃飯，有時候兩個小時還不夠，喝一點，吃一點，又喝一點……在飯店一待就是三四個小時，去吃飯的地方要花一兩個小時，來來回回還有堵車，所以，有些人為了一頓飯，經常要用六七個小時。而我們聽一堂課，時間比這個少多了，所以最好提前把瑣事處理完，然後盡量如理如法地聽。當然，在聽課的時候，不能使用轉經輪。

下面開始講正文：

戊三、修悲無量心：

修悲無量心時，應觀想一位被劇烈痛苦逼迫的眾生，希望他遠離痛苦。

悲心和慈心之間的差別，一定要搞清楚。《大智度論》也講了，慈心是願眾生得到快樂，悲心則是願眾生遠離痛苦，二者的側重點有所不同。

在佛教中，大悲心真的很重要，如果沒有它，大乘的境界根本談不上。《佛說法集經》裡也說了[65]，修學大乘佛法的菩薩，不需要修很多法，只修一個就可以，這一個法指的是什麼呢？就是大悲心。

大悲心猶如太陽普照世界，有了它，任何法都很容易修成。反之，倘若不具足大悲心，即使你修大圓滿、

大圓滿前行廣釋（六）附大圓滿前行實修法

---

[65]《佛說法集經》云：觀世音菩薩白佛言：「世尊，菩薩不須修學多法。菩薩若受持一法，善知一法，餘一切諸佛法，自然如在掌中。何者是一法？所謂大悲。」

禪宗、淨土宗，最終也會一無所成。為什麼呢？因為這些法與佛陀的智慧無二無別，是一種特別高的境界，必須要以大悲心作為根本。《菩提心觀釋》也說：「所有最勝一切佛法，皆由悲心而為根本。」有了大悲心，菩提就會手到擒來，如《大方廣如來不思議境界經》中云：「悲愍眾生，則為菩提，已在其手。」

那麼，大悲心該怎麼修呢？

悲無量心的具體修法

經中說：「觀想一名被關入監獄接近被殺的罪犯，或在屠夫面前生命垂危的旁生，以這樣遭受劇烈痛苦的一個眾生作為悲憫對境，對它生起母親或兒子想。」

修大悲心，最好先由一個眾生開始，否則，一開始就閉著眼睛想「願所有眾生離苦得樂」，那「所有」眾生的話，就像因明裡的總相，是遍於一切的。僅就人類而言，到底是漢族人、藏族人、蒙古人？根本沒有具體的概念，故這叫做散漫的修法、遍滿的修法，不切實際。因此，要觀修的話，最好先觀一個可憐眾生。

具體來說，比如觀想一名被國王下令帶到刑場的囚犯，或者一隻正被屠夫捆綁的綿羊，放下「他是囚犯」或「牠是綿羊」的念頭，想想這個眾生就是自己，那該怎麼辦？

就像一些囚犯，被宣判死刑後，馬上被武警和法警

荷槍實彈地押上囚車，到刑場去執行槍決。這時不少死刑犯面如死灰，雙腿甚至全身都在抖，甚至有人當場癱倒，站都站不起來。我以前讀書時，就見過這樣的死囚，看他的面孔，因極度恐懼而目光呆滯，死前的一兩個小時，已經成了他的末日，絕望、悲哀的神色令人久久難忘。

那天電視上播出日本地震的場景，當十米多高的海嘯鋪天蓋地而來時，不少人都臉色蒼白，有信仰的人默默祈禱，沒有信仰的人，則極其無助。人遇到這種危難時，會有怎樣的恐怖和痛苦，我們都很清楚。而其他的旁生，在屠宰場遭殺時，尤其是屠刀刺入牠的身體時，感覺也是同樣。若以這樣一個具體實例來觀修，你的悲心會油然而生。

其實，我們每個人都有悲心和智慧的潛能，否則，原本就沒有的話，再怎麼修也無法將其引發出來。在此基礎上，你如果受到大乘教育，知道大悲心在成佛途中非常重要，那在遇到可憐眾生時，一定會跟以往的心態不同。比如你在醫院看到身患重病的人，眼淚不知不覺就會流下來。隨著環境的影響，內心也會產生很大變化。

新加坡有個居士叫許哲，今年114歲了。她學佛比較晚，以前是學其他宗教的。她說自己的人生方向是：「哪裡有窮人，我就往哪裡去。」她的生命哲學是：

「我愛我的同胞，全宇宙是我的家。」很多人都認為她這種境界很高。實際上，只要你受過大乘教育，即使剛開始對個別眾生的嗔心、不滿很嚴重，但在大乘教育的薰陶下，會對每個眾生都慢慢生起強烈的悲心，並在有生之年乃至生生世世不會退。

我們在生活中，其實隨時都可以修悲心，遇到可憐眾生時，要經常換位思考：「如果是我怎麼辦？」那天我看到電視上的地震海嘯，當時就想：「我在場會怎麼辦？會不會祈禱佛陀？這時候能不能想起來？」有些佛教徒平時講得很好聽，但關鍵時刻只想著自己，對別人的痛苦熟視無睹，這就不是很好的修行人。

作為真正的修行人，看到眾生的痛苦時，應專心意念：「正在感受痛苦的眾生，判刑的死囚也好、被殺的動物也好，就是我自己，現在到底該怎麼辦呢？無處可逃、無處可躲，無依無怙，無法溜走，也不會飛行，憑藉力量和武力也不能抗拒，一瞬間就要離開今生的一切，甚至自己珍愛保護的身體也要捨棄而步入後世，這是多麼悲慘啊！……」觀想那樣的痛苦落到自己身上而修心，這就是大悲心的修法。

剛開始的時候，我們因為平時沒怎麼串習過，恐怕有點不習慣。但到了一定時候，這種境界就很容易生起來。現在有些佛教徒，從來沒修過大悲心，雖然口口聲聲說證悟空性、明心見性，「色即是空，空即是色」，

但眼睜睜看著眾生被宰殺，自己面不改色，一點感覺也沒有，這樣的話，你所證悟的境界與大乘理念就相違了。

作為大乘佛教徒，應該像《華嚴經》中講的那樣：「不為自身求快樂，但欲救護諸眾生，如是發起大悲心，疾得入於無礙地。」不求自己快樂，一切所言所行、所思所想全是救護眾生，若能發起這樣的心，很快就會入於無礙的佛菩薩果地。倘若沒有這樣的悲心，就像牆沒有牆基一樣，牆上的花紋又從何談起？所以作為大乘行人，修大悲心特別重要，有了這樣一顆心，不但生生世世中會不離利他，即生也會獲得世間的快樂。

民國九年，某地曾發生過一則傳奇故事：有一山居人家，在辦完喜事的第六天，全家正在祭祀祖先之際，忽然跑來一隻受驚的山鹿，因為被獵人追趕，躲到了祖先的供桌下。

新娘非常善良，趕緊把山鹿藏起來。獵人追來說鹿是他的，必須交出來。新娘不忍心，準備買下這隻鹿。獵人趁機敲詐，說非要二十個銀元不可，雙方討價還價半天，最後降到十五個銀元。

價錢談定後，新娘的公公婆婆面現難色，因為這次娶媳婦就用去十五個銀元，家裡實在拿不出那麼多錢。新娘說願把自己的陪嫁十五個銀元，全部拿出來買鹿。家人只好同意，但都覺得此舉很愚蠢。獵人得銀後離

去，新娘便從桌下招出山鹿，安撫一番，鹿輕跳幾下，跑回山林中去了。

幾年以後，新娘生了一個兒子，剛滿周歲。家人正值忙碌之際，便將嬰兒放在院中椅子上。這時山鹿又再出現，用鹿角挾起椅子及嬰兒，在院中轉兩圈後，帶著嬰兒向外跑去。家人見山鹿偷了孩子，便大大小小追趕出來。追到山外之後，忽聽一聲巨響，回頭一看，只見屋後的高山倒塌，整個村子瞬間夷為平地。

這家人才醒悟到，原來是山鹿為了報答新娘救命之恩，借著「偷孩子」引他們一家逃出。山鹿見目的已達到，便輕輕將嬰兒放下，跑到深山中不見了。

這不是傳說，也不是神話，而是真實發生過的。遺憾的是，現在很多人每天只想著金錢，想著眼前的世間利益，對善心的力量一無所知。其實，除了我們眼耳鼻舌身所了解的以外，還有很多神秘的境界。但對於這些，大多數人都沒有興趣，不喜歡鑽研，這樣一來，不如法的行為經常發生，這是相當可憐的！

我們修悲心時，除了把受苦的眾生觀成自己以外，還可以這樣觀想：比如，看見一隻羊被帶到屠宰場去了，就觀想：「如果這隻羊是我的親生母親，那該怎麼辦？」——你們漢人的生活習慣跟藏人不同，可能說起牛羊來，感覺不強烈。這樣的話，你們去飯店常看到一

些魚、兔子、狗，天天都被宰殺，這時候你就想：「牠們若是我的母親，該怎麼辦？」放下那是一隻羊、一條魚的念頭，發自內心觀想牠就是自己的親生母親。

接著，再進一步觀想：「如果我母親沒有一絲一毫罪過，卻這樣無辜被別人殺害，現在我該怎麼辦呢？我的老母親該是何等痛苦！」誠心誠意這樣想。

當迫切希望老母立即擺脫痛苦的念頭，情不自禁地生起時，再繼續觀想：「現在正在感受痛苦的這個眾生，雖說不是我今世的父母，但肯定在以往做過我父母⑥。當母親時，也完全像今生的母親這樣養育我，大恩大德與現在的雙親沒有差別。而今卻遭受如此劇烈的痛苦，牠該有多麼可憐！如果牠此時就能擺脫這種痛苦，那該多好啊！」一直觀修到生起猛烈悲心，忍不住淚水簌簌而下為止。

我們現在最困難的，就是對「這些可憐眾生當過自己父母，跟今生父母沒有任何差別」，始終生不起定解來，這也是沒有長期觀修過的原因。不過，有些居士和出家人，根基還是很不錯，看見一些可憐眾生時，從表情和行為上看，他的悲心特別特別強。能生起這樣的悲心，就是佛菩薩的本質。《普賢行願品》也說：「諸佛如來，以大悲心而為體故。」諸佛如來不像我們凡夫

大圓滿前行廣釋（六）附大圓滿前行實修法

⑥佛陀在《大集經》中云：「無有一眾生，非我父母者。」這方面的道理，噶當派曾以許多教理作過論證。

195

人，以貪心、嗔心、癡心而為本體，他們唯一的專長是什麼？就是大悲心極其強烈。所以，在這個世間上，如果一個人大悲心特別強烈，就可以稱之為佛的化現、菩薩的化現。相反，假如你在日常生活中傷害、甚至殺害眾生，那絕不是修行人的所為。

我們在修悲心時，要一直修到流下眼淚為止。當然，剛開始你可能做不到，但只要一直修一直修，時間長了以後，看見任何一個可憐眾生，眼淚都會止不住流下來。就像有些道友，每次見到這樣的眾生，內心都極為難過，連飯也吃不下，這說明他相續中真的生起了悲心。

如果對眾生生起悲心，再繼續觀想：「正在被殺的羊也好、魚也好，感受這種痛苦，也是往昔造不善業的果報，以前牠們肯定傷害過別的眾生，如今才會用命來償還。同樣，現在為非作歹的這些屠夫，後世也一定會感受這樣的痛苦，實在可憐！」

我們在放生時要知道，不但犛牛很可憐，殺犛牛的屠夫也可憐。所以，我每次在藏地放完犛牛，都要求屠夫發願一天不殺生。對他們來說，長期不殺不現實，但若能做到一天不殺，就像畫辛吉的公案一樣，也能暫時得到一點點利益。我也只有這個辦法了，其他的也無計可施。

正如剛才所說，先以正在造殺業的個別人作為對境，修持大悲心。然後再慢慢擴大範圍，觀想更多造惡業而成熟果報的眾生，比如在地獄中感受寒熱之苦，在餓鬼中感受飢渴之苦，在旁生中愚昧無知、被人役使、互相啖食的無量有情，專心意念它們就是自己，或是自己的親生父母。對這些眾生修持悲心，願其早日遠離一切痛苦。

最後觀想：「虛空遍及的地方，就會遍滿眾生；眾生遍及的地方，就會充滿惡業和痛苦。這些唯造惡業、唯受痛苦的眾生，多麼可憐！（有些人表面上看來幸福美滿，但實際上，都被業和煩惱的鐐銬捆得緊緊的，沒什麼快樂可言。因此，以前噶當派的很多大德，一輩子都沒有笑容，或者天天用披單蒙著頭哭。）如果他們遠離一切業感、痛苦、習氣，獲得永久安樂的圓滿正等覺佛果，該有多好！」

我們對親人、怨敵、中等者，都應該這樣平等觀修，希望拔除他們的一切痛苦，這就是真正在修悲心。《瑜伽師地論》亦云：「若於有苦，親怨中三品有情，平等欲拔其苦，當知是悲。」

其實每個眾生因業感不同，感受的痛苦也千差萬別。包括在座聽課的道友，人人都有各自的煩惱、痛苦，這全是自己的無明分別所致。不說別的，僅僅是現正在聽課的人；不說長遠的，僅僅是這一個月以來，你們身體上、心理上產生了多少痛苦？可想而知。

大圓滿前行廣釋（六）附大圓滿前行實修法

或者，單就病苦而言，我們不去醫院不知道，去了醫院一看，成千上萬的人來來去去，似乎全世界的人都生病了。但醫院只能治治身體上的病，對心理上的病卻常束手無策，到目前為止，基本上沒有行之有效的方法。就算有一些心理諮詢專家，他們自己也苦不堪言，有時候一邊擦著眼淚，一邊給別人回答問題。

所以我建議，一般的心理疾病要想得到治療，還是應該從宗教入手，尤其是佛教。佛教中有最好、最妙的調心方法，比如《入菩薩行論》的第七、八、九品，這些道理若能通達，心理問題就會從根本上迎刃而解。為什麼如今很多人對佛教有好感？就是他們從中得到了利益。我曾接觸過許多人，他們都非常感激佛法，因為他們從財富、地位等中得不到滿足，產生了無法解決的心理問題，但通達佛法後完全消失了。作為凡夫人，雖然還是會有煩惱、痛苦，但從大的方面來講，他們已經知道了人生方向。所以，學佛是一件非常快樂的事情，對於身邊沒有這種緣分的人，我們要對他們發起悲心。

當然，福報不夠的人，也不一定能發起悲心。《大般涅槃經》云：「一切眾生中，若起於悲心，是名聖種性，得福報無量。」可見，只有甦醒了菩薩種性的人，才可以生起悲心。這種悲心即使只生起一瞬間，其功德和福報也不可思議、無量無邊。

因此，大家在修加行時，早上起來、晚上睡覺，或

者白天有時間，都應該讓心稍許安住一下，觀觀眾生的痛苦，盡量想辦法生起一瞬間的悲心。若能長期如此，所作所為始終想著眾生，從來沒有想到自己，那就已經成菩薩了。所謂的菩薩，就是利益眾生，除此之外，並不是讓你整天在天空中飛來飛去，在大海裡游來游去。如果是這樣的話，運動員也全部成菩薩了。

總之，觀修悲無量心時，最初要以任意一個眾生作為所緣境，唯一對他觀修；然後範圍逐漸擴大；到了最後，對一切眾生普遍觀修……如果沒有這樣一步一步去修，而是漫不經心、浮皮潦草，就不可能如理如法修成。

這一點，無垢光尊者在《大圓滿心性休息》中也講得很清楚，我們開始一定要找幾個特別可憐的眾生，比如災民、孤兒等，以此為對境進行觀修。有些人在電視上、報紙上看新聞時，邊看邊流淚，但過了一會兒，眼淚就乾了，悲心也飛走了。其實，真正的大乘行者會把這種悲心一直「養育」，就像佛陀在因地時一樣，任何一世都要增上悲心，這的確很重要。否則，現在極個別佛教徒，自認為境界非常高，但對眾生一點都不在乎，那「大乘」二字又從何談起？

大悲心要從身邊修起

大悲心就像前兩天講的慈心一樣，也要從身邊開始

修。否則，你認為自己是個大菩薩，大悲心修得很好，可在與人接觸時，把他們全部看作敵人、壞人，甚至一起出門也天天打架，這樣的菩薩有沒有啊？文殊菩薩和觀音菩薩的傳記中，從沒有提他們去哪裡都跟旁邊的人合不攏，整天吵架。所以，一個菩薩的行為，從日常生活中也可以體現出來。

要知道，我們不是一個人住在月球上的，而是周圍還有很多人和動物，以及無數的非人。那麼，在跟他們交往時，有大悲心的人該怎麼做呢？無論他是上者、中者、下者，都可以成為自己修大悲心的對境。比如對上面的領導、負責人，甚至是上師，都可以觀修：「哎，我們的領導天天造罪……」「我們上師好可憐啊，業力那麼深重，煩惱那麼深重，我天天給他迴向。」（眾笑）

除了人以外，我們身邊還有很多飛禽走獸，牠們的生命跟人類一樣，並不是像外道所說，跟一塊石頭、一朵花沒有差別。所以，我們哪怕在路上看到一隻小蟲，擔心牠被別人踩死，想辦法放在安全的地方，這也是你大悲心的體現。

下面，華智仁波切通過描寫藏地的一些生活習慣，來說明這個道理。

有些人問我：「華智仁波切的《前行》給漢人講，沒有必要吧？因為他一直講騎犛牛、騎馬、閹割、穿鼻，這些漢人不一定知道。」其實，這也是有必要的，

任何作者不可能脫離他的生活背景，就像莎士比亞的許多著作，也帶有他的個人習慣，但後人一直非常讚歎。同樣，我們學習這樣的《前行》，也可以從中了知另一個民族的生活傳統。

但不管是什麼民族，眾生的生命都是一樣，佛教的大悲和智慧沒有地域界限，不會區分國家、地方、世間、出世間，2500多年前是什麼樣，現在仍是如此，以後也會是這樣。不像其他的思想學說，幾百年前有人提出來，幾百年後就被推翻了。在我的印象中，包括小時候人們最愛講的某些理念，如今早已時過境遷。但佛陀的大悲心，卻與之完全不同。

華智仁波切在文中告訴我們：

「尤其平日裡看到牛馬羊感受痛苦時，本該修悲心，可我們這些人又是怎麼做的呢？當自家門前的牛等牲口，遭受穿鼻、閹割、拔毛、活活放血等地獄般的多種痛苦時，主人從沒想過牠們也有苦受。如果慎重加以觀察，就會知道，這是沒有修悲心的過患所致。」

在藏地的確有這種現象，過去有些人很惡劣，把鐵錐用火燒了以後，直接從犛牛鼻子穿過去，然後用特別粗糙的繩子繫上。還有閹割、拔毛，從牛羊身上抽很多很多血，血抽完了以後，很多牛羊都奄奄一息了。現在漢地的大城市，聽說也有給牛、羊、豬放血的，跟他們

201

殺生的數量比起來，藏地就沒有那麼嚴重了。

那天我還看到一則報道說，有隻母熊每天被採膽汁好多次，特別特別悲慘。後來當牠的小熊也要做手術被戴上鐵皮時，牠不忍看孩子受這種痛苦[67]，就含淚掐死小熊後自殺⋯⋯

還有一些動物實驗，讓大量動物飽受痛苦，生不如死。聽說現在甘肅那邊殺小羊羔，為了小羊羔的毛很好看，就給牠打一種激素，讓牠死也死不了、活也活不了，24小時中身體一直發抖，然後慢慢斷氣。現在人們的手段非常殘忍，包括餐廳裡的種種殺生，我原來在《悲慘世界》中也寫過很多。

每個人好好想一想：假設是換了自己，就是拔出一根頭髮，也會「哎喲喲」直叫，覺得這種刺痛實在讓人受不了。而那些犛牛的話，被主人用絞木[68]活生生拔掉身上所有的粗毛，之後全身血跡斑斑，每個毛孔都在滴血，疼得牠不時發出低低呻吟，牠又是怎樣的痛苦？可是主人對犛牛遭受這般難忍的苦痛想也不想，反而覺得手上因此磨起水泡，令人忍受不了。

此外，還有些人在騎馬趕路時，往往因坐的時間太長，臀部疼痛不能端直地坐在馬鞍上，而需要側身斜坐[69]。卻不曾想座下的馬也同樣疲乏，反而在牠精疲力竭、

[67]人們為了得到熊膽，對一頭熊在十年中一直採膽汁，每天採一到三次。
[68]絞木：用來拔去犛牛身上毛的木棒。
[69]沒有騎過馬的人，可以想像坐一天班車的感覺。

202

寸步難行時，認為這牲口性情惡劣，不肯繼續前行而生起瞋心，用鞭子狠狠抽打，對牠一剎那也不生憐愛之心。這種無有悲心的人，性格特別粗暴、恐怖，以此瞋心之故，死後必會墮入阿鼻地獄。《大集經》云：「無有悲愍心，暴惡甚可怖，彼瞋心力故，入阿鼻地獄。」

尤其是綿羊被宰殺時，首先屠夫把牠從羊群中抓出來，牠會產生想像不到的恐怖感、畏懼感，被抓的部位皮下淤血。然後身體被翻倒在地，屠夫用皮繩把牠的四條腿緊緊捆綁起來，又用細細的繩子勒緊牠嘴巴，使其呼吸中斷，感受氣息分解的劇烈痛苦⑩。假設死亡的時間稍微拖延，大多數罪孽深重的屠夫則火冒三丈，一邊氣急敗壞地說「這該死的畜生還不死」，一邊拼命地捶打牠。

只要這隻羊一死，他們就立即剝掉牠的皮，取出內臟，緊接著，又抽取另一頭活牛的鮮血。這時那頭牛已體力不支，走起來跟跟蹌蹌。主人將死肉與牛的活血混合起來，裝入前面宰殺的那隻羊的內臟裡，然後大模大樣地吃了起來，這種人真成了惡業羅剎。

（聽說日本人特別愛吃魚，有一個人跟我講：「日本這次發生地震、海嘯，應該也是大自然的警告。那邊幾乎所有的人，每天必須吃三頓魚蝦，而且喜歡吃新鮮的，甚至是活的。有些人在吃的時

---

⑩以前大多數牧民殺牛羊，全部讓牠們閉氣而死，大概需要五到十分鐘，這個過程非常痛苦。

候，魚蝦還在嘴裡一直動。他們覺得這樣很香，是一種享受。這幾年來，他們吃得越來越多，這次可能是讓他們感受一下：生命到底是什麼樣的？」）

在藏地，以前確實有特別不好的殺生現象，作者已經描寫出來了，這沒有什麼可隱瞞的。其實不僅僅是藏地，任何一個地方，都會有許多踐踏生命的惡劣行為。對於這些動物和殺生的人，我們應該生大悲心。

尤其是這次修加行，大家應反反覆覆觀修眾生的痛苦，發願自己有能力度化他們，賜予他們快樂，令一切痛苦徹底遠離。依靠自心的清淨力，再加上諸佛菩薩和傳承上師的加持，各方面的因緣具足之後，相信我們一定會生起真實無偽的大悲心！

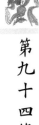

第九十四節課

第九十五節課

　　講這部《大圓滿前行》，算時間呢也不長，現在還不到一百節課；說不長呢，跟以前有些課兩三個月就講完比起來，時間好像也不短。但不管怎麼樣，佛法難聞，大家應該有一種渴求心。對我本人而言，完成《大圓滿前行》是一生中最大的工程；對你們每個人來講，聽受這部法希望也能善始善終。

　　《前行》正在講四無量心中的悲無量心。這些法我們一定要修，很多人都會說「菩提心」，但實際上，菩提心需要理論的了解、實際的修持，這兩條必須要具足。為什麼呢？因為你如果不懂大乘的基本理論，修行就可能成為盲修瞎煉；如果你光懂理論而不去實修，只會說而不會做，就會變成「法油子」。

　　現在有些佛教徒，經常口裡念誦大乘經典，學的也是大乘經論，甚至是無上密法，但相續中沒有無偽的菩提心，這些法反而淪為小乘法或世間法，與究竟解脫毫無瓜葛。所以，我們學習大乘佛教，不能為了功名利祿，也不能為了世間八法，而應該是通過學習，想方設法先生起捨無量心、慈無量心、悲無量心、喜無量心，然後不斷以菩提心來調化自心。看到可憐的眾生、聽到他們的聲音，首先盡量生起一種造作的菩提心，這樣久而久之，真正的菩提心才會油然而生。

大圓滿前行廣釋（六）附大圓滿前行實修法

繼續講對眾生觀悲心的道理：

前面也講了，羊牛在被殺或遭受痛苦時，我們應該想這就是自己。或者你平時在飯店裡看到殺雞，用菜刀割牠的脖子，用開水燙牠的身體；或者菜市場上的黃鱔和泥鰍，被刀剖開肚子，內臟全部掏出來，這個時候你就想：「如果我是這個眾生，感覺會怎麼樣？」

其實，旁生跟人沒什麼差別，我們求樂避苦，牠們也是如此。有些人看到發生地震後，很多人在廢墟中痛哭，就覺得他們很可憐，很容易生起憐憫之心，但旁生在被宰殺時，為什麼生不起這種悲心呢？當然，這也跟我們的教育和環境有一定關係。作為佛教徒，對旁生要跟對人一模一樣，甚至要把牠當作親生父母，若能如此，才可以說你是大乘根基。

親身體驗旁生的痛苦

昨天說牛羊等被殺時都是閉氣而死，我們不妨試一試，用手捂住口鼻，中斷呼吸片刻，看看會有怎樣的痛苦、恐懼？

我小時候就經常這樣做。誰也沒有教，可能是天生的吧，每次見別人殺犛牛，就用手捂住自己的嘴，最後難受得不行，就想：「我實在忍不住，還可以把手拿開，但牠都沒有自由，還要繼續這樣受苦……」在閉氣的過程中，我完全體會得到，一個眾生這樣死的話，是

多麼多麼痛苦。

同樣，我們看到其他的殺豬、殺雞，也應該觀想那種疼痛換到自己身上，用刀割或開水燙的話，該是怎樣的感受？經過這樣一番觀察，我們就會想：「不斷感受這般劇烈痛苦的眾生，實在可憐。如果我有能力將牠從痛苦中解救出來，那該有多好！」

如今的菜市場、飯店，每天都有無數眾生因人類的口腹之欲，失去了自己最寶貴的生命。尤其是現代科技日益發達，大量眾生的生命受到了種種威脅，有時候就像地獄在人間上演。但因為眾生的業力現前，不要說是我們，連佛陀的妙手也無力回天，寂天菩薩、阿底峽尊者他們也無法救護。但即便如此，我們也要在心裡默默發願：「如果我有能力，就算不能救所有的眾生，哪怕從屠刀下救一個生命，我也願意全力而為！」對此要反反覆覆觀修。

觀悲心，我們隨時隨地都可以。無論住在寂靜的地方，還是城市裡，坐車也好、走路也好，平時行住坐臥都可以觀。真正的修行人，一切威儀都會與修行相應，不一定非要金剛跏趺坐，或一直閉著眼睛。這些只是修行的一部分，對修行比較成熟的人來講，其實無處不是道場。不像有些初學者，修行必須要關上門，選擇一個寂靜的環境。如果你有正知正念，到哪裡去，都不會影響自己的修行。我們觀修眾生的痛苦，有時候也要接觸

一下社會各個層次的人。否則，你整天在山洞或淨室裡閉關，環境就像天堂一樣，根本不會知道外面有多少苦受。

個別出家人對眾生無有悲心的表現

作為僧人，身披袈裟、剃除鬚髮，看破紅塵而前往靜處追求妙道，這種行為是非常高尚的。他們本該像佛陀那樣，對眾生具足大悲心，身先士卒作為慈悲的表率。然而遺憾的是，如今㉛有些上師、僧人，沒有一點一滴的大悲心，對眾生造成的痛苦甚至比在家人還嚴重，這真是到了佛法末期——將食肉羅剎作為供養處的時代了。

上師最主要的法相，就是看有沒有大悲心。有了大悲心的話，其他法相沒有也可以依止；但若大悲心不具足，就算具足百般功德，也不算是大乘的善知識。

現在不管漢地還是藏地，有些大德的行為令人極為隨喜，他們單以一人之力，就利益了國內外很多佛教徒、非佛教徒，給他們留下了非常好的印象，弘法利生事業不可思議。但也有極個別「上師」，利用佛教的名義，毀壞佛教的形象，破壞清淨的道風。這種人連絲毫慈悲和菩提心都沒有，跟羅剎沒有什麼差別。他們為了斂財、得虛名，什麼不良行為都做得出來，有時候甚至

㉛指華智仁波切那個年代。

比在家人還差。

　　有些在家人，尤其是一些佛教徒，既不喝酒，也不抽煙，包括看電影等很多散亂事都不做，平時的時間除了用於工作和家庭，其他全部用在佛教方面。可極個別的「上師」，行為真的特別糟糕，給眾生帶來了許許多多痛苦，這樣的人如今確實不少。

　　但這些人並不代表佛教，他們只是形象佛教徒，不是真正的佛教徒，這一點我們必須要搞明白。否則，有些人看到極個別上師或僧人行為不如法，就認為：「藏傳佛教穿著紅色僧衣的都是這樣！」「漢傳佛教披著袈裟的人都是這樣！」卻不知這只是他個人的問題，而不是整個佛教的問題。

　　在佛教中，我等本師釋迦牟尼佛諄諄教導弟子，對眾生一定要心懷慈悲。包括佛陀自己，將轉輪王位棄如唾液般出家，通過修道證得了圓滿正等覺果位，之後與眷屬阿羅漢全部是手托缽盂、持執錫杖，徒步前去化緣。非但佛的眷屬沒有乘馬騎騾，就是佛陀也從沒乘過一匹坐騎。之所以如此，正是因為想到令眾生痛苦不是佛教宗旨，否則，佛陀又豈會想盡辦法而得不到一匹馬呢？

　　（那天我在北京一所大學，有個學生問：「北大某某學生出家了，此事引起了很大轟動，您對此怎麼看待？」我當時回答：「這

209

沒有什麼吧。釋迦牟尼佛是王子，寂天菩薩、阿底峽尊者、蓮花生大士等大德也都是王子出身，他們都放棄王位出家了，那現在一個聰明點的孩子出家，沒有什麼了不起的。如果是美國總統或中國最高領導人出家，你們目瞪口呆也情有可原，但一個學生出家，用不著如此興師動眾。」）

佛陀這樣做，一方面是對我們後人警示：生活越簡單越好，不管是衣服、食物，夠用就可以了，沒必要太多。現在地球上的人類不懂這個道理，所以痛苦才不斷增長。

另一方面，印度當年沒有轎車、摩托車，只能以駱駝、牛、馬代步。倘若騎著這些坐騎到處化緣，就會給牠們帶來痛苦。《入行論》中講過：「眾樂佛歡喜，眾苦佛傷悲，悅眾佛愉悅，犯眾亦傷佛。」眾生快樂的話，佛陀就歡喜；眾生痛苦的話，佛陀會悲傷。所以，取悅眾生，能令佛歡喜；傷害眾生，則是傷害了佛陀。

從佛陀的所有行為來看，從發菩提心到成佛之間，唯一目的就是讓眾生得到快樂，不要感受痛苦。《佛本行集經》中記載：佛陀身為悉達多太子時，一次跟釋迦族五百童子在花園裡射擊嬉戲。此時一群大雁飛過，提婆達多馬上張弓射中了一隻，大雁負傷帶箭掉到悉達多太子的花園裡。太子心生憐憫，拔掉了雁身上的箭，並為牠的傷口敷藥。

提婆達多派人來索要大雁，太子說：「大雁如果死

了就會還你，如果還活著，就不可能給你。」

提婆達多又派人說：「不管是死是活，都必須還我，因為這大雁是我打中的。」太子回答：「這大雁早已為我所攝受。從我發菩提心以來，慈悲利他之心已攝受一切眾生，這隻大雁也不例外。」

從這點點滴滴的行為來看，佛陀對每個眾生有特別強烈的悲心。我們作為佛弟子，有時候確實非常慚愧，佛陀對眾生是怎麼樣的，而我們又是如何呢？或者看看傳承上師們的論典、教言、行為、事業，一生都在無條件地對眾生作饒益，可我們又做了些什麼呢？

如今有些僧人去俗家做經懺等佛事，先透過犛牛的鼻孔，穿一根粗糙的尾毛繩子。然後騎在牛背上，兩手用力拽著繩子。犛牛本來是往前走，但他每拽一下，犛牛就因鼻子痛而轉過頭來，不再前進。僧人為了繼續走，又拿鞭子使出全身力氣，狠狠抽打牠的屁股，犛牛因疼痛而疾馳。擔心從牛背上摔下來，僧人又拽住穿鼻的繩子，犛牛又因為鼻子痛而停下來，僧人依然如故用鞭子抽打……就這樣輪番不斷。

（他可能是不太會騎犛牛。就像有人剛剛學開車，油門踩得太大，「呼」一聲就衝過去了，然後趕緊剎車，猛然又停了下來。

你們大城市裡的人，聽這些不一定有感覺，但我小時候當過牧童，自己經常騎犛牛，也見過騎犛牛的出家人，所以，這些文字對

大圓滿前行廣釋（六）附大圓滿前行實修法

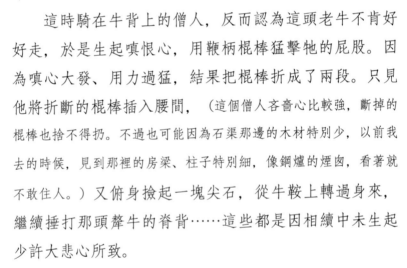

我來講很形象。不過，你們也可以此來對照自己，看自己遇到眾生時，會不會這樣？原來我寫《悲慘世界》時，就了解到很多道友的過去。有些人從小對眾生有特別強烈的悲心，有些人看到眾生卻恨之入骨，馬上要殺掉、吃掉。所以，你們也可以看看自己。）

到了最後，犛牛身體疲憊不堪，內心有說不出的痛苦，每個毛孔裡一滴滴流著汗水，伸出駄罩⑫般的長長舌頭，在那裡氣喘吁吁，發出「呼呼」的聲音，實在是走不動了。

這時騎在牛背上的僧人，反而認為這頭老牛不肯好好走，於是生起嗔恨心，用鞭柄棍棒猛擊牠的屁股。因為嗔心大發、用力過猛，結果把棍棒折成了兩段。只見他將折斷的棍棒插入腰間，（這個僧人吝嗇心比較強，斷掉的棍棒也捨不得扔。不過也可能因為石渠那邊的木材特別少，以前我去的時候，見到那裡的房梁、柱子特別細，像鋼爐的煙囱，看著就不敢住人。）又俯身撿起一塊尖石，從牛鞍上轉過身來，繼續捶打那頭犛牛的脊背……這些都是因相續中未生起少許大悲心所致。

一個出家人騎著犛牛，用石頭來打，用鞭子來抽，用繩子使勁拉，根本沒把牛當成一個眾生，如此沒有大悲心的舉動，實在值得譴責。《大丈夫論》也說過：

---

⑫駄罩：藏地帳蓬裡，用來覆蓋很多東西的毛織毯子。在古代，藏人特別講究駄罩的顏色、形狀等。駄罩在康區比較常見，據說以前拉薩格魯寺院的有些格西講《大圓滿前行》時，不知道駄罩是什麼東西。現在《藏漢詞典》中有這個詞，但當時不一定有。

「雖有智慧多聞，若無悲心，亦為人之所譏呵。」縱然你智慧淵博、廣聞博學，可如果沒有悲心的話，不管居士還是出家人，都應該遭到呵斥。

不僅藏地有這樣的僧人，漢地有些寺院裡也有。在唐朝，印度大成就者無畏三藏法師，奉上師龍智菩薩之命，到中土弘揚佛法。他來到中國邊境，見到一座大寺廟。正當中午，寺內扣起飯鐘。大師便緩步入寺，但卻慢了一步，齋飯已經分完了。無可奈何之際，大師顯現神通，伸出一隻長長的手，從廚房取來一大桶已酸臭的剩飯，張大海口，一吞無餘。大家看得非常驚訝，主廚的人忙奔告住持。

住持暗暗注意無畏法師的行止，覺得他心地非常清淨，只是行止太過奇特，與眾人的習慣格格不入，便說：「入夜後，把他攔擋在門外，以示警戒。」無畏三藏法師也無所謂，到了晚上，就在門外禪坐，安若泰山。

一天晚上，住持剛要打坐，忽覺身上奇癢，脫下衣服翻檢，發現一隻肥大的蝨子。他馬上把窗戶打開，扔了出去，猛聽門外安坐的無畏法師大聲說：「跌傷佛子。」

住持非常訝異，忙令侍者秉燭到外面尋找。無畏法師又說：「右邊第三隻腳跌折了。」這侍者年輕，眼力比較不錯，見蝨子在石階邊果然折斷了腳，急忙用指甲

挑起，入內向住持覆命。

　　住持見了怖懼不安，急下樓向無畏法師禮拜懺悔，並問：「此時一片漆黑，沒有明月，您如何得知跌傷了佛子，而且是右邊第三腳？」

　　法師回答：「佛言：『一切眾生，皆未來佛，等具佛性。』凡夫人愚昧，任意殺害眾生，卻不知此眾生遭逢苦難時，哀號、求救的聲音遍達十方，十方諸佛皆悉聞知。那聲音的宏大，無異於雷鳴一般。此虱佛子，墜地折足，呼痛呼救的聲音，不但我這個近在門外的人聽到了，即使十方無量恆沙諸佛，也無一不清楚聞知。」

　　所以，現在有些佛教徒，為了自己享樂，沒把眾生當作生命，以無所謂的態度來虐待。這種人口中再怎麼念誦咒語，行為再怎麼如法參禪，也不是真正的修行人。

第九十五節課

　　言歸正傳，剛才講了藏地個別僧人對犛牛無有悲心的行為，此時我們專心意念那頭犛牛就是自己，觀想自己背上承受著難以支撐的沉重，鼻子由繩子穿著，身上捆著鞍子，臀部被鞭子抽著，肋骨被腳蹬緊緊頂著，前後左右全是疼痛的感覺，沒有片刻的休息時間。還要爬上高坡，衝下陡壁，渡過大河，越過平川，連吃一口草的空閒都沒有。從早晨天明到傍晚日落，一直在不情願中來來去去，感受極大的艱辛勞累、疼痛飢渴。假如這

些痛苦落到自己頭上，想必不管是誰，一定會生起難忍的強烈悲心。

儒教常說：「己所不欲，勿施於人。⑦」《入行論》中亦云：「避苦求樂同，護他如護己。」這些道理雖然好，但往往只停留在我們口頭上，很難落實到實際行動中。只有把眾生的痛苦，真正觀到自己的身上，進行換位思考，才能對此有深刻體會。這樣的話，即使你剛開始悲心不強、性情粗暴，但慢慢在大乘佛教的薰陶下，在大乘甘露的滋潤下，菩提心的苗芽也會茁壯成長。

當然，每次看到可憐眾生，除了要設身處地、換位觀修，也可以思維眾生當過自己的父母。記得唐朝有一個人叫李信，某年冬天要遠赴外地，天氣酷寒，風雪交加，他騎著馬，帶著一匹小馬駒。行了十幾里路後，馬便疲憊不堪，走不動了。因時間緊迫，李信用鞭子狠狠抽馬幾十下。此時，馬以人語對他說：「我是你母親，生前因瞞你父親，送你妹一石多米，故受此馬報。此馬駒是你妹妹。我等賣力還債，你何必苦苦相逼！」

李信聞言大驚，不禁流淚，急忙向馬懺悔，

並將馬鞍拿下，說：「若真為我母親，應認得回家的路。」馬便在前面走，李信背著馬鞍跟在後面，果然到了家。

李信兄弟等人，得知此事後，極為悲哀。一家人另

---

⑦不過，這種悲心的範圍，只局限於人類。

建一間馬房，安頓飼養，如承侍母親，還常對僧眾供齋，為母修福，全家人都精進修行⋯⋯

過去在隋朝、唐朝、明朝，經常有一些精彩的公案，很多皇帝對佛教也非常崇信，文人們寫了不少優美的詩歌，被後人代代傳誦。而如今這個時代，金錢泛濫，精神空虛，人們天天除了錢錢錢，根本沒有精神上的享受，內心的寧靜、快樂越來越少，文學方面的傳世之作也基本看不到了。這是為什麼呢？可能就是科學太發達了。

下面，華智仁波切又針對個別上師、僧人的行為，進行了嚴厲批評。你們在家人聽後，不要認為：「出家人很壞，我們在家人很好。」其實，上師和僧人都那麼差的話，你們在家人煩惱必然更重，劣跡說起來更多，只是這裡沒有提到罷了。

應以何種態度對待鬼魔作祟

本來，所謂的上師、僧人，是無偏救護一切眾生的依處與怙主。可如今有些上師，認為對自己熱情款待、大作供養的施主是自方，口中也說「我保護你們、救護你們」，並賜予灌頂加持。而將那些由惡業牽引轉為低劣身體、興風作浪的鬼魔看作敵方，對它們生起嗔恨，口中喊著「殺殺、打打」，身體做出打擊的姿勢，認定這些害人的鬼魔該打該殺，並用惡咒進行降伏。這樣的

話，說明他相續完全落入了貪嗔的控制中，沒有生起平等的悲心。《正法念處經》云：「若悲心莊嚴，則為人中天。若人無悲心，是則常貧窮。」一個人如果沒有悲心，就算外表再怎麼風光，實際上也很貧窮。

其實若好好觀察，我們就會發現，那些作害的鬼魔比施主還可憐。為什麼呢？因為它們以惡業感召，轉生為低劣之身，感受著無量的痛苦、恐懼，常常是飢渴交迫，始終處於憂慮之中，相續充斥著嗔恨、野蠻與粗暴，大多數死後會立即墮入地獄，再沒有比它們更可憐的了。

而對於施主來說，雖然暫時遭受一些病痛或苦惱，表面上看來很可憐，但實際上依此只會消惡業，不會積惡業。可那些鬼魔，懷著惡心危害眾生，必然會被這一惡業引入惡趣深淵。所以，釋迦牟尼佛才以大慈大悲、善巧方便，宣說了強行驅逐、降伏鬼魔的法門，這也是在悲憫它們，就像母親打罵不聽話的小孩一樣。這種降伏事業，只對那些有能力斷絕眾生造惡、並將其神識引到淨土的人才有開許。否則，認為施主為自方而貪執、鬼魔為他方而嗔恨，這種以貪心護持自方、以嗔心打擊他方的方便法門，佛陀又怎麼可能宣說呢？

我們一定要知道，在佛教的教義中，絕對沒有以嗔恨心來饒益眾生的。《十住毗婆沙論》也說：「若以貪欲心，嗔恚怖畏心，捨一可度者，是斷佛道根。」如果

大圓滿前行廣釋（六）附大圓滿前行實修法

你要行持降伏事業，必須有斬斷眾生造惡業的能力，還要能把這些眾生接引到清淨剎土，不然的話，佛陀也不開許行持。

降伏法門，不但密宗中有，顯宗中也提到過。比如，《涅槃經》裡講過一個曠野餓鬼，每天都吃人。後來佛陀發現度化它的因緣已成熟，就幻化成一個大力鬼，震動它的宮殿，令其不得安寧。曠野餓鬼帶著眷屬出來，見了大力鬼特別害怕，昏厥倒地。佛陀把它救醒，恢復了如來身相，給它宣講佛法，令其受不殺生戒。受戒以後，曠野餓鬼問：「我及眷屬向來以食用血肉為生，如今受戒不殺，豈不要餓死？」佛陀承諾：「從今以後，我會讓聲聞弟子無論在何處修行佛法，都為你們布施飲食。」這部經中佛陀的示現，也是一種間接的降伏。

其實，假如你以貪心、嗔心降伏鬼魔，不但它們不會言聽計從，反而會令自己深受其害。不僅心懷貪嗔不能驅逐鬼魔，甚至執其為實有，也同樣制服不了它們。從前，米拉日巴尊者住在窮隆穹縣時，有一次出門去拾柴，回來遇到一陣猛烈的狂風，把破爛的衣衫吹得四處飄掀。他用手拉住衣衫，手中的柴差點被風捲去；用手緊緊抱住柴，狂風又把他的衣衫吹得四散飛揚。兩難之際，他突然意識到這是一種我執，於是放下一切不管，

第九十五節課

靜坐在地上。狂風過後，他再撿起一點點柴薪，帶回山洞。

剛進山洞，他發現五個丑角鬼，瞪著碗大的眼睛，在他的洞中。一個丑角鬼坐在他床上講法，另兩個坐在下面聽法，一個在旁邊伺候，還有一個則在隨意翻閱他的經書。

米拉日巴尊者一見，最初覺得很驚奇，以為是本地的護法山神來捉弄他，就唱了一首道歌，說這裡的山怎麼吉祥，水怎麼吉祥，我們之間和諧共處，唱完這個歌後，希望你們還是高高興興回去。結果五個鬼聽後，不但沒有離開，反而一個個瞪著大眼睛，獠牙畢露，想要吃他一樣。

這時，米拉日巴才發覺它們是魔的化身，馬上祈禱上師、觀想忿怒本尊，持誦猛咒，但起不到作用；然後又觀大悲心，講因果法門，仍不能趕走它們。

尊者暗想：「上師瑪爾巴曾傳授我：輪涅諸法的一切顯現，全部是心的幻化，而心的本體也是空性光明。若將魔障執為實有，肯定起不到什麼作用。」於是他安住在鬼神為自心顯現的定解中，唱了一首大手印道歌，然後徑直走入山洞。

這個時候，五個丑角鬼非常害怕，眼睛骨碌碌地東張西望，找尋逃處。慌亂中四個妖魔消融於一個主魔身中，這個主魔變成一股旋風，當下消失得無影無蹤。

米拉日巴這才明白：「原來是魔王哦那雅嘎來尋隙擾亂。方才我在洞外撿柴時的那陣狂風，也一定是它作的怪。蒙上師加持，此番它毫未得逞！」

第九十五節課

第九十六節課

今天還是講觀修悲無量心。昨天講了米拉日巴尊者在山洞裡，遇到了五個丑角鬼，後來通過安住心性而將其降伏。

還有一次，米拉日巴尊者在雅龍咱馬，一些施主請他長住該地，但他遵循上師的教言，一定要前往嶺巴崖，獨自在山洞閉關修行。

某天深夜，他正在修行時，洞壁的一條裂隙中，忽然發出「嚓嚓」響聲，他起來尋找了一番，但什麼也沒看見，於是又回坐墊上安坐。此時從裂隙中放出一道極強的光，光中出現一個紅色的人，騎著一頭鹿，被一個美女牽著走來。這個紅人突然用肘重重撞向尊者，同時刮起一陣令人窒息的狂風，然後就失去了蹤跡。那牽鹿的美女也變成一條紅色母狗，咬住尊者左足的大拇指，不肯放鬆。

米拉日巴尊者知道這是岩羅剎女的幻變，就唱了一個道歌，大意是東南西北的吉祥物，最好不要損害它，同樣，我在這裡捨棄一切，為利他而如是修行，你也最好不要擾亂我。

道歌唱完以後，羅剎女也唱了一首歌：「本習氣魔由心生，倘若不知心本性，你雖勸逐我不去，若未證悟自心空，似我之魔不可數。若已認識自心性，一切違緣現助

大圓滿前行廣釋（六）附大圓滿前行實修法

伴，我羅剎女亦為僕。」意思是說，一切魔眾均為心生，如果不知道心的本性為清淨、光明，你怎麼勸我，我也不會離開。倘若沒有證悟自心本空，那像我這樣的魔眾會層出不窮、不可勝數。一旦認識了心的本性，障礙違緣都會成為修行的助伴，我羅剎女也願意給你當奴僕。

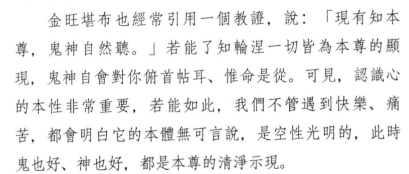

金旺堪布也經常引用一個教證，說：「現有知本尊，鬼神自然聽。」若能了知輪涅一切皆為本尊的顯現，鬼神自會對你俯首帖耳、惟命是從。可見，認識心的本性非常重要，若能如此，我們不管遇到快樂、痛苦，都會明白它的本體無可言說，是空性光明的，此時鬼也好、神也好，都是本尊的清淨示現。

作為修行人，這樣將違緣轉為道用非常重要。你們個別人已經得過無上大圓滿的灌頂，也得過這方面的殊勝竅訣，甚至長期觀修過，那麼，當遇到違緣、不順時，理應把這些全部融入本來覺性中，觀其本體一無所有。不過，一無所有也不是空空蕩蕩，而是有種不可言說的明清，這種境界就稱為現空雙運。

上師如意寶經常勸告弟子，若遇到令人煩躁的事情，或者出現許多不平的現象，心應該安住於本性中，將波浪般此起彼伏的違緣，全部融入自性光明的無邊大海。若能這樣，對有境界的瑜伽士來說，修行妙力會越來越增上。

作為修行人，一切行為、一切處所、一切時分，都

可以成為修行的機會，並不一定非要關上大門，利用一個時間專修。其實你聽課也是修行，提水也是修行，坐車也是修行，說話也是修行……不過，對初學者來說，做到這一點相當困難，他們遇到不平就怨天尤人，根本不知從調伏煩惱上下手。這時候若能想起金剛上師對你直指的本性，並安住其中，那不管是外魔怨敵怎麼顯現，起心動念產生什麼煩惱，也會像空中降下的雨水，紛紛落入水池一樣，與本來的覺性融為一體。這種境界妙不可言，你若是修過，就可以用在生活當中。

當時，羅剎女給米拉日巴唱了那首道歌後，米拉日巴對此深表贊同，並勸她棄惡從善。於是羅剎女放開尊者，在他面前皈依、受戒。第二天又帶著所有的眷屬，在米拉日巴面前聽受教法，發誓從此不做對眾生有害的事，承諾為一切修行人做護法和助緣。後來，羅剎女及其眷屬全部成了米拉日巴的眷僕。這個故事，在《米拉日巴道歌集》中有，你們方便時也看一下。

從中我們可以了知，用嗔恨心來以牙還牙，不但降伏不了鬼魔，反而會使它們越來越猖狂。所以，當遇到鬼魔時，理應以大悲心修自他交換、斷法，或者用般若空性來攝持。假如你有更高的密法境界，具有「鬼魔是自心顯現」的定解，那不管是單獨修行，還是弘法利生，都會無有障礙，所有違緣銷聲匿跡，這是非常甚深的一個竅訣。

怎樣看待血肉供養

還有一點值得一提，當今有些上師到施主家裡時，施主們會宰殺許多羊隻，供養肉食。這些上師明知去施主家會危及眾生，卻沒有一絲一毫的顧慮，反而欣然前往，喜笑顏開地大吃大喝。

漢地也有個別上師，弟子帶他去餐廳吃飯，他明明知道要點殺，但一點都不在乎，這樣的話，不要說違背了大乘宗旨，連小乘教義也拋之腦後了。小乘的《毗奈耶頌》中說：「若有見聞疑，此則不應餐，為愍眾生故。」小乘雖然允許吃肉，但也只能吃三淨肉，即不見、不聞、不疑為己殺，這樣的肉才可以食用，否則一概不許。要知道，被殺的眾生非常可憐，包括聲聞乘中，不害眾生也是最基本的原則。所以，有人若宴請你吃新宰殺的肉食，你非常歡喜地大吃起來，這是非常不合理的。

尤其是進行消災免難、祭祀求福時，有些人聲稱必須用新鮮的肉，覺得剛宰殺、血淋淋的肉才乾淨，然後用葷腥血肉裝點食子和供品，氣勢洶洶、殺氣騰騰地舉行佛事。其實，這些只是苯波教與外道等旁門左道的做法，根本不是內道佛教的法規。

過去藏地個別地方的傳統相當不好，如今有些人對藏傳佛教有說法，如果真的是這樣，那他們講得也有道理，自己不應該生氣。包括漢地南方的有些城市，為了

供養觀音菩薩，經常用魚肉、豬肉等肉食，甚至在過節時，殺雞殺羊開始祭祀。這就像黑苯波教和外道大自在派，每次逢年過節，便殺一些生命供養神尊。但按照佛教的宗旨，皈依後必須斷除損害眾生的行為，誠如《涅槃經》所云：「歸依於法者，則離於殺害。」故不管是什麼理由，哪怕是危及一個生命，也完全違背了皈依戒。

《佛報恩經》也說：「菩薩乃至自喪身命，終不枉奪他命。」可見，剝奪眾生的生命，完全不符合大乘教義。在大乘佛教中，寧可付出自己的寶貴生命，也絕對不允許殺害眾生。

現在有些居士，由於工作、家庭、習氣的關係，不能完全斷肉，這也情有可原。但若公開宣揚吃肉，覺得殺生無所謂，不懂裝懂地對眾人大肆宣揚「藏傳佛教可以吃肉」，這種做法就非常過分了。

我以前也曾講過，大乘佛教並沒有開許食肉的慣例，只不過有些眾生自己做不到，就借著佛教的名義滿足私欲，但這並非佛教的過失，而是個人的問題。尤其是身為大乘行人，從發了菩提心以後，本該成為一切眾生的皈依處、救護者，可你若對眾生不但不保護，反而見到別人供養血肉，就喜氣洋洋地大吃大喝，並不時發出踏喁㊔聲，還有比這更讓人痛心的嗎？

㊔踏喁：享用美味時感覺甚為可口而發出的一種聲響。

麥彭仁波切在《君規教言論》中講過：「怙主害人誰能救，水中燃火誰能滅？」如果怙主都在害人，那麼誰還能救你？如果水都燃火了，還有什麼可滅火呢？同樣，一切眾生的救護就是菩薩，倘若菩薩都吃肉害眾生，完全斷了大悲菩提心，那怎麼成為眾生的救護？故《入楞伽經》云：「食肉之人，斷大慈種。」

我歷來特別欣賞漢傳佛教的吃素傳統，尤其是有些居士這樣做，在生活中雖有諸多不便，但素食確實可以帶來清淨的生活，對延年益壽各方面有很大利益。且不說別的，單看禪宗的高僧大德，很多都上了一百歲，所以素食還是營養豐富的。否則，肆無忌憚地享用眾生血肉，血肉中的傳染病、怨氣，直接間接就會侵害你，進而誘發各種疾病。

因此，我經常提倡大家吃素、放生，念些大乘經典，好好地迴向。作為平凡的修行人，我們只能做到這些，但這些行為非常有意義。修行剛開始也不要特別激動，什麼事情都要做，到了最後，又什麼都不想做了，這樣的確不好。

此外，大家每天還是要聽聽課，如果整天跟世間人混在一起，身心遲早會被染污的。我們遇到這樣的教法，非常不容易，若不好好抓住機會，就像撿到價值連城的如意寶卻把它扔進廁所一樣，真的特別可惜！

密宗中供養血肉的密意

密宗中有一句話：「血肉供養不依教，違背桑哈查門⑦意，祈境空行予寬恕。」意思是說，血肉供養若不按照密宗續部的要求，就違背了《聞解脫》中八位空行母的密意，故需在她們面前懺悔，祈求寬恕。

有些人振振有詞地說，所謂依教之血肉供養，必須遵照密宗續部中所說而實行。那麼，到底密續是怎麼說的呢？「五肉五甘露，飲食外薈供。」即作為密宗誓言物的人肉、馬肉、狗肉等五肉⑦，並不是為了食用而宰殺，而是作為供品擺放的無罪五肉，這才是「依教之血肉供養」。

密宗薈供中，確實有一些誓言物，但這不是用來滿足口腹之欲的。比如你特別喜歡吃肉、喝酒，就在壇城上放一兩瓶酒、幾大塊肉，加持後便大吃大喝，不是這樣的。聽說現在有些居士每天都作薈供，原因是自己想吃肉喝酒。如果你真能做到對一切都不執著，那行為像濟公和尚一樣完全可以，這種現象在藏傳密宗中也有不少，但這並不是人人都可以行持的。

倘若明明被淨穢分別所束縛，認為人肉、狗肉等是骯髒的東西，或者低劣之物，對這些肉食不願意享用，

---

⑦桑哈查門：《聞解脫續》中講，桑哈即八位桑哈空行母，未依教進行血肉供養者需在此等空行母前懺悔，遣除罪業。查門，是指空行母總稱。

⑦五肉：人、馬、狗、大象、孔雀的肉。過去這些被視為不淨之肉，但現在很多人喜歡吃狗肉。所以，這些執著也跟人們的傳統習俗有關。

大圓滿前行廣釋（六）附大圓滿前行實修法

而只想食用剛剛殺的、香香肥肥的肉，認為這些是乾淨的。此舉就像「所受五種三昧耶，視淨為穢行放逸」中所說的「視淨為穢㉗」，與所受的三昧耶戒完全相違。

如今漢地也好、藏地也好，常有人以修密宗為藉口，想方設法滿足自己的欲望，達到自己的目標。甚至個別地方的人喜歡修密法，原因就是顯宗中不允許的很多行為，在密宗中有藉口可以做。實際上，真正的密宗並不是這樣。在座的有些道友，學藏傳佛教也有一二十年了，無論是你所學習的內容，還是所接觸的正規寺院，都可以了知，密宗的行為建立在顯宗的基礎上，有些看似顛倒的行為，只有達到最高境界時才開許，而且這些在顯宗中也有，只是不太明顯罷了。

密宗的有些行為之所以要保密，就是因為一般人不能行持，也很難接受，對外隨便宣揚的話，很容易讓人誤解，進而生起邪見。就拿五種淨肉來說，若沒有將飲食變成甘露的能力，或者在寂靜處特殊修持的必要，只是貪著肉的美味而到村落裡肆無忌憚去吃，這就稱為「所受誓言行放逸」，完全違背了三昧耶戒。

當然，倘若你擁有不共的能力，可以起死回生，那行為上怎麼做都可以。八十四大成就者中，就有一位仙得樂巴，他得到無上大手印的成就之後，離開森林而前

㉗視淨為穢：把本來清淨的視為污穢，這與密宗三昧耶戒相違，是放逸的一種行為，需要進行懺悔。對此《三戒論》中有廣述。

往城市，在各大城市裡殺害飛禽，並示現吃肉。很多人紛紛對他誹謗，仙得樂巴用手向虛空一指，被他殺害的鳥類竟全部復活，又飛回空中去了。

《欽則益西多吉密傳》中也記載：有一次，葉塘國王邀請欽則益西多吉前去應供。儘管尊者示現了種種神變，但剛強難調的當地人沒有生起信心。國王養了一頭鹿，平日裡十分寵愛。尊者就在眾目睽睽下殺了鹿，將血肉用於薈供，與王妃和眷屬們大快朵頤。享用完畢後，尊者將吃剩的骨頭包在鹿皮裡，然後用鞭子抽打，鹿子又如先前一般活蹦亂跳了。舉國上下見此，都生起了極大信心。

大成就者的稀有行為，自古以來確實很多，這不是什麼傳說。當你有了這樣的成就，肉食和蔬菜對你沒有差別，這時候若需要一些誓言物，或者做些特殊的行為，凡夫人也沒有必要去誹謗。

有些人對密宗的個別行為，經常大肆攻擊，原因應該有兩種：一是他自己太愚癡了；二是他前世造過謗法、謗僧的業，習氣復甦以後，實在沒辦法管住自己的口。這兩種人，我們都無法阻止。但作為真正的修行人，不能把密宗所有行為都當作假的，也不能把所有行為都當作真的，只要一個人做，自己就趕緊去效仿，這也不一定合理。

尤其在依止上師時，務必要先了解上師的人品、修

229

行境界，這樣再依止才比較可靠。否則，今天聽說來了個上師，不經觀察就馬上依止，如此草率會非常危險。就算你談一筆十幾萬的生意，也不可能不了解合作夥伴，對他一無所知就簽合同，依止上師更是如此了。所以，為什麼《事師五十頌》中強調要長期觀察上師，原因也在這裡。

密宗薈供中若要供養肉類，其實也是清淨的肉類，即以業力自然死亡，或因病而亡等情況下的肉，並不是為了食用而宰殺的。如果沒有特殊要求，我們平時供養一般都用水果，或特別清淨的食物。現在有些居士是吃素的，對肉食非常厭惡，但一邊忍著噁心，一邊把肉食放在供桌上供養聖尊，這是不合理的。前面也講了，供養的時候，應當用自己最喜歡的東西。

（原來有個領導，拿了一百塊錢作供養，然後默默念叨：「菩薩們，我今天太忙了，沒辦法給您們分。您們想怎麼分都行，反正大的分大頭，小的分小頭，按勞分配啊！」這是他的供養詞。）

假如把眾生宰殺後，拿血肉去供養佛陀，就像無等塔波仁波切所說：「將剛殺的溫熱血肉擺放在壇城中，一切智慧尊者都會昏厥過去。」他又這樣親口形容：「迎請智慧尊者以後，用剛宰殺的血肉作供養，就如同在母親面前殺了她兒子一樣。」比方請一位母親做客，將她被殺的兒子肉放在她面前，可想而知，那位母親會

不會歡喜。同樣，殺害了眾生，再用血肉供養佛菩薩，他們也絕不會樂意的。

《大乘莊嚴經論》中說：「菩薩念眾生，愛之徹骨髓，恆時欲利益，猶如一子故。」作為菩薩，愛憐眾生的慈悲之心，不是口頭上說說，而是從骨髓裡發出來的。這種愛是無條件的，不像世間上的很多愛，不是付出，而是占有，非要把對方當成自己的，一旦對方背叛了，就因愛生恨，用各種手段進行報復。但菩薩對眾生，恆時都是饒益的，就像母親對獨子一樣，《白衣金幢二婆羅門緣起經》亦云：「三界一切，悉是我子。」

因此，殺害任何一個被惡業所轉的旁生，然後作血肉供養，諸佛都不可能歡喜。寂天菩薩也說：「遍身著火者，與欲樂不生，若傷諸有情，云何悅諸佛？」意即全身上下被烈火熾燃的人，縱然給他各種欲妙，他也不會生起快樂，同樣，如果傷害了眾生，怎麼可能讓諸佛歡喜呢？

《三摩竭經》中講過一個故事：佛陀在世時，難國的國王不喜佛法，只信奉外道。後來他的太子娶了給孤獨長者的女兒三摩竭，因為三摩竭深信佛法，對佛非常有信心，在她的勸說下，國王決定請佛來本國應供。

國王想派人去請，三摩竭說不用，自己焚香就可以請到。於是三摩竭嚴整衣服，登上高臺，面向舍衛國的方向，祈求佛陀與僧眾前來，為此國人民示現神變，度

231

化他們。佛陀知道三摩竭心中所想，於是告訴眾位弟子：明天去應供時，大家都可以使用神通，自在變化。

第二天，賓頭盧尊者忘了去難國的時間，自己坐在山上縫衣服，突然發現佛陀已坐到難國的貴賓席上了，就慌慌忙忙把針往地上一插——線還連著衣服，連忙施展神足趕來。結果那山也跟在他身後，飛在天上。這時地上有一個孕婦看見了，見一座山從遠處飛來，當場嚇得流產了。

佛陀馬上知道了，忙派目犍連前去接他。目犍連問：「你身後跟著什麼？」賓頭盧回頭一看，原來山連著線跟著自己，就把山隨手扔回原處，然後趕去參見佛陀。

到了那裡，佛陀對他說：「我是來教導眾生，令其得度的。你今天遲到了，還害了一條人命，是我所不喜歡看到的！作為懲罰，你從今以後，都不能跟我一起受請，而且不許你涅槃，必須等彌勒佛出世後才能入滅。」賓頭盧尊者，是十六阿羅漢之一，在《十六阿羅漢祈禱文》中也提到過。他因為佛陀的囑咐，如今仍住在世間。

當然，凡夫人憑自己的想像，對這些奇妙的神通神變，可能會半信半疑，就像在農民面前講高科技一樣，他根本無法理解。同樣，我們的分別念也極其有限，對佛菩薩有如是功德，比如害了一個生命就永不圓寂，一

直護持佛法，也會當成神話來聽。但不管怎麼樣，這確實是真實的公案。

由此可見，眾生的生命珍貴無比，倘若無意中傷害了它，佛陀也極為不悅，更何況是故意殺生去供佛了？《泥洹經》中也說[78]，王舍城曾有個人殺生供佛陀及僧眾，乞求佛陀攝受自己。佛陀沒有接受這些肉食，反而告訴他：「恕己可為譬，勿殺勿行杖。」即應設身處地換位想想，千萬不能打殺眾生。

寂天論師的觀點也是同樣，自己不願意的，其他眾生也不願意。我們的生命這麼寶貴，

別的生命也是如此；我們受別人攻擊會很痛苦，別的眾生莫不如是。所以，佛教的慈悲觀確實無與倫比，在其他宗教中很難找到，大家對此一定要好好思維。

血肉供養是否可以得利

假如你用新殺的眾生血肉，供養護法聖尊，他們不但不會享用，也不會近前一步。相反，損害眾生的黑法鬼神卻很喜歡，會聚集在那裡享用。而且，鬼神會時時跟著你，偶爾提供一點微乎其微的順緣，讓你覺得血肉供養很有用，進而樂此不疲。聽說在南方一帶，漁夫們

---

⑱《大般泥洹經》載：有王舍城大獵師主殺生，供施請佛及僧，唯願哀受。然佛世尊，未曾食肉，等視一切如羅睺羅。即為獵師，而說此偈：「當觀長壽者，不害眾生故，一切皆懼死，莫不畏杖痛，恕己可為喻，勿殺勿行杖。」

大圓滿前行廣釋（六）附大圓滿前行實修法

每次出海，一定要先供血肉，這樣打的魚就特別特別多。其實鬼神即使幫了你一兩次，但也常常害你，令你突然生病、驟然著魔。這時候，你又念血肉儀軌、作血肉供養，鬼神又會給些暫時性的幫助……就這樣，作血肉供養的人和鬼神互幫互助，形影不離。鬼神如羅剎放哨般，整天懷著貪食、貪財、貪利的心，到處遊遊蕩蕩；而作血肉儀軌的人，則因為鬼使神差，以往的出離心、厭離心、清淨心、信心被一併遮蔽，即便佛在空中飛也不起信心，哪怕掏出眾生的腸子也不生悲心。

（以前我們在某地放生時，跟一個賣主談價錢。賣主的父親自豪地說：「你們這些出家人，最好不要跟我兒子講什麼。我這個兒子是很厲害的，佛陀飛在空中也不會起信心，眾生的腸子掉出來也不會起悲心，你們跟他說，沒有什麼用。」他對此覺得非常光榮。）

其實，我們有時候出離心、信心、清淨心退失，還是有一些原因的，也許是自己的行為不對，以至於往昔的功德被慢慢障蔽。大乘佛教的根本就是悲心，所以，大家若想修行越來越增上，就一定要培養自己的悲心。

培養悲心的話，最好先閱讀具有悲心的大德傳記，比如寂天菩薩、無著菩薩的傳記，或藏漢其他大德的傳記，這樣你自然會生起一些悲心。同時，還要學修《佛子行》、《修心八頌》、《入菩薩行論》等大乘竅訣。

我經常這樣想，即使你不能天天念《入菩薩行

論》，把它帶在身邊的話，也會逐漸生起大悲心。

還有現在學的《大圓滿前行》，你實在不能帶著，通過有聲讀物，尤其是「發菩提心」這一部分，經常看、經常念，悲心也很容易生起。一旦有了悲心，其他功德定會無勤產生，如同有了太陽就會具足光芒一樣。

反之，假如你什麼悲心都生不起來，就像羅剎奔赴戰場般，性情粗暴、怒氣沖沖，依靠鬼神相助，自認為咒力不凡，進而心生傲慢。這樣的話，死後只能如投石般立即墮入地獄，或以惡業轉生為凶狠鬼神的眷屬，肆意弒殺眾生，或投生為鵰鷹、豺狼等旁生，天天不離殺生。正如佛經所云：「殺生無善報，短命多諸疾，來世生惡道，具受種種苦。」喜歡殺生的人，絕對不會有好下場，不但今生短命多病，來世也決定墮入地獄、餓鬼、旁生。即使從三惡趣中解脫出來，以殺業異熟果的餘分，仍要在人間感受種種痛苦。

所以，大家務必要斷除殺害眾生的行為，通過各種方式培養自己的大悲菩提心！

第
九
十
六
節
課

第九十七節課

《大圓滿前行》正在講四無量心。

四無量心，大家一定要修。沒有修的話，就不能生起慈悲心；沒有慈悲心，就沒辦法生起菩提心；沒有菩提心，我們所修的一切，縱然法是大乘佛法，但融入我們相續後，也會被小乘或人天乘所攝，得到的結果不可能是大乘。

放眼整個世界，如今的修行人不少，但真正觀察各自的發心，大多數人修行的目標，只是為了在暫時的人生中，得到平安快樂、和睦相處；去寺院燒香拜佛、參禪念佛，相當一部分人也是求自己快樂、來世往生，而將利益眾生放在首位的，可以說寥寥無幾。

所以，大家有幸遇到菩提心的教法，一定要在相續中再再串習，同時祈禱上師三寶，依靠這種修法，遣除內心自私自利的一切黑暗。假如我們每個人都有一盞明燈，就會不怕黑暗；個別人有明燈的話，眾人也可以跟隨他；但若所有的人都沒有明燈，那麼在黑夜的曠野中，就很難找到真實的方向了。

大悲心是一切佛法的根本

昨天也講了，大悲菩提心確實非常重要，沒有它，修再高深的密法也意義不大。在藏地，作者批評了一些人的

大圓滿前行廣釋（六）附大圓滿前行實修法

行為，其實在漢地也不例外。現在有些人修行完全是種形象，從調伏自心方面下功夫的，實在寥寥無幾。好多人喜歡搞一些外在形式，舉行隆重的儀式，表面上特別莊嚴，孰不知佛法並不是這些，利他心才是真正的佛法。

從前，為了法王赤松德贊龍體安康而舉行福壽法事，苯波教徒們大興血肉供養。當時鄔金第二佛蓮花生大士、大智者布瑪莫扎⑦，以及大堪布菩提薩埵⑧等諸位大譯師，看到苯波教的彩盤⑧，心裡十分不悅，他們說：「一教不應有二師，一法不應有二規，苯波教旨不合法，並非共同尋常罪，若爾我等返故里。」所有的班智達都不謀而合、不約而同，國王祈請他們講法也不傳講，宴請他們也不受用。

要知道，殺害眾生作血肉供養，並不是佛陀的教法。蓮花生大士講過：「如果沒有大悲心，佛法的根就已經腐爛了。」一個教法中也不可能有兩個本師，一個說要殺生，另一個說不能殺生。現在苯波教說自己是佛教，這樣說我們也不排斥，但他們會不會皈依釋迦牟尼佛？會不會皈依佛法，斷除殺害一切眾生？會不會皈依佛陀追隨者的僧眾？外道和內道之間的界限，自古以來就是以皈依三寶來分，如果他們皈依三寶，說自己是佛教也無可厚非。

⑦布瑪莫扎：印度大圓滿祖師，已成就虹身，在五台山永住。
⑧菩提薩埵：靜命論師，《中觀莊嚴論》的作者。
⑧彩盤：苯波教禳災送祟時，作為犧牲物品的彩線花盤。

如今有些人，自以為是佛菩薩的追隨者，可是若將甚深的密宗儀軌，變成苯波教的吟誦而損害眾生，顯然就成了出賣佛教靈魂、褻瀆三寶的敗類。如此毀壞佛教的形象，結果只會將自他引入地獄。

《君規教言論》說過：「今生君主之法律，來世異熟之果報，誰亦無法逃避故，若不相信請嘗試。」《大智度論》亦云：「諸業無量力，不逐非造者，果報時節來，不亡亦不失。」所以，業力確實不可思議，你沒有造，它不會跟著你，但如果造了，果報遲早會落到你頭上，中間不可能有絲毫損減。

因此，大家應恆時提醒自己，身居卑位、穿著破衣，盡心盡力饒益一切眾生。當然，作為修行人，身上不一定穿很多華服，但故意穿破衣也沒有必要。有些人為了在別人面前顯示自己是瑜伽士，平時不洗衣服、不梳頭、不洗臉，非要裝成像乞丐一樣。其實，你的「我執」沒破的話，衣服破了也沒有用。不過，你也不要落入另一個極端——穿衣服特別講究。現在城市裡的人，一天換一件，一個禮拜買一件，今天像白色的蝴蝶，明天變成黑色的蝴蝶，換來換去、飛來飛去，這樣也沒有什麼意義。

南朝的《南齊書》中，有一個人叫江泌，他家境貧寒，但特別好學，白天替人做工，晚上借著月光讀書。他為人非常慈悲，衣服破爛到不能再穿時，唯恐衣內的

蝨子餓死，於是又將牠們取出，放入新換的衣服裡⋯⋯世間人尚有如此悲心，我們大乘佛教徒就更要如此了。在沒有生起這種悲心之前，大家必須要一直修，其他的修不成也不要緊。

有些人總問：「您什麼時候傳密法啊？能不能把菩提心趕快講完？好想求最高的大圓滿，觀明點、直指心性。您可不可以快快講，我實在是等不及了！」其實磨刀不誤砍柴工，你若能先修好加行，把基礎打穩固，再修大圓滿就會易如反掌。但如果連大悲心等大乘理念都沒有，修什麼也不會有成就。

所以，在沒有生起悲心之前，每個人要專心致志地精進修持。就像頂果欽哲仁波切，他的傳記序言中，一位上師寫到：「這位偉大的上師，人生四分之一都在閉關修行。」我看了之後，覺得非常慚愧。1990年，我在新德里見過他老人家，他有一顆不加改造的悲心，對每個眾生特別特別慈悲。不說他前世如何，就算是即生中，四分之一的時間都在閉關，真的很了不起。我們不要說四分之一，連十分之一有沒有，也可以觀察一下。

作為修行人，若能精進地修大悲心，誦經修善、度化眾生等表面上虛張聲勢的佛事，不去做也可以。為什麼呢？因為佛法不是外相，而是內在的修行。《攝正法經》亦云：「欲獲得佛果，學多法不成，唯當學一法，何為學一法？此乃大悲心。何人具大悲，彼獲諸佛法，曉

如指掌矣。」這跟《佛說法集經》中的教證非常相似㉘。

此經還比喻說，就像轉輪王不管去哪裡，四兵都會跟隨他，同樣，大悲心無論在誰的相續中生起，諸佛的其他功德也會隨之產生㉛。還有一個比喻說，太陽出來普照萬物時，大地眾生做什麼都不會困難，同樣，何處有大悲心的日光普照，此處眾生修一切菩提分都很容易㉝。所以，前輩高僧大德在修行時，不會先求高深的大法，而是唯一先修大悲心。當然，假如你根基很利，求大法也是可以的。

以公案說明大悲心在修行中最重要

以前三同門㉟與卡隆巴格西的一位高徒，前去拜見仲敦巴格西。格西很長時間沒見到弟子了，就一個一個地問：「博朵瓦平時做什麼？」

他回答：「為數百僧眾講經說法。」

仲敦巴說：「稀有！稀有！這也是一正法。普穹瓦做什麼？」

㉘《佛說法集經》云：「菩薩若受持一法善知一法，餘一切諸佛法，自然如在掌中。世尊，何者是一法？所謂大悲。菩薩若行大悲，一切諸佛法如在掌中。」
㉛《佛說法集經》云：「譬如轉輪王所乘輪寶，隨往何處，一切四兵隨順而去。世尊，菩薩摩訶薩亦復如是，乘大悲心隨至何處，彼諸佛法隨順大悲自然而去。」
㉝《佛說法集經》云：「譬如日出朗照萬品，一切眾生作業無難。世尊，菩薩摩訶薩亦復如是，隨於何處大慈悲日照於世間，彼處眾生於一切菩提分法修行則易。」
㉟三同門：仲敦巴的三大弟子博朵瓦、金厄瓦、普穹瓦，他們是藏地著名的三怙主化身。普穹瓦是文殊菩薩的化現，金厄瓦是觀音菩薩的化現，博朵瓦是金剛手菩薩的化現。

大圓滿前行廣釋（六）附大圓滿前行實修法

答言：「到處去化緣，廣集自他資具，建造三寶所依⑧。」

格西又如前一樣說：「稀有！稀有！這也是一正法。衰巴瓦⑧做什麼？」

回答道：「唯一閉關靜修。」

格西又說：「稀有！稀有！這也是一正法。」並接著問：「卡隆巴在做什麼？」

那位弟子說：「他總是到一個蟻穴旁邊，蒙頭天天痛哭。」

聽到這話，仲敦巴格西立即脫帽，合掌當胸，邊流淚邊說：「極其稀有，他是真正在修持正法！本來關於這一點，有許多許多功德要講，但如果現在讚說，卡隆巴格西會不高興的。」

卡隆巴格西之所以蒙頭痛哭，是因為想到了輪迴中受苦受難的一切眾生。尤其是看見螞蟻，想到牠們在輪迴中一直流轉，真的非常可憐。《釋迦譜》中講過，舍利子跟須達（給孤獨長者）在建造經堂時，就看見了很多螞蟻。舍利子告訴須達：「從毗婆尸佛開始，牠們歷經了七佛出世，至今已有91劫，卻仍然還是蟻身，始終不得解脫。」所以，當卡隆巴格西看見這些眾生時，以牠們為所緣生起大悲心，整天就忍不住痛哭。

---

⑧三寶所依：佛像、佛經、佛塔。
⑧三同門中原本應是金厄瓦，但《前行》此處說是衰巴瓦，請觀察。

否則的話，前面三位格西的行為，本來功德也非常大。比如講經說法，《大寶積經》中云：「三千大千界，珍寶滿其中，以此用布施，所得功德少。若說一偈法，功德為甚多。」以遍滿三千大千世界的珍寶布施，功德應該很多，但若在末法時代，講一個偈頌的佛法，其功德遠遠超過前者。講一個偈頌就有這麼大功德，那博朵瓦天天講經說法，功德不可謂不大，但卻不如卡隆巴格西，可想而知，修大悲心的功德有多大。

還有造佛像的功德，《大寶積經》中說：「造如來像，如四指者，得福無量。」就算只造一尊小小的佛像，得福也是無量無邊。所以，普穹瓦造佛像並不是沒有功德。

此外，天天閉關的話，《華嚴經》也講得很清楚，說哪怕閉關一剎那，功德也是不可思議。但在所有的佛法中，修悲心是精華中的精華，因此，這些格西所做的善行中，卡隆巴修悲心的功德最大。

所以，大家平時要多觀眾生的痛苦，祈願他們離苦得樂。如果你實在沒能力幫他們，也應該經常關心他們。你對眾生的悲心若真能生起，絕不可能貪圖獨自享樂，也不會所作所為為了自己的利益而奔波。畢竟人的行為以心為前導，倘若你真的有了大悲心，哪怕是微不足道的小事，也會心甘情願為眾生去做。所以，仲敦巴尊者竭力讚歎卡隆巴格西，原因也在於此。

大圓滿前行廣釋（六）附大圓滿前行實修法

還有，金厄瓦格西在講慈心、悲心重要性的原因時，朗日塘巴尊者恭敬頂禮，並說：「我從現在起，唯一修持慈悲心。」金厄瓦聽後，邊脫帽邊連聲讚道：「難能可貴、難能可貴，實在難能可貴！」

可見，修悲心非常非常殊勝。《大寶積經》說：「常修慈悲心，菩提從是生。」所以就算你不會修其他法，也要盡量好好修慈悲心。老年人也好、年輕人也好，這個沒什麼不會修的，尤其是《前行備忘錄》裡有很多具體修法，若能經常觀修，菩提就可以從中而生。

以公案說明修悲心可迅速懺淨業障

很多人認為自己罪業深重，而要想清淨這些業障，再沒有比悲心更殊勝的了。

從前，印度的大乘阿毗達磨正法，三次遭到了外道摧毀⑱。當時有一位婆羅門種姓的明戒比丘尼，心想：「我生為下劣之身的女人，不能弘揚佛法，應該與男人婚配生子，弘揚聖法。」

這樣考慮之後，她還俗與一位國王種姓的男子結

第九十七節課

⑱《印度佛教史》中記載，印度佛教被毀分為前期、後期，這是前期的三次法難：一、弗沙密多羅，是印度孔雀王朝最後一位國王，他希望能如阿育王般流芳百世，但自知威德不及，於是聽從一佞臣的計謀，破壞昔日阿育王所造八萬四千塔，殺害僧眾，迫害佛法。佛教因此所受嚴重毀壞。二、貴霜王朝時，迦膩色迦王對佛教貢獻相當大，迦膩色迦王死後，嫉妒排斥佛教的土邦龍族，藉機大事殺害佛教徒，甘陀羅提婆婆羅門也鎮壓佛教，毀壞佛法。印度佛教再一次受到巨大災難。三、笈多王朝時期，國王大多信仰婆羅門教，對佛教採取冷淡的態度。北方的摩醯羅矩羅王對佛教尤為仇視，迦濕彌羅一帶被他毀壞的塔寺，據說有一千六百所，所到之處，佛教無不受到侵凌。

婚，生了無著菩薩；又與一名婆羅門男子為婚，生了世親論師。《大唐西域記》中說，她其實還有第三個兒子，名叫師子覺。

（這位明戒比丘尼，肯定是位菩薩，不然，不可能想什麼就實現什麼。八九年前有一個居士，她也要效仿明戒比丘尼，說：「我發心弘揚佛法，要生三個兒子，一個弘揚藏傳佛教，一個弘揚北傳佛教，一個弘揚南傳佛教。還要生一個女兒，用來照顧我。」我說：「你這樣發願，真能實現也很好，但現在的政策不一定允許吧？」她回答：「我已經想好辦法了，我生一個孩子就離婚，再生一個又離婚……」後來她好像嫁到美國去了。前段時間她打電話，我問了一下，她說自己特別苦惱，現在什麼事都辦不了。所以，凡夫人心裡想的，跟現實還是有一定差距。）

兩個兒子長大以後，向母親詢問父親的事業⑧。

母親告訴他們：「你們二人不是為了繼承父親事業而生的，是為了弘揚佛法而生的。但願你們好好修學正法，將來弘揚阿毗達磨妙法。」

聽了母親的話，世親論師前去克什米爾的集賢尊者⑨面前，學習五百阿羅漢所造的《大毗婆沙論》。後來，集賢尊者相續中的所有智慧，世親論師全部得到了。從

大圓滿前行廣釋（六）附大圓滿前行實修法

---

⑧印度跟其他地方不同，到目前為止對種姓仍特別執著。全世界的政府、機構為此開了很多會議，但他們對低劣種姓的歧視，至今還沒有得到解決。在印度，低劣種姓者若是摸了高貴種姓者的碗，他們寧可不吃飯，也要把碗給扔掉。以前根登群佩在《印度遊記》裡講了很多，現在雖沒有那麼嚴重，但這種傳統仍然存在。
⑨另說為眾賢尊者。

此，他在克什米爾無量眾生面前廣宣佛法，令許許多多人得到利益。

不過，集賢尊者純粹是一位小乘上師，因為受他的影響，世親論師最初誹謗過大乘佛教，後經無著菩薩點化，自己才幡然悔悟，一生致力於大乘佛教的弘揚。

有些傳記中說，世親論師在那爛陀寺，曾一天講二十五堂課——我們有些法師一天講兩堂課，就抱怨連天：「哎喲，太累了，我可不可以休息一下？一個禮拜休息三四天多好啊！」而世親論師在世時，每天講經說法，無論到哪裡去，都有十萬比丘跟著他(91)，故被人們稱為「第二大佛陀」。他所造的《俱舍論》，到目前為止也是五部大論之一，對佛教的貢獻非常大。生這樣的兒子，應該是值得的。（眾笑）

再說說無著菩薩，他出家後先是遇到了賓頭盧尊者，得到了小乘空性的法要。但他仍然不滿足，覺得很多疑惑沒有解決，於是去雞足山閉關，專修彌勒本尊，祈願能得見到彌勒菩薩，為他開示大乘教義。

他歷盡千辛萬苦修了六年，結果連吉祥的夢兆也沒有出現。

（我們很多人修行時，修了兩三天，閉關兩三個月，什麼感覺都沒有，就開始灰心失望。而無著菩薩的話，是佛陀在《文殊根本續》中親自授記的(92)，他六年苦行，連個吉祥夢都沒有，所以，我們

(91)還有些說是一萬，或者一千，但十萬應該是比較準確的數字。

有時候也沒必要太著急。

以前我遇到一個修行人，他就抱怨：「我對無垢光尊者信心很大，好多年來天天祈禱，但連個吉祥夢也沒有，到底無垢光尊者跑到哪裡去了？」其實，這不是無垢光尊者的問題，而是你的心被業力所蔽，看不到他而已。原來講《釋尊儀軌》時也說過，祈禱任何一位本尊，他都會降臨到你面前，可你業力深重的話，猶如盲人面前來了一個人，肯定是看不到的。

這是非常好的教言。不然，有些人練氣功的習氣太重了，修兩天就想有感應。其實感應不是很重要，內心真的生起慈悲心，這才特別重要！）

他想：「看來我是修不成了。」便心灰意冷地下山了。

途中，看到路邊有一個人，正在用柔軟的棉布，擦磨一根大鐵棒。他問：「你這樣擦有什麼用呢？」

那人告訴他：「我沒有針，要將此鐵棒磨成一根針。」（「只要功夫深，鐵棒磨成針。」這個格言可能出自這裡吧！）

無著菩薩心想：「用一塊軟布來磨這麼大的鐵棒，不可能有磨成針的時候。萬一有可能，到那時他還會在人間嗎？世間人為了毫無意義的事也這般辛苦，那麼我

⑨《文殊根本續》云：「比丘名無著，善巧經論義，善辨經藏中，了義不了義。成世智導師，啟論具真性，彼所成持明，名娑羅女使。由彼明咒力，生起妙覺慧，為令教長住，彼作經攝義。享壽百五十，命終往天界，聖眾圍繞中，長久享大樂，最後彼大德，得證菩提果。」

修行妙法，必須要有毅力，鍥而不捨。」想到這裡，他返回到原處又修了三年，可仍然沒有出現絲毫驗相。

（剛才是六年，再加上三年，已經九年了，九年中連一點驗相也沒有。所以你們閉關半個月，沒有什麼感應，不要覺得自己修行不好，而應該想：「無著菩薩這麼多年都沒有一個吉祥夢，我修七八天算什麼？只不過消消業而已！」

我原來說過沒有，我寺院有個閉關二十多年的老修行人，有一次，我說要去尋找一個閉關的地方。他問：「你事情特別多，不可能閉關吧？」我回答：「為了緣起，我還是要占個地方，以後修房子閉關。」他問：「那你閉關住多長時間？」我說：「如果好的話，當然是一個月，或者七天。」他呵呵一笑：「七天不算什麼閉關。」後來我想了一下，在閉關二十多年的人面前，說閉關七天的話，確實不算什麼閉關。）

他想：「現在我的確不能成就了。」於是又起身下山。

途中，看到路邊一座高聳入雲的大石山前，有個人正在用羽毛蘸水拂拭。他好奇地問：「你這是在幹什麼？」

那人回答：「這座石山太高了，我的房子在山的西面，陽光照不過來，所以準備把這座山拂拭得一乾二淨。」

這時，無著菩薩又如前一樣想：「這些世間人做的事情毫無意義，羽毛怎麼可能把這座山全部磨光？即使有可能，這一輩子也無法實現……」想完之後，他再次返回原處，又修行了三年。

第九十七節課

（修行過程中出現這些，正是諸佛菩薩的點化。米拉日巴尊者以前傷心地離開上師時，途中也有人請他念《般若八千頌》，他一看到常啼菩薩的苦行，就又返回去，繼續依止上師了。所以，有些弟子在上師身邊實在待不下去，就回去了，路上遇到某種因緣，又買車票返回來了——呵呵，我講這個是有針對性的啊！）

結果依然連吉祥夢也沒有出現，他徹底萬念俱灰了，不禁失望地想：「看來無論如何也無法成就了。」便又破關下山。

途中，看到路邊有一條雙腿殘廢的母狗，整個下身糜漫著小蟲，仍然還在對人生嗔恨心，提起上身瘋狂亂叫，拖著下身前來咬人。無著菩薩情不自禁對牠生起了難忍的悲心，割下自己身體的肉，布施給那條狗。

（我們有時候遇到可憐眾生，悲心自然會被引發出來。所以，有些修行人很有必要看看外面的世界，看看身邊的苦難眾生，依靠這種因緣，你可能會生起強烈的悲心。）

接著他想清除狗下身的小蟲，心想：「用手去抓，可能會捏死小蟲，應當用舌頭來舔。」但因為狗的下身已腐爛，充滿膿血，眼睜睜看著的話，實在是舔不下去。於是他閉上雙目，伸出舌頭——結果舌頭沒接觸到狗的身體，反而觸到了地面。他睜開雙眼一看，母狗不見了，至尊彌勒菩薩金光燦燦地出現在面前。

無著菩薩非常傷心地說：「您的悲心實在微弱，祈禱了您十二年，您也一直也不現前。今天我已經決定離

開了，您卻在路上出現了。」

彌勒菩薩告訴他：「不是我不向你露面，實際上我與你從未分離過，只因為你罪孽深重，看不見我而已。後來你經過十二年修行，罪業稍微減輕，就看到了這條母狗。現在由於你生起了大悲心，使業障無餘清淨，才真正見到了我。你若不相信，將我扛在你的肩膀上，顯示給眾人看。」

於是，無著菩薩將彌勒菩薩扛在右肩上，到集市上去。他問人們：「我的肩上有什麼？」人們都說「什麼也沒有」，只有一位罪障稍輕的老婦人說：「您肩上有一具腐爛的狗屍。」

隨後，彌勒菩薩將無著菩薩帶到兜率天，為他宣講了彌勒五論㊣等妙法。之後無著菩薩返回人間，開始弘揚大乘佛法。

可見，清淨罪業再沒有比修悲心更殊勝的法門了，並且悲心也是生起菩提心的無倒之因。所以，我們一定要通過多種方便，盡最大努力來修持悲心。

而且，無論修任何一位本尊，從本尊的角度來講，當你祈禱的那一天開始，他就和你形影不離，修觀音、文殊、彌勒都是如此。但你業障沒有清淨的話，什麼佛菩薩的身相都會看不見。

㊣彌勒五論：《現觀莊嚴論》、《經莊嚴論》、《寶性論》、《辨法法性論》、《辯中邊論》。

直貢噶舉的果倉巴，修行非常了不起，他上師是直貢噶舉的創始人臧巴嘉熱。有一次，果倉巴很想去鄔金剎土參加薈供，但上師說時機沒有成熟，不過如果他願意，倒可以去神秘之地佳蘭達惹，那裡的深谷山泉附近有一座寺院，空行母要在那裡秘密集會。

果倉巴就由一名年輕弟子伴隨，立刻出發前往。他們來到佳蘭達惹附近的河邊，果倉巴看見成群的空行母拿著鎏金的法器、壇城上的食品及豐盛的供品，進入一間莊嚴堂皇的殿宇。但他的隨從因業障太重，看到的只是一間破敗荒廢的山間小廟，一些婦女在那兒用生銹破損的工具幹活。這位年輕僧人懶得再往前走，就說自己想在河邊草地上曬太陽。

果倉巴便獨自走向輝煌的大門。他正欲跨過門檻，兩位忿怒空行母擋住他的去路，說凡夫俗子不能進去。他就安住於大手印的最高境界，那兩位凶惡的看門者馬上化為美麗的女神，邀請他進入，與無數持明者和空行母一起薈供、唱道歌，得到了許多加持品。

回去以後，年輕的隨從抱怨說，這趟旅行似乎是在浪費時間。果倉巴只是安靜地微笑。後來，果倉巴給他賜予了很多教言，在果倉巴的教導下，這個弟子也成為一位證悟的上師。

可見，修行不好的人，由於心不清淨，所見的一切也不清淨，對聖者的功德全然不見。就像善星比丘，見

大圓滿前行廣釋（六）附大圓滿前行實修法

佛陀的一切行為虛偽狡詐；梅智巴把大成就者夏熱瓦尊者看成殺豬的屠夫；沙彌柴夏吾看到金剛亥母為一個麻瘋女人；佛智眼中的上師妙音親是特別骯髒的農夫……但如果你的心清淨，就算看到特別可憐的動物，也會視為諸佛菩薩的化現；看見貪心特別大、嗔心特別大的惡人，也會認為是大成就者的示現。

以前夏卡巴在山裡修行，有一次由兩位弟子伴隨，牽著一匹滿載糧食的馬走過山道。路上他們遇到個老太太一動不動地躺在地上，用嘶啞的聲音乞求飲食、衣服。夏卡巴立刻滿足了她的願望。結果，這老太太竟是金剛亥母……

所以，諸佛菩薩的化現，隨時隨地會以不同身相出現，我們對每個眾生都要觀清淨心。就算平時看到了可憐眾生，也要認為是諸佛菩薩的化現，是來清淨自己罪業的，對他們不能侮辱，更不能起厭煩心。

剛才也說了，明戒比丘尼有三個兒子，據《大唐西域記》記載，無著、世親、師子覺他們三個，都對兜率天的彌勒菩薩有極大信心，並事先約定：誰先死了，實現了願望，就趕緊回來報信。後來，師子覺先去世，三年中一點消息也沒有；世親80歲也示現了圓寂（此時無著已90歲了），過了六個月仍音信全無。當時很多人紛紛譏笑，說他們兩個是不是誤跑到惡道去了。

一天傍晚時分，無著菩薩正為弟子傳法，忽然空中大放光明，有一天人冉冉而降。無著菩薩立刻認出是世親，便問：「你為何這麼晚才來？有什麼話要跟我說嗎？」

世親答道：「我已生於兜率天彌勒內院，剛在蓮花中化生，彌勒菩薩說了兩聲『善來，廣慧』，我轉繞了彌勒菩薩一周，就來通報了。」

無著菩薩問：「師子覺今在何處？」

世親回答：「他沒生到內院，而是在外院，成天跟天子天女玩耍放逸，哪有時間下來通報？」

無著菩薩又問：「彌勒菩薩身相如何？現正在講什麼法？」

世親答言：「菩薩相好，非言語所能形容。演說的妙法，與您所說的一樣。然而，菩薩說法妙音清暢和雅，聽者不厭，都忘了疲倦。」

另外，金陵刻經處還有鳩摩羅什翻譯的《無著、世親菩薩傳》，我看過一本白話文的，不知道有沒有古文。裡面說，無著菩薩還迎請彌勒菩薩到人間傳法，用了四個月的時間，傳講《瑜伽師地論》。藏地也有歷史說，無著菩薩在兜率天，用短短一個中午，聽受了彌勒五論，但回到人間時已過了五十三年。

各種歷史的說法不同，但不管怎麼樣，《瑜伽師地論》也好、彌勒五論也好，都是彌勒菩薩造的，不是無著菩薩造的。彌勒菩薩把千經萬論的精華歸納起來，對

大圓滿前行廣釋（六）附大圓滿前行實修法

無著菩薩進行宣講，再由無著菩薩在人間弘揚，這樣說應該比較合理。

悲無量心的具體修法

所謂修悲心，應像斷臂母親之子被水沖走一樣。一位沒有手臂的母親，若見兒子被水沖走，必會生起無法堪忍的強烈悲心：「我自己沒有手，不能從水中救出兒子，現在該怎麼辦呢？」她此時唯一考慮救脫兒子的辦法，內心無法忍受這種痛苦，一邊失聲痛哭，一邊到處奔跑。

同樣，我們也要在心裡想：「三界一切眾生被痛苦的河流沖走，沉溺在輪迴的大海中。儘管我對他們生起了難忍的悲心，可沒有能力將他們解救出來，現在該怎麼辦呢？」然後誠心誠意祈禱上師三寶，觀修悲心。

每個人要真的這麼想：「眾生太可憐了，我很想救他們，但實在無能為力。我不要說救眾生，連救自己的能力都沒有。」心裡特別特別著急，這就是生起悲心的一種前兆。

此時，我們唯一的方法，就是發菩提心，希望自己早日成佛利益眾生；同時也要給眾生講經說法，讓他們發起菩提心。如果他們成佛了，就會永遠離開痛苦，除此之外，也沒有其他的路了。產生這樣的念頭之後，一直努力觀修，祈禱上師三寶加持，這就是菩提心的根本！

第九十八節課

觀修四無量心中，悲無量心已經講完了，今天講最後一個。

戊四、修喜無量心：

喜無量心的具體修法

修悲無量心時，是觀想一個非常可憐的眾生，願他遠離種種痛苦。而在修喜無量心時，觀想任意一位眾生——具有種姓、權勢、財富、地位等，生在善趣中，幸福快樂、長壽無病、眷屬眾多、受用具足，以他作為所緣境。對他既沒有競爭的心理，也沒有嫉妒的情緒，反而心想：「但願他具有比這更高一等的人天福報，擁有吉祥富足、無損無惱、智慧廣大等眾多圓滿功德。」同時還要想到：「三界中有無量眾生，連吃穿都沒有，如果也像他這樣一切圓滿，那我該有多高興啊！」如此反反覆覆觀修。

我們一般凡夫人，見別人買的房子特別好，就很容易生嫉妒心，或者希望自己也能得到，凡事首先想到自己，從來不想其他眾生。但修喜無量心時，必須要斷除這種想法，而願一切眾生得到快樂。

在具體修的時候，首先，對容易生起喜心的對象，比如親戚朋友或關係密切的人，以他們作為所緣境，願其獲得幸福快樂、圓滿富足。這比較符合凡夫人的心理。

大圓滿前行廣釋（六）附大圓滿前行實修法

對他們生起了喜心以後，接著對所有的中等人——關係不好不壞、不親不怨的人觀修，願他們具足一切幸福、快樂、安寧，這樣觀修也不太困難。

再對損害自己的怨敵、特別嫉妒的對象觀修，徹底斷除對他財富圓滿忍無可忍的惡心。

最終，凡是擁有安樂的一切眾生，對他們都修喜不自禁的歡悅之心。後於無緣中安住。

心通過經常這樣訓練，其實是可以轉變的。就像現在的一些魔術師、運動員，經過多年的訓練，身體在自己的領域中，可以隨心所欲、運用自如。同樣，心若循序漸進地加以調伏，也可以做到這一點。所以，我們要先從親友開始修，然後是中等人、怨敵，最後就可以對一切眾生完全平等了。

這要反反覆覆地觀修，不是一兩天就能立竿見影的。當然，前世修過大乘佛教的個別人，就像《經莊嚴論》中所說，在短暫的時間中，四無量心、菩提心的境界就很容易生起，而且不管遇到什麼違緣，都不會退轉。但這對大多數人來說，有一定的困難，故大家最好還是按次第來修。

我們剛開始時，修喜無量心可能比較難，見別人處處圓滿，嫉妒心就特別強。但通過聞思大乘佛法，慢慢地，對上中下三種人都會生起歡喜心。一旦他們遇到不平之事，內心就會特別焦慮；當他們擁有快樂財富，自

己無改的歡喜心會自然生起。甚至看他買了一件新衣服、一輛新轎車，自己的第一個念頭也是替他高興，心中這樣想，口裡也這樣說。如此到了一定的時候，無論別人怎樣富足、快樂，也不會心生嫉恨。最後，安住於無緣的狀態中。

其實，有緣的善法是福德資糧，無緣的安住是智慧資糧。包括每次修上師瑜伽，觀想上師融入自己，自己的分別念與上師的殊勝智慧合二為一，之後住於虛空般的境界中，這就是在修智慧資糧。假如你有中觀或大圓滿的境界，則應安住在這種境界中；如果沒有的話，應像很多高僧大德所說，於什麼都不緣的心態中稍住片刻，這也是在修無緣智慧資糧。我們修喜心時就要這樣，先修有緣福德資糧，後修無緣智慧資糧。

修喜心一定要斷除嫉妒

所謂的喜心，就是無有嫉妒的心態。所以，我們必須以各種方便來修心，想方設法不要生起嫉妒的惡心。誠如《六度經》中所言：「不應嫉妒，但生隨喜。」《成實論》也說：「若深修善心，乃能永斷嫉妒。」不然，嫉妒心沒斬斷的話，真正的善心就很難生起。

我以前講過，我們對平等者容易生嫉妒心，還有一些女眾，嫉妒心也比較強——不是說男人就沒有，有些男人的嫉妒心比女人還嚴重。但一般來講，佛陀在有關

經典中說，女人這方面的煩惱比較明顯。

有些人在嫉妒別人時，自己根本發現不了，旁邊的人卻一目了然。他們因為嫉妒作怪，有時候對別人的善行不但不認可，反而還百般挑剔、加以摧毀。而且，在漢地、藏地、印度的歷史上，皇宮裡面、大人物身邊，因嫉妒而引起的殺戮比比皆是。有了這種煩惱，很多人的心胸會越來越狹窄，快樂開放的心也日益退減，因此一定要注意！

尤其是我們都發了大乘無上菩提心，在諸佛菩薩面前發願要饒益一切眾生，此時每個人的義務，就是要令所有眾生暫時獲得人天安樂，究竟得到永久安樂的圓滿佛果。既然如此，你又怎能對眾生因自己福報而得的點滴功德、受用不歡喜呢？

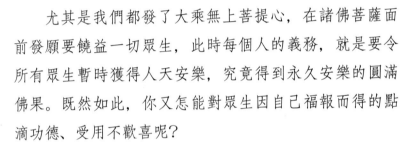

寂天論師在《入行論》中也說：「不願人獲利，豈願彼證覺？妒憎富貴者，豈有菩提心？」如果你不願眾生獲得一些小利益，怎麼可能希望他們證得無上菩提？嫉妒、憎恨別人富貴的人，怎麼會有菩提心呢？

聽說有一個小組，兩三個人在考試中得了獎，特別開心。而沒得獎的個別人，平時成績還可以，但這次沒有發揮好，心理很不平衡，各種臉色馬上就顯露出來了。對這些人來說，你連得獎的暫時快樂都不願別人得，又豈會願意讓無量無邊的眾生，包括自己的怨敵，都得到圓滿正等覺佛果呢？畢竟佛果所帶來的利益，遠

遠超過世間任何一種福報。

所以，我們對寂天論師所說的道理，要慢慢地去思維。在這個過程中，想到自己在佛菩薩面前曾發過的願，再看看自己的實際行動，應該感到萬分慚愧。

《入行論》確實很殊勝，漢地不少人都在學，希望你們不斷地學。現在我們學院的每個班，也正在學這部論典。但聽說個別人只看頌詞，沒有看講記，這樣的話，你不一定能全部了達它的內涵。真正想學的話，至少也要看一遍那十本講記，連這個都不看、不學，這叫學習嗎？

我看到外面的很多人，在學會剛成立時，《入行論》學得馬馬虎虎，不是很踏實；但第二次學了以後，菩提心的甚深理念，在內心中就根深蒂固了；第三次學了以後，感覺更加不同。的確，我本人而言，《入行論》也學過很多次，講過很多次，但每一次講、每一次學，感覺都有極大的收穫，這就是聖者金剛語的一種特點。

所以，在座的各位也不要覺得《入行論》很簡單，《大圓滿前行》很簡單。其實這些不簡單，你詞句上也許會讀，讀的時候特別快，但意義上一個一個對照自己，真正融入心非常困難。因此，我們要長期學習，學習時一定要認真！

嫉妒可摧毀自己的善根

一個人的心若被嫉妒所蒙蔽，對他人的功德就會視而不見，輕易造下滔天大罪。

佛陀在《德護長者經》中說：「嫉妒癡濁故，則失於善心。惡見三毒緣，如是貪增長。」嫉妒是一種愚癡，會覆蓋我們的善心，令貪嗔癡等三毒不斷增長。大家都知道，有嫉妒心的人，為了滿足自己各方面所願，定會產生貪心；別人若製造違緣，對他會生嗔恨心；這些煩惱的本性就是無明愚癡。所以，有了嫉妒，三毒自會日益熾盛，摧毀自己的一切善根。

《米拉日巴道歌集》中記載：從前，米拉日巴尊者在雅龍地方，施主們對他特別恭敬，經常供養。當地有一所研習因明的顯宗寺院，寺院中有兩位著名的法相師[94]，一個叫達羅，一個叫羅頓。他們對尊者十分嫉妒，經常誹謗，說尊者是行邪法的外道。

有一次，當地的施主開了一個法會，邀請達羅和羅頓坐一排，米拉日巴尊者和惹瓊巴等坐一排，然後對他們恭敬供養。達羅和羅頓本來就對尊者非常不滿，借此想煞煞尊者的威風。於是羅頓走到尊者面前，說：「不懂因明的話，會破壞佛陀的教法，不夠資格做一個佛教徒。因此，我請你在大眾面前，立一個簡單的因明量。」

---

[94]法相師：採用辯論方法研究佛教法相學的人。

第九十八節課

米拉日巴尊者說：「我依止因明的上師，獲得了因明的口訣，通過因明的精進，住在因明的山谷中，修行因明的法，獲得了因明的境界，於是自然成為施主們因明的福田……[95]」

達羅聽了很生氣，罵道：「你這樣胡言亂語，唱些騙人的爛歌來搪塞，卻拼命吃人家的供養。像你這樣的行徑，應該受到這樣的待遇！」說著，就在地上抓起一把灰，向尊者的臉上撒去。

米拉日巴拭去臉上的灰，微笑著給他講了一些教言。惹瓊巴見上師受此侮辱，特別不高興，覺得達羅是該降伏的對境，如果不殺他，就是違犯了三昧耶戒。於是拿起一根棍子，準備去打達羅。

尊者立刻抓住惹瓊巴的手，說：「急需時不能應急的財寶，苦難時不能援助的親友，遇逆緣時不能幫助的佛法，都是深可悲歎的大不幸！你要快快集中全力，提起正念，好好對治當前的煩惱！」惹瓊巴聽了只好作罷。

後來，達羅和羅頓又找尊者辯論，尊者說：「我對其他的因明不懂，但自相續的煩惱若得以調伏，這就是因明。既然你們非要堅持辯論，那我先提出一問：虛空是有礙法，還是無礙法？」

***

大圓滿前行廣釋（六）附大圓滿前行實修法

達羅回答：「當然是無礙法。」

於是米拉日巴一顯神通，達羅的身體絲毫不能動，好像被四周堅固的東西密密包圍起來的樣子，一直僵坐在那兒。而尊者身騰空中，在空中行走、臥倒，就像在地上行動一般。

米拉日巴又說：「我現在另立一宗：眼前這塊大崖石是無礙法。你認為如何？」

達羅回答：「崖石當然是有礙法。」

只見尊者身體隨意穿過崖石，上入下出，下入上出，無礙地穿來穿去，就像在空氣中一樣。

達羅見此，比以前更為氣憤了，說這只是外道的魔術，對此不但不起信心，反而一味萌生邪見，大肆誹謗，結果死後轉生為一個大惡魔。羅頓卻對尊者的行為生起了信心，後歸入米拉日巴的教法，成為他的五大出家弟子之一。

所以，內心被嫉妒所蔽的話，根本看不到別人的功德，通過辯論也不行，顯現神通也不承認，自己只會一直誹謗。現在個別人也是這樣，整天在網上、書上惡口罵人，除此之外，什麼道理和理由都講不出來。這樣的人，即使佛陀親自降臨，也肯定暫時調伏不了他們。

還有一次，米拉日巴尊者在亭日地方，遇到一位精通因明的格西，叫匝普瓦。他愛財如命，見當地人對尊者非常恭敬，供養了很多財物，心裡一直憤憤不平。

他在村裡有個情婦，於是就叫她在奶酪裡下毒，拿去供養尊者。尊者早已知悉一切，但觀察因緣，知道有緣眾生已度盡，自己涅槃的日子將到，就接受了毒藥的供養。

米拉日巴把毒奶喝下去之後，示現生病非常嚴重。匝普瓦格西明知是自己下的毒，卻故意裝成一無所知的樣子，到尊者面前問安，說：「像您這樣的大成就者，不應該生這樣的重病。如果病可以轉移的話，就請把病轉給我吧，我來代受！」

米拉日巴說：「我這個病雖然可以移給你，但恐怕你一刻都受不了，所以還是不移的好。」但格西假裝再三堅持，請求尊者一定要把病轉給他。

尊者就先把病轉到門上，門發出吱吱的響聲，裂成了許多碎片。格西看了，心想：「這根本就是障眼法的魔術，騙不了我。」於是再次祈求尊者把病移給他。

尊者就把一半的病苦移到他身上，格西頓時痛得要昏了過去。他在尊者面前，淚流滿面地懺悔，承認了自己的惡行，並說：「我從前作惡的原因，大半都是為了錢財。現在我把所有的家產都供養給您，請饒恕我的罪業。」

尊者說：「我從不要田宅財產，現在快要死了，更用不著這些。你留著好了，以後就是斷命也不要再做惡事了。你這一次所造的罪業，我答應替你消除。」

大圓滿前行廣釋（六）附大圓滿前行實修法

格西說：「尊者您雖然不要，但您的弟子修行是需要資糧的，請收下吧！」雖然這樣請求，尊者還是沒有接受。

後來弟子們接受了，把這筆財產作為集會供養之用。此後，匝普瓦格西放棄他一生的貪戀，精進懺悔罪業，成為一個很好的修行人。

我在讀中學時，就聽過藏文版的米拉日巴傳記。當時因為生病，在醫生阿克塔羅那裡待了大概半個月。他是一個出家人，修行非常好，每天晚上，我都請他和丹增嘉措喇嘛，給我讀這個傳記。他讀的時候表情很不錯，我現在還印象深刻。

1980年還是1981年，宗教剛剛開放時，一個民族出版社出版了米拉日巴傳記，裡面附有彩色插圖，看匝普瓦格西的那種表情，特別想害米拉日巴尊者，在跟那個女人悄悄地談——不知道現在的傳記中有沒有？當時，那個老喇嘛在讀的時候，遇到比較精彩的公案，就停下來開始反觀自心……

總之，嫉妒心真的很可怕，對有嫉妒心的人而言，真佛出現也無法引導他們。由於自相續被嫉妒所遮蔽，別人有什麼樣的功德，也始終看不見，生不起絲毫信心，進而不可能成為法器得到加持。就像一個生了鏽的器皿，加入什麼樣的甘露都會被弄髒。

所以，大家理應經常觀察自己，尤其是說話時一定要注意，不能一開口就是這人不行、那人不行，好像誰都不如自己。或者你是喇榮的傳承，就隨便評論其他傳承不好。其實這些都是佛陀的傳承，除非有特殊的必要，否則，對一切都要觀清淨心。畢竟諸佛菩薩的顯現不可思議，他們度化眾生時，甚至會化為屠夫、乞丐的形象，而且你眼中的不如法，也不一定真的不如法。所以，無論在什麼情況下，自己都要盡量觀清淨心。

　　像提婆達多、善星比丘，本來都是佛陀的堂弟，可由於嫉妒擾亂自心，提婆達多生生世世都與佛陀作對，善星比丘也覺得佛陀除了有一尋光以外，跟自己沒有任何差別。從而，他們對佛陀一點信心也生不起來，儘管一生都在佛陀身邊，但也沒辦法得到調伏——佛陀身邊的人尚且如此，更何況是現在的上師們了？

因嫉妒而隨喜他人造惡的罪過

　　尤其在同一個行業裡，因為互相競爭，比一般人更容易生嫉妒心。比如兩個成績好的法師之間、兩個發心提水的人之間、兩個賣豆腐的人之間，都經常引生各種嫉妒。而如果一個是賣金子的、一個是賣煤炭的，他們之間就不一定有這種煩惱。不過，總對別人心懷嫉妒的人，非但不能損害他人，反而自己會積累嚴重罪業。《君規教言論》中也說：「嫉妒心強福淺者，恆時只會

大圓滿前行廣釋（六）附大圓滿前行實修法

謗他人，依此於他無損害，卻將毀壞自聲譽。」

從前，有兩位格西互相敵對。一次，一位格西聽說另一位有了女人，就興高采烈地對侍者說：「煮上好茶，我聽到一個特別特別好的消息！」（以前的藏地，生活條件比較差，遇到開心的事情，人們通常會燒些濃茶來慶祝，就像現在的人請客吃飯一樣。）

侍者聽到上師的話，趕緊煮好茶，端過去問：「您聽到了什麼好消息？」

他說：「我們那個對手有了女人，破戒了。」

藏地著名大德根邦扎嘉，聽到這件事後，板著臉說：「真不知他們二人到底誰的罪過更嚴重？」

一個人是破了別解脫的根本戒，必定會墮入惡趣；而另一個，雖然自己沒破戒，卻隨喜別人破戒，所以不知道哪一個的罪過大。《諸法集要經》云：「若見造非法，生劣心隨喜，由彼無智故，受苦復過是。」意思是，見別人造了非法的罪業，對此產生惡劣的隨喜心，由於愚昧無知的緣故，自己所受的果報遠遠超過他。依這個教證來看，應該是後者的過失更大。

所以，別人在做惡事時，千萬不能去隨喜。我以前也再再講過，美國發生「9.11」事件時，聽說中國的個別年輕人歡呼一天，覺得實在是大快人心，這樣的話，你隨喜讚歎本.拉登殺了近三千人的罪業，自己的過失不比他少，甚至比他還嚴重。

《法句譬喻經》中講了一個很好的故事：佛陀在舍衛城時，有個信奉外道的長者，財富多得難以計數。他兒子在20歲時娶妻，婚後二人相敬如賓、恩愛非常。

新婚未滿七日，一天妻子想去後花園賞景，他們便相偕前往。妻子見一棵大樹上的花很美，被它深深吸引。丈夫為討妻子歡心，就爬到樹上摘花，結果不小心從樹上摔下來，當場重傷而亡。

聽到這一噩耗，全家人痛不欲生，個個悲傷痛哭。到了出殯的日子，長者見自己白髮人送黑髮者，內心尤為悲苦。

佛陀知道他們得度的因緣已成熟，就出現在他們面前。長者全家見佛陀親臨，感動不已，立即恭敬頂禮佛陀，對佛陀訴說心中的哀痛。佛陀講述了萬法無常、輪迴皆苦的道理，勸他們不要特別傷心。

長者聽聞妙法，當下放下憂傷。他問佛陀：「我兒子過去曾造了什麼惡業，以至於年紀輕輕就喪命了？」

佛陀說：「過去，有一個少年手持弓箭，和三個朋友到樹林遊玩。少年看見樹上停著麻雀，便想將牠射下。在旁的三個朋友不但不勸阻，反而一直鼓勵：「如果你能一箭射中，那實在是了不起！」少年聽了，就舉起弓箭射去，麻雀中箭墮地而亡，一旁的三人興奮得拍手大笑。此後，他們四人經歷了無數劫的生死流轉，共同為他們殺鳥的罪業而受報。

那三個見殺隨喜的人，一位因過去修福，現在天上享福；一位投生至海中，成為龍王；另一位就是你。這名射箭的少年，先投生至天上，是天人的兒子；命終後投胎到人道，成為你的兒子；如今從樹上摔死，立即化生為龍王的兒子，剛出生就被大鵬吃掉了。

所以，此時此刻，天上、人間、海中有三位父親，都在為兒子的死而痛哭。這個兒子，就是用箭射殺麻雀的少年，因為造下殺業，所以他世世短命。而在一旁隨喜殺業的三人，則同嘗失去兒子的苦果。可見，因果絲毫不爽，不可不慎！」

佛陀又為大眾說了一偈：「識神造三界，善不善五處，陰行而默至，所往如響應。色欲不色有，一切因宿行，如種隨本像，自然報如影。」這一家人聽後，個個法喜充滿，當下證得須陀洹果。

可見，見別人殺生，對他隨喜的話，殺生者需用生命來償還，隨喜者則要為他飽受痛苦，業力真的不可思議。希望大家對這個公案好好想一想，今後見別人造惡業、破戒、殺生，千萬不能去隨喜，否則，自己將來也難逃苦果。

總而言之，常懷嫉妒心或競爭心的人，對自己沒有利益，對別人也害不了，只是無意義地造罪而已。所以，我們一定要根除這樣的惡心，不論在何時何地，看到別人種姓高貴、相貌端嚴、財產豐富、廣聞博學、順

緣齊全，要誠心誠意地修歡喜心，並在心裡想：「此人擁有這樣的福報，我真的十分高興！如果他具有比這更勝一籌的福報，那該有多好！」要發自內心地觀修。

修喜無量心，應該如同駱駝找回丟失的幼崽一樣。母駱駝比其他眾生更慈愛孩子，如果牠的幼崽丟了，會非常非常憂傷，一直到處尋找，假如失而復得，牠會生起無法言喻的喜悅之情。我們也要像這樣來修喜心，見到別人擁有快樂，要發自內心地對他隨喜。

真正的修行人，無論見誰快樂，都會特別高興；無論見誰受苦，都會特別傷心，這也是大乘行人的一個基本標誌。可我們很多人不是如此，跟自己關係好的人，當他快樂時就比較開心；關係不太好的人，見他快樂就很不高興，口裡也不願讚歎隨喜，這就是修行很差的原因。

歸納四無量心

其實，四無量心是生起菩提心的無誤之因。如果沒有四無量心，菩提心修得再怎麼樣，也不一定很成功。而菩提心沒有修成的話，你修大圓滿、觀托嘎和本來清淨，則無疑是空中樓閣。

很多人在修行時，次第是從上往下來，先要得個最高的灌頂，不修前行，就直接修《上師心滴》或《大圓勝慧》的最深竅訣，如同看到一塊生肉就想直接吞下

大圓滿前行廣釋（六）附大圓滿前行實修法

去。然而，正確的修行次第並不是這樣，我們務必要從基礎打起，在沒有生起四無量心之前，無論如何必須要精進觀修。

四無量心如果講得太廣，我們一個一個理解，有時候比較困難，但若用一個竅訣來歸攝，就是要心地善良。因此，我們要始終如一地修學心地善良。《水木格言》中也說：「貴賤眾人皆依，本性善良智者，途中悅意水池，眾人皆喜入內。」不管是什麼樣的人，都喜歡依止本性善良的智者，就像特別悅意的水池，會吸引每個人一樣。所以，不管你是出家在家、高貴貧賤，心地善良都是做人的根本，有了它，做什麼事情都容易成功。

就像弗萊明，他本是個窮苦的蘇格蘭農夫，有一天在田裡工作時，聽到附近泥沼裡有人發出求救的哭聲。他放下農具，跑到泥沼邊，發現一個小孩掉到了裡面，就忙把他救了出來。隔天，一輛嶄新的馬車停在他家門口，走下來一位優雅的紳士，自稱是那個小孩的父親。紳士說：「我要報答你，你救了我兒子一命。」農夫拒絕道：「我救人不求任何回報。」

就在這時，農夫的兒子從屋外走進來。紳士問：「這是你的兒子嗎？」農夫驕傲地回答：「是。」

紳士說：「我們來個協議，讓我帶走他，並讓他接受良好的教育，將來他一定會成為令你驕傲的人。」農

民於是答應了。

後來，農夫的兒子從聖瑪利亞醫學院畢業，成為舉世聞名的弗萊明.亞歷山大爵士，也就是青黴素的發明者，他在1945年獲得了諾貝爾醫學獎。

數年後，紳士的兒子染上肺炎，正是青黴素救了他的命。那位紳士的兒子是誰呢？就是英國首相丘吉爾。

一個農夫的一點點善良，就給世界帶來了如此重大的變化，可見，善良的力量不可小覷。記得《水木格言》中說：「心善所做俗事，亦皆趨入正法。」我經常思維這句話，意即心地善良的話，即使做了一件普通的瑣事，也會引導你趨入正法。比如你每天在單位上班做事，或者在家為親朋好友操勞，只要有了心地善良的基礎，最終定會成為解脫之因。

所以，華智仁波切的竅訣非常重要，希望各位要再三思維。那天講「依止善知識」時，華智仁波切也說了，上師的所有法相就是具足菩提心。而菩提心若歸納起來，就是要心地善良，這樣的人才算是大乘上師！

第九十八節課

第九十九節課

昨天說了，菩提心的前行是修四無量心，而四無量心歸納起來，就是心地善良。下面接著講：

善良對修行人非常重要

從前，有一次阿底峽尊者感到手痛，於是把手放入在家弟子仲敦巴⑯的懷裡，說：「請給我加持一下，因為你有一顆善良的心。」

加持的力量，其實是無欺存在的。現在有些人因為受唯物論、無神論的影響，什麼都不承認。但不承認是你的事，在名言中，諸佛菩薩、高僧大德確實有一種加持力。而且作為一個修行人，心地善良的話，加持會特別大。

藏地也經常有這種說法：「這個大成就者非常了不起，讓他念經加持加持，這件事情肯定會順利成辦。為什麼呢？因為他的心太好了！」不管是任何一個寺院，若有一位心地善良的大德居住，當地人就有了依靠處。或者，即便不是大成就者、大修行人，只是個一般的老人或居士，但心地善良的話，人們也會把他當作菩薩。其實這並不是迷信，而是有道理的。

---

⑯度母和觀音菩薩曾親自授記，阿底峽尊者來到雪域後，最了不起的弟子就是仲敦巴。《開啟修心門扉》中說，仲敦巴在熱振修行時，經常提醒自己遠離世間八法，唯一修自他平等的菩提心。

大圓滿前行廣釋（六）附大圓滿前行實修法

像阿底峽尊者那樣鼎鼎有名的人，都讓弟子加持，這不是他實在找不到人加持了，走投無路之下，只好向弟子求助。雖然按理來講，應該是弟子生病讓上師加持，沒聽說過上師生病讓弟子加持的。但這裡主要是闡明了，無論上師還是弟子，只要為人善良，三寶的加持、菩提心的力量自會融入他的心，此時哪怕他吹一口氣，或者給人摸頂、念經，都肯定對眾生有利。

此外，阿底峽尊者一直將心地善良，放在重要的位置。平時問安也是說：「生起善心了嗎？」不像我們一見面就問：「你身體好不好？最近怎麼樣？」弟子如果閉關修行，出關時阿底峽尊者也不問：「見到本尊沒有？見到風脈明點的本體沒有？」而是問：「你生起善心沒有？」他在一切教誨中都著重強調：「心地要善良啊！」

如果有一顆善良的心，修什麼法都容易成就；沒有它的話，惡法自然會湧現的。《大智度論》也說：「若勤修道法，惱害則不行，善惡勢不並，如水火相背。」假如精進修持正法，做到心地善良的話，一切惡法和邪法均無可乘之機，煩惱和損害也會銷聲匿跡，為什麼呢？因為善和惡的勢力無法並存，就像水和火不能同住一樣。

所以，我總強調大家多聽聽課、學學法，就是因為當你們聽課時、學法時，至少會全神貫注於善法，斷盡

大多數的惡分別念。儘管我也明白自己什麼功德都沒有，沒資格給你們講法，但不管怎麼樣，我講課時會提前看一遍，盡量憶念前輩大德的教言。這樣的話，我在講課的一個多小時中，惡念基本上沒有了，講完課之後還要迴向，每天有短短這麼一段時間，人生也是有意義的。

在座的道友也應該如此，在有限的生命中，最好每天都聽一下課，哪怕只有一兩個小時，這也非常有意義，可以將善心引發出來，惡心盡量制止。因為在聽課的過程中，你不可能生起極大的貪嗔癡，最多是不知不覺睡著了，但這種煩惱不是特別猛厲，甚至有些人還能邊睡覺邊聽課，一心兩用——（眾笑）

善惡均由心決定

隨著我們心的善惡，一切黑業、白業以及業力的強弱，也會有相應的變化。

有些人表面上供僧、修路、造經堂，似乎功德特別特別大，但如果沒有善念、只有惡心，這些也只是一種形象而已。所以，功德的大小不隨形象，關鍵在於內心。

《德育古鑒》中有個人叫衛仲達，有一次他的魂被引到陰間。冥官令手下把他在陽間所做的善惡檔案呈上來。他發現自己作惡的檔案堆滿整個法庭，而行善的記

大圓滿前行廣釋（六）附大圓滿前行實修法

錄，卻只有筷子那麼小的一卷。

冥官吩咐拿秤來稱，沒想到那一大堆惡事的檔案，反而比行善的記錄輕。冥官說：「你可以走了。」

衛仲達問：「我年紀還不到40歲，怎會有這麼多的罪惡呢？」

冥官回答：「只要一念不正，陰間就有記錄，不必等到行為犯法。」

衛仲達又問：「那小卷行善的檔案，寫的是什麼內容？」

冥官說：「朝廷想大興土木，建造三山石橋，叫很多老百姓去做苦工。你上書建議朝廷不要這麼做，這一卷就是你奏章的底稿。朝廷雖沒接納你的建議，可你這一念善心是為了萬民，所以力量非常大。」

這些民間故事，在善惡因果方面有很甚深的意義。在我們藏地，也有許多這樣的民間故事、民間習俗，勸導人們要如法取捨因果。

通過這個故事可以了知，善心的力量非常強。我們在日常生活中，若一直處於善心的狀態，修行肯定會成功。否則，即使天天閉關、念咒語、作功德，但惡心充滿的話，形象上再怎麼了不起，也沒有特別大的功德。

現在有不少人，平時看起來不錯，但實際上心很惡，特別不善良，哪怕殺個人也一點都不在乎，包括有些修行人也是如此，這樣的話，你修大乘佛法真是白修

了。阿底峽尊者曾說：「修行的驗相，關鍵看煩惱是否減少。」如果煩惱減少了，說明修行有進步；假如你煩惱沒有減少，反而惡心越來越增盛，修行又會好到哪裡去呢？

所以，修行的好壞主要在於心。若懷有一顆善心，縱然身體做的事、口中說的話不太如法，但因為心百分之百善妙的緣故，這些也會成為善法，就像前面所講的把鞋墊放在泥像上的公案一樣。

《心地觀經》也說：「三界之中，以心為主。能觀心者，究竟解脫；不能觀者，究竟沈淪。」整個三界輪迴中，一切皆以心為主宰。假如你有清淨心、信心、悲心，就有解脫的機會；若是沒有，只耽著於表面行善，究竟還是會深陷輪迴，無法得到超脫的聖果。

其實，不要說修行人，就算是世間人心不善，也會大大折損自己的福報。從前，福建有一個姓李的，他赴京應試，路過衢州。有個店主夢見土地神對他說：「明天有個李秀才來，他有望高中，你要好好接待他。」第二天早晨，李生果然來了。店主殷勤款待，送給他乾糧，並提供車馬。李生問其原因，主人把所做的夢告訴了他。他聽了非常高興，晚上暗自琢磨：「一旦我考中當了大官，妻子相貌太醜陋，不配當官夫人，該換一個才對。」

李生走後，店主又夢見土地神說：「那個人居心不

大圓滿前行廣釋（六）附大圓滿前行實修法

277

良，功名還沒成就，就想拋棄妻子，現在他已失去考中的希望了。」李生再來時，店主對他非常冷淡，甚至不留他住宿。李生又問是什麼原因，店主原原本本地講給他聽。李生又驚又愧，灰溜溜地走了，一輩子都未得到功名。可見，一念善惡對自己的命運影響很大。

在世間上，心地善良的人，不但自己問心無愧，別人也會交口稱讚。而心腸歹毒之人，即使有各方面的能力，做過一些貢獻，人們也像見到毒蛇一樣，對他沒有信任感，不敢經常接觸，以免被他坑害、出賣。

所以，心地善良，應該是每個人的追求目標。然而遺憾的是，現在很多人一味追求的，只是金錢、洋房、名牌，對真正有利的善心，卻嗤之以鼻。其實，你若能成為一個善良的人，就算沒有那些身外之物，生生世世也非常快樂。相反，假如你心存惡意，那無論做了多少善事，也統統成了惡法。

因此，大家不管在城市裡也好、寂靜山中也好、坐車也好、乘飛機也好、早上起來也好、晚上睡覺也好，唯一要修心地善良。對偶爾冒出來的貪嗔癡分別念，要想方設法盡量懺悔。

宗喀巴大師說過：「心善地道亦賢善，心惡地道亦惡劣，一切依賴於自心，故應精勤修善心。」心若善良，出世間的五道十地會順利得到；心若不善，不但得不到這些，反而可能墮入三惡趣。所以，解脫與沉淪完

全依賴於自心，我們一定要精進修持善心。

現在有些人心非常惡，儘管暫時享受種種快樂，但這也只是前世善業的餘報，消盡後就沒有了。一旦他閉了眼，今生所造的惡業定會成熟，無欺感受痛苦的果報。所以，只有心地善良，才是一切快樂、一切功德的根本。

《了凡四訓》中曾記載：呂洞賓當年跟漢鍾離學點鐵成金術時，漢鍾離告訴他：「點鐵為金可以濟世，幫助很多貧困的人。」

呂洞賓問：「此金以後會不會變為鐵？」

漢鍾離回答：「五百年後，鐵才會恢復原形。」

呂洞賓說：「如此，則害了五百年後的人，我不願意這樣做。」

漢鍾離讚歎：「修仙本要積累三千功德，你這樣的存心，三千功德已圓滿了。」

這雖是道教的說法，但佛教中也有類似的公案，如大悲商主、星宿婆羅門的故事，儘管表面上看來是惡行，但以一顆純淨的善心，短時間內就能圓滿無盡資糧。

所以，佛陀在《本事經》中云：「由意有清淨，故有說有行，樂隨此而生，如影隨形轉。」有了清淨的心，身體和語言就會變得清淨，所做的一切會感得樂果，這種快樂就像影子跟隨身體一樣，無論到哪裡都會

跟著你。反過來說，心若不善，身體和語言也會變成不善，這樣不但得不到快樂，反而會成為痛苦之因。這一點，大家要反反覆覆思維，經常觀察自己做得如何。

心善前途光明

心善，地道如何善呢？

下面就以實例來說明：從前，有母女二人互相攙扶，趙過一條大河，結果她們被大水沖走了。當時母親想：「如果女兒得救，我被沖走就沖走吧！」女兒也同樣想：「如果母親安然無事，我被沖走就沖走吧！」二人彼此間生起了這樣的善心，雖然她們都溺水而亡，但死後都轉生到了梵天界。這個公案，在《大鵬展翅》等密續中也引用過。

我還看到漢地的《涅槃經》中講，有個貧女在行乞的途中，生了個孩子，她一直漂泊，準備到另一個國家去，結果渡恆河時，水特別特別大，母子二人被捲走了。母親在淹死之前，心裡一直想：「只要我的孩子沒事，我死了也無所謂。」以這樣的善念，她死後轉生到了天界。

佛陀告訴文殊菩薩：當時的母親即使失去性命，也始終保護自己的孩子。同樣，作為一個佛教徒，即使捨棄自己的身體，也要保護佛法。當時，佛講這個故事的側重點是這樣的。所以，我們不管是離開世間時，還是

活在世間上，心生善念都特別重要。

　　昨天我去學校返回的路上，就產生了一顆善心，又生起一顆傲慢心。什麼樣的善心呢？我們在過拉則山時，天已經黑了，一直下著大雪，路都看不見了。在山頂轉彎處，一輛長長的貨車陷在泥中，很長時間都出不來，司機冷得不停發抖。我們趕緊下車幫忙，但過了一個小時，車還是弄不出來，我們也一直發抖，當時我就想：「不管怎樣，晚上也要陪著他，不然他可能會凍死。」後來又來了一輛車，我就求他們幫幫忙。最後大家齊心合力，一起把車給拉出來了。

　　在拉的過程中，那個司機很可憐，從來沒去過那個地方，不斷地跟我們打聽：「前面有沒有村子啊？」我說：「二十公里之內應該沒有。」「那後面的村子有多遠？」我說：「可能要十多公里。」那個人看天黑了，就特別害怕，又問：「這裡有沒有強盜啊？」「不好說。」「如果我的車實在出不來，可否搭您的車到下面村子？然後我準備包個車。」我說：「搭車下去沒問題，但半夜三更的，肯定誰都不敢跟你上來。」後來，幸好把車給弄出來了。

　　我回來的時候，想到剛才的事，覺得自己生了一顆善心還可以。但再一觀察，這又是個傲慢心，善根又被摧毀了。

　　其實，凡夫人依靠偶爾的因緣，有時候會產生一點

大圓滿前行廣釋（六）附大圓滿前行實修法

點善心，但善心之後可能有更大、更可怕的惡心，要麼是傲慢心，要麼是競爭心，真的很可憐。我們平時沒有觀察的話，經常不覺得，但只要一觀察，看看每天生了多少善心、多少惡心，這時候就會非常慚愧。

但不管怎麼樣，我們既然已在諸佛菩薩面前發願度一切眾生，還是要在這方面努力。四無量心的根本就是心地善良，依靠不斷努力的話，應該可以慢慢修成。若能修成，一切違緣和魔眾就不會來干擾我們，如《諸法集要經》云：「智者善調伏，心種種過患，則超出魔網，得渡於彼岸。」倘若善巧調伏自心，對治諸多過患，就能從分別念的魔網中解脫，迅速達到彼岸。所以，我們平時要向自己的惡心挑戰，努力培養相續中的善念。

以前在夏薩夠喀地方，有六位出家人和一個信使上了同一條船。船行進到河的四分之一時，船夫對大家說：「船超重了，要麼你們中會游泳的一個跳下去，要麼我跳到水裡，你們一個人來划槳。」但所有的船客既不會游泳，也不會划槳。那位信使見後，說：「與其所有人都死，還不如我一人死好。」隨後便縱身跳入水中。此時空中彩虹環繞、花雨紛紛，信使本來不會游泳，但卻安然無恙，順利到達了彼岸。

由此可見，善心的力量確實不可思議。

心惡前途黑暗

那麼，心惡，地道又怎麼惡呢？

從前，一個乞丐躺在城門過道上胡思亂想：「如果國王的頭顱斷掉，讓我來做國王，那該多好啊！」他屢屢萌生這樣的惡念。第二天早晨，正當他酣然熟睡時，國王乘車而來，車輪恰恰輾過他的脖子，結果他自己的頭斷掉了。

本來，安安穩穩坐在寶座上、舒舒服服睡在寶榻上的國王，頭顱不可能輕易斷掉。就算他的頭真的斷了，那太子不繼承王位，猶如猛虎熊豹般的大臣不執掌國政，難道會讓一個漂泊不定、窮困潦倒的老乞丐來做國王嗎？所以，那個乞丐對國王生起的惡念，實在莫名其妙、不可理喻，我們平時千萬不要這樣。

有些人在說話時，經常是「我要殺了他，把他吃了」，對關係不好的人產生特別可怕的惡念。現在網絡上也有很多信息，真的是造口業。以前我們學過《百業經》《釋尊廣傳》，眾生的業力確實不可思議，倘若隨隨便便造下，最終只能是自食其果。

我們求法的目的，就是為了隨時以正知正念來護持自心。假如平時不詳加觀察，很容易在無意義中生起猛烈的貪心、嗔心，積累下深重的惡業。就像那個老乞丐，生起那麼不切實際的惡念，結果很快就遭受報應了。正如《決罪福經》中所言：「人心念善，即有善報；心中念惡，即有惡報。」

283

與此公案比較相似的，《法句譬喻經》中也有一個故事：從前，波斯匿王為了度化本國百姓，備好齋飯供養佛陀及僧眾，請佛陀為當地人講經說法。佛陀應供之後，給大眾宣講佛法。

此時正好有兩個商人路過，一人聽了佛陀的開示，歡喜地說：「佛陀就好比帝王，弟子們猶如忠臣般隨行。想必佛陀真正具有大慈悲、大德行，才能使國王這樣恭敬供養。佛陀是如此尊貴，我也應奉行佛陀所說的教法。」

而另一商人卻起了慢心，說道：「國王可真是愚癡！佛陀就像是一頭牛，隨行弟子猶如牛車，牛拉著牛車南北奔波，身上又一無所有，有什麼好值得尊崇的？」

（不管是哪個高僧大德講法，不同的聽眾都會有不同感受，這也跟各人的福報有關。有福報的人，第一、會遇到正法，第二、正法會對他的相續有利，而且這種利益會持續很長時間。沒有福分的人，剛開始熱情得不得了，一遇到佛法就想出家，發誓自己哪裡都不去，一定要將聞思修堅持到底。可是隨著歲月的流逝，他的心慢慢就會改變，最後對說法者產生邪見，對正法也不起信心，以此而造下深重罪業。

所以，我多年來學習佛法的過程中，總覺得不管自己還是他人，能永遠聞思修行的，福報確實相當不錯。有些人即使沒機會住在寂靜的地方，但若以不同的途徑非常穩固地長期聽法，不隨外境

第九十九節課

而改變自己，這也是最大的福報。）

隨後兩人一同離去，走了三十里路，便在路旁的涼亭休息，喝起酒來。心起善念的商人，因對佛陀生起了恭敬心與歡喜心，感得四大天王護佑；而心起惡念的商人，鬼神令酒入腹，他神志不清地跌到亭外。隔天清晨，一商隊車路過，他就被車輪碾死了。同行的商人見狀，怕自己回去被人誤會，說他因貪朋友之財而殺了人，只好離開本國，轉往異國流浪。

此時，該國的國王駕崩，無有太子，有預言說：「將有一人來到本國，如果他是王位繼承者，先王的神馬會向他屈膝下跪。」之後，大臣們便帶著神馬到處尋找。剛好這個商人來到此國，神馬見到商人，立即跪下並舔他的腳，大臣就高興地請他到王宮繼承王位。（如今世間上的領導選舉，有人若懷有一顆善心，很多選票也會不可思議地突然冒出來，這也是一種報應。）

所以，我們平時應當心存善念，經常觀察自相續，以免生起惡心，造下不必要的罪業。如夏日瓦格西說：「當護意國政，否則三有增。」阿底峽尊者在《菩薩寶鬘論》中也說：「日日夜夜三時中，再三觀察心相續。」必須晝夜六時觀察自己的心，不能太放任它了，若能如此，就會像《佛所行讚》中所說：「正念存於心，眾惡悉不入。」

另外，還有一個故事：從前，世尊與僧眾去施主家中應供，有國王種姓、婆羅門種姓的兩個小乞丐前去乞討。婆羅門種姓的小孩去的時候，佛陀及眷屬還沒有用齋，所以他什麼也沒得到；而國王種姓的小孩，是在佛陀享用齋飯後去的，所以獲得了許多剩餘的美食。

（一個得到，一個得不到，每個人的福報確實不同。得不到的人，生瞋恨心往往很容易；而得到的人，因為高興壞了，就會發善願。我們發獎品時也是這樣，有些人得到的話，高興得不得了，馬上發善願：「三寶加持、上師加持、護法加持，讓我生生世世不離上師三寶、諸佛菩薩！」有些人沒有得到，就特別生氣、獠牙畢露，對誰都看不慣，卻不知這跟自己的福報有關。）

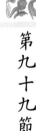

他們二人下午在途中閒談時，國王種姓的小孩滿懷信心地說：「如果我具有財產、受用，那麼在有生之年，一定會以衣食、受用等一切資具，供養佛陀及其眷屬，並且恭敬承侍他們。」

婆羅門種姓的小孩，則惡狠狠地發惡願：「假如我成為一國之主，非要砍掉那個光頭沙門和他眷屬的腦袋不可。」之後，國王種姓的小孩到了另一個地方，在一棵大樹的樹蔭下休息。慢慢地，其他樹的蔭影都遷移了，但國王種姓的小孩所在的樹蔭，卻始終沒有移動。

（福報大的人，不管居住在哪裡，都會有動物、植物保護，出現很多奇特的現象。過去是如此，現在也是這樣，有福報的人跟沒福報的人相差很多，包括他的處境、人們對他的恭敬，方方面面都有很

大不同。）

當地的國王去世後，無有太子繼承王位，他們便發出公告，說需要一位具足福德的人做國王。人們四處尋找，發現一個睡覺的小孩，明明中午已過，但他上面的樹蔭仍原地未動。於是喚醒他，請他繼承了王位。後來他如願以償，供養了佛陀及其眷屬。

而那個婆羅門種姓的小孩，躺在一交通要道上休息。馬車疾馳而來，輾在他的脖子上，他斷頭而亡。（他對佛陀生惡心，結果不但沒有成功，反而害了自己。所以，我們即使生不起善心，也千萬不要產生惡念，否則，惡果就會落到自己頭上。自古以來有千千萬萬這樣的事例。）

這個公案，應該是出自北魏時翻譯的《辯意長者子所問經》，我對照過，內容基本上一樣，只有一點點情節不同。此經也說有長者迎請佛陀及僧眾應供時，一個乞丐得到了食物，一個乞丐沒有得到。沒得到的原因，是佛陀尚未用齋。以此原因，佛陀後於戒律中規定：僧眾在沒有吃飯之前，理應先作布施。到了最後，也是發善願的乞丐當了國王，並於七天中供養佛陀；而發惡願的乞丐，睡覺時頭被車輪輾斷，死後墮入了地獄。

實際上，我們若唯一修學心地善良，不但今生的一切所願能稱心如意，受到白法天神保護、蒙受諸佛菩薩

大圓滿前行廣釋（六）附大圓滿前行實修法

加持，一切所作所為成為善法。而且臨終時，也不會感受氣息分解的劇烈痛苦，後世還會獲得人天福報，究竟現前圓滿正等覺的果位。

記得《中阿含經》也講過：「死時生善心，心所有法，正見相應。彼因此緣此，身壞命終，生善處天中。」反過來說，「死時生不善心，心所有法，邪見相應。彼因此緣此，身壞命終，生惡處地獄中。」

可見，人在離開世間時，最關鍵的是要有善心。所以別人在臨終前，不能在他耳邊哭、講些是非，一定要讓他在善心的狀態中離開，這即是往生的重要竅訣。

此外，我們在頂禮轉繞、念經誦咒等時，絕不能裝模作樣地行持善法，馬馬虎虎不觀察內心。比如，你轉繞壇城一萬圈，觀音心咒念了一億遍，或者磕長頭三步一拜地去拉薩。這些身體和語言的善行，固然值得隨喜，精神也非常可嘉，但若沒有以善心來攝持，功德不算特別大，還不如你以菩提心攝持，在一個寂靜的地方，好好地修完五十萬加行。

所以，我們要懂得經常觀察自心，修學心地善良，這一點相當相當重要！

第一百節課

今天開始講「發殊勝菩提心」。

我們學院這邊的人，正在修十萬遍發心；而外面的人，也依靠光盤等學習資料，在共同學習這部分內容。不管怎麼樣，大家一定要盡力發起菩提心。

關於發菩提心的因，《十法經》中講了四種：第一、見到菩提心的功德而發心；第二、對佛陀生起誠摯的信心而發心；第三、看見眾生非常可憐而發心；第四、依靠善知識的攝受和調教而發心。還有，《菩薩地論》中也講了發菩提心的四種因，比如，具足菩薩種性的緣故，依靠佛陀、菩薩和善知識的攝受，見到眾生的痛苦而生大悲，對菩薩的難行苦行心無怯弱。

總之，諸佛菩薩往昔發了這樣的心，如今才能饒益無量眾生，我們也要如是效仿，因為利益眾生的唯一途徑，就是發菩提心。《諸法最上王經》也說：「若人心喜樂，過去佛菩提，須發菩提心，當修菩薩行。」如果你希求過去諸佛所獲得的菩提，就必須發起殊勝的菩提心，並將其付諸於實際行動，真正去行持。

當然，發菩提心之前，首先一定要修四無量心，理論上要通達，行為上也要修持，還要了知菩提心的功德、眾生的痛苦，這樣的話，才能發起真實的菩提心。

大圓滿前行廣釋（六）附大圓滿前行實修法

丁二（發殊勝菩提心）分二：一、發心之分類；
二、正式發心。

戊一、發心之分類：

菩提心在心力方面的不同分類

從心力的角度來分，菩提心有如國王之發心、如舟
子之發心、如牧童之發心三種。

（一）如國王之發心

國王首先要摧伏敵方，得到自方的擁戴，自己先登
上王位，再維護屬下臣民。同樣，希求自己先得佛果，
之後再將一切眾生安置於佛地，這種發心就稱為如國王
之發心。

（二）如舟子之發心

所謂的舟子，也就是船夫。他的願望是自己與所有
船客同時趨達彼岸。同樣，希求自己與一切眾生一同獲
得佛果，這種發心就叫如舟子之發心。

（三）如牧童之發心

牧童為了使牛羊先吃草喝水，免遭豺狼等猛獸侵
害，就將牠們趕在前面，自己隨後而行。同樣，希求先
將三界眾生安置於佛果，之後自己再成佛，這種發心稱
為如牧童之發心。

《大圓滿心性休息》中也講了這三種發心，並引
用《大寶積經》的教證說：如國王之發心，又叫廣大欲
樂之發心，這種心力屬於下等，是鈍根者的發心，需經

第
一
百
節
課

三十三大阿僧祇劫才能成佛；

如舟子之發心，又稱殊勝智慧之發心，這種心力屬於中等，是中根者的發心，需經七大阿僧祇劫才能成佛，就像彌勒菩薩的發心；

如牧童之發心，則稱為無與倫比之發心，發心者具有非凡巨大的心力，是利根者的發心，經三大阿僧祇劫即可成佛，就像文殊菩薩的發心那樣⑨。

印光大師也講過：「自未得度，先度人者，菩薩發心。」當然，這裡的「人」指代一切眾生，否則，菩提心的範圍僅限於人，肯定是不行的。現在很多學佛的人，一提起人類的利益，都願意為此而努力，至於人類以外的其他眾生，包括有些大乘修行人也不強調，這種做法不太符合大乘教義。其實，三界中的所有眾生，都是我們要饒益的對象，這一點務必要牢記！

關於第三種發心，有人或許會提出疑問：「假如把一切眾生先度完了，自己最後成佛，那成佛後就沒事可做了。因為佛陀的事業就是利益眾生，除此之外也沒有別的，倘若眾生全部已度完了，成佛又有什麼必要呢？」

這個你不用擔心，三界眾生是不可能度完的。如果眾生有邊際，倒是可以被度盡；但由於眾生無邊的緣

---

⑨據有些經典說，賢劫千佛都在文殊菩薩面前發過菩提心。後來他們已經成佛，文殊菩薩仍以菩薩的身分在度眾生。

291

故，就不可能有度盡的一天。

既然如此，那為什麼要這樣發心呢？這主要是體現了發心者的心力強大。雖然他想先度盡眾生，然後再解脫，但依靠這種巨大的心力，自己反而會最快成佛。就像有些人平時處處想著別人，寧可餓死也要讓別人先吃飽，這樣的人自會贏得眾人愛戴，自己的生活也不會特別困難。

所以，這三個比喻，是描述了大乘佛子的心力之別，並不是說非要自己和眾生同時成佛，或者先度完一切眾生，自己再成佛。這個問題在解釋時，應該要這樣來理解。

菩提心在地道方面的不同分類

依五道十地的界限來分，菩提心則有四種：勝解行發心、清淨意樂發心、異熟發心、斷障發心。如《經莊嚴論》云：「信行與淨依，報得及無障，發心依諸地，差別有四種。」

（一）勝解行發心

資糧道和加行道的發心，就是勝解行發心。這屬於凡夫地的發心，即產生一種信解和勸勉的心：「我要利益眾生、獲得佛果，一定要發無上殊勝的心！」自相續中有一種強制性或勤作性的發心。

（二）清淨意樂發心

一地至七地的發心，叫做清淨意樂發心。

為什麼叫清淨意樂呢？因為一地到七地已超凡入聖，發心不像凡夫人那樣摻有自私自利——現在很多人再怎麼發菩提心，也無法完全斷掉自私自利。有人說：「這件事情從頭到尾，我一點一滴的自利心都沒有，全是為眾生、為國家、為社會……」說得倒特別好聽，但這對凡夫人來講，是很困難的。而一地到七地的菩薩，已經超越了凡夫地，除了利益眾生的心態以外沒有其他，因此，可以叫做清淨的發心。

（三）異熟發心

清淨三地（八地至十地）的發心，叫異熟發心。

學過《俱舍論》的人都知道，所謂的異熟，就是不管你願不願意，都會自然成熟。比如，你墮地獄的異熟果，就算不願意接受，也肯定要墮；或者殺生的話，短命多病的果報，你願意也好、不願意也好，都會自然而然成熟。同樣，到了清淨三地時，利益眾生的發心就像河水往下流一樣，無勤中會任運產生，不需要別人勸勉，也用不著自己時時提醒。

（四）斷障發心

到了佛地時，已斷除了所知障和煩惱障——按照寧瑪派的觀點，煩惱障早在八地就已斷盡；所知障的最細微部分，則在佛地徹底根除⑱。此時，二障都得以清淨，

---

⑱《入中論》說，大乘菩薩從資糧道一直到七地，主要是遣除煩惱障；八地以上遣除所知障。具體而言，在一地時，遍計煩惱障已被遣除；二地至七地則斷煩惱障的俱生種子；從八地開始遣除所知障。

故稱為斷障發心。

這是從地道方面來分的四種發心。此處主要指的是五道；如果是十地的話，就不包括最前面的勝解行發心。

菩提心在本體方面的不同分類

從發心本體的側面來分，菩提心有世俗、勝義兩種。

（一）世俗菩提心

世俗菩提心，又分為願菩提心與行菩提心。《入行論》云：「如人盡了知，欲行正行別，如是智者知，二心次第別。」

願菩提心，就如同想去一個地方；行菩提心，則不僅是心裡想去，而且實際行動中已開始做了。同樣，我們發心想要利益眾生，就屬於願菩提心；不但是心裡發誓，還要行持六度萬行，這就是行菩提心。

有些人天天說發菩提心，已經說了好多年，但真正遇到眾生的事時，不理不睬、不聞不問，眼睛閉起來了，行為也變成慢動作，逐漸逐漸就不動了；而一遇到自己的事，眼睛睜得大大的，行動也非常快速。這樣的話，你只有發心，卻沒有在行動中體現，就不能叫真正有菩提心。

而有些人從來沒發過菩提心，只是行為上做做善

第一百節課

事，發放布施也好、守持戒律也好，表面上看是菩薩的行為，但從來沒想過度化眾生，讓眾生獲得佛果。這些只是無願的行為，內心未被願心攝持的話，也不算是有菩提心。

沒有學過大乘佛教的人，對這些都不太懂。現在有些善知識宣稱不要聞思，其實，你如果是利根者，那什麼法都不聽，只要上師直指一下，即可當下證悟，安住於特別高的境界中，這在禪宗、大圓滿中也有。但你到底是不是這種根基？自己應該好好觀察一下。

如今很多人都特別喜歡當「利根者」，因為修加行、發菩提心、六度萬行特別累，所以他不願意從一年級讀起，而妄圖一步登天，直接就拿博士文憑，這是很不現實的。在世間上，你依靠種種關係，拿個博士文憑也許可以，但沒有博士學問的話，光有一個本本，到處說「我是某某大學畢業的博士」，在工作中必定會捉襟見肘。反之，假如你有真才實學，就算沒有那一紙文憑，或者別人的認可，照樣可以成就一番事業。同樣，倘若你有真實的境界，即使沒人認定你是大成就者，你依舊可以利益很多眾生。

關於願菩提心與行菩提心的差別，這裡講了一個比喻：就像一人去拉薩，首先他懷有「我要去拉薩」的想法。（在華智仁波切的時代，去拉薩是藏族人特別嚮往的，見覺沃

佛像也是一生中最大的夢想。）同樣，我們最初懷著這樣的願望「我要令一切眾生獲得圓滿正等覺果位」，這相當於「欲行」，叫做願菩提心。

（我們講《入菩薩行論》時，對這個道理也講過，大家應該都清楚。願菩提心就是發心「我要去度眾生」，很多人聽聞大乘經論時，常會產生這種念頭，跟大家一起也舉手發了願。但實際去做的時候，尤其遇到脾氣不太好的眾生，自己就很容易退下來。）

去拉薩的人，要先準備好途中所需的口糧、騾馬等，然後正式啟程上路。同樣，為了使一切眾生獲得圓滿佛果，我們在實際行動中，修學布施、持戒、安忍、精進、靜慮、智慧等六度，相當於「正行」，這就叫做行菩提心。

（在座的人應該都發過這個願，不但是發願，而且行動中多多少少也在做。而剛學大乘佛法的人，可能還沒有正式啟程，只是在準備口糧的階段。）

這樣的願菩提心與行菩提心，屬於世俗菩提心。發起這種菩提心，並不是那麼容易的，雖然口頭上說說倒不難，但在生活中遇到違緣時，這種心就可能蕩然無存了。尤其是在家人，發菩提心更是難上加難，《優婆塞戒經》中也說：「出家之人，發菩提心，此不為難。在家之人，發菩提心，是乃名為不可思議。」

現在個別的修行人，一邊在家生活，一邊發起這樣的大乘菩提心，我覺得極其難得。希望你們在有生之

年，遇到再大的困難也不要退，若能如此，即使你今生修行不是特別成功，但沒有捨棄菩提心的話，《華嚴經》中用金剛鑽石的比喻也說了⑨，這種善根無與倫比，將來不會墮入惡趣。法王如意寶在不同的教言中，對此也再再強調過。所以，不管是在家人、出家人，遇到這麼好的菩提心教法，萬萬不要輕言放棄！

（二）勝義菩提心

在資糧道、加行道中，依靠世俗菩提心，經過一大阿僧祇劫的長期修心，最後證悟諸法實相、遠離一切戲論的空性，獲得一地菩薩的果位，這就是勝義菩提心。《藥師經儀軌》中也說，勝義菩提心是遠離一切戲論的境界。

從一地菩薩開始，我認為才是真正的開悟，此時才有了勝義菩提心。有些人雖沒有證得一地，但也可以獲得與勝義菩提心相似的境界，比如在加行道忍位時，就能不墮惡趣，對萬法本體有總相上的開悟，那個時候，基本也可以稱為有勝義菩提心——注意啊，我這裡有「基本」兩個字！不然，學過因明的有些人，等一會兒就要跟我辯論了。

真正的勝義菩提心，必須依靠修行才能獲得，不依賴於儀軌。而初學者發世俗菩提心，則需要依靠儀軌

⑨《華嚴經》云：「譬如金剛寶縱然壞損，亦勝過所有上等金飾，且不失金剛寶之名。善男子，同理，發菩提心之金剛寶縱然離開勤奮，亦勝過一切聲聞緣覺功德之金飾，亦不失菩薩之名，復能遣除輪迴之一切貧困。」

大圓滿前行廣釋（六）附大圓滿前行實修法

——我們每天上課前念的課誦中，就有發菩提心的儀軌：「傑達溫傑得夏吉，向卻特呢傑巴當……」也就是說，往昔如來怎麼樣發心，現在我也如是發心。每天至少念一遍的話，作為凡夫人來講不可缺少。

所以，我平時特別喜歡上課，這樣大家就有機會共同發心了。如果沒有上課，你也應按照菩薩戒的要求，最好白天三次、晚上三次，一天六次發菩提心；實在做不到的話，最低也要一天一次。假如你連這個都不行，十天、一個月、一年也沒有發心一次，除非你是菩薩，否則，作為凡夫人的話，天天自以為很了不起，認為自己是成就者，這完全是自欺欺人。

為什麼呢？因為你真能沒有貪嗔癡等一切煩惱，那說已獲得須陀洹、阿羅漢等聖果也未嘗不可。但你的煩惱那麼強烈、熾盛，還認為自己是成就者，這只能是「煩惱」的成就者。所以，現在很多人不容易認清自己。

作為凡夫人，我們每天最好念一遍發心偈，在上師或皈依境面前受菩薩戒，這非常有必要。這樣的行為，在有生之年中不要換來換去。現在很多人喜新厭舊，跟這個上師學一學，過段時間又到另一個上師那裡去，嘗嘗那個傳承的味道。其實你再怎麼換，大乘佛教的基本教義也都一樣，噶舉派、噶當派、格魯派、禪宗、淨土宗，這些都沒什麼差別。心不穩定的人，到哪裡也不一

定能真正受益，所以，希望大家要長期、穩定地把一個法作為主修，為了使自己所生起的菩提心不退失，並且日益增上，要隨時隨地、反反覆覆這樣受菩薩戒。

戊二、正式發心：

像前面修「皈依」時明觀皈依境那樣，在自己前方的虛空中，觀想蓮花生大士，佛陀、佛經、僧眾等三寶所依，以及傳承上師、護法聖眾，作為自己發心的見證。

接著，心裡默默思維：「遍虛空的一切眾生，無始以來的生生世世中，都無一例外做過我的父母。在當父母時，他們均與今生的父母完全相同，對我倍加疼愛、精心哺育，有好吃的先給我吃，有好衣服先給我穿，極其慈愛地撫養我成長，恩重如山。」（這個很關鍵！現在大家正在修十萬遍發心，不知道對此想了沒有？如果你不想、不修，我再怎麼講也沒有用。）

在噶當派的教言中，有七種修法觀修菩提心⑩，首先就是知母、念恩。也就是說，三界中的所有眾生，全部當過我們的父母，當父母時，真的跟現在的父母沒有差別，除了少數前世因緣不好的以外，作為父母，對孩子

大圓滿前行廣釋（六）附大圓滿前行實修法

---

⑩七種修法依次為知母、念恩、報恩、慈心、悲心、勝解信、生起。《菩提道次第廣論》云：「七因果者，謂正等覺菩提心生，此心又從增上意樂，意樂從悲，大悲從慈，慈從報恩，報從念恩，憶念恩者從知母生，是為七種。」

的疼愛無法用語言來形容。對這些道理，我們要通過教證、理證先了知，然後再正式地修行，進而產生不退的菩提心，發願一定要把眾生度盡。

然後再繼續想：「所有這些大恩父母，如今正沉溺在輪迴大苦海中，被無明愚癡的黑暗所蒙蔽，茫然不知取捨，遇不到開示正道的善知識，孤苦伶仃，沒有人救護，沒有人援助，沒有指望處，也沒有皈依處，猶如無依無靠漂泊在曠野中的盲人一樣。所有這些老母有情，流轉在這個輪迴中，我獨自一人獲得解脫有什麼用呢？因此，為了一切眾生，我要發殊勝菩提心，隨學往昔佛子菩薩的廣大行為，為了輪迴中的芸芸蒼生全部解脫而精進修持。」

佛陀在《大集經》中也說：「眾生心亂故，墮在生死河，如盲無所見，常為苦所沒。」眾生因為心被貪嗔癡所迷亂，墮在生死的江河裡沉沉浮浮，就像盲人因為看不見，經常被各種痛苦所逼迫一樣。所以，我們務必要發願度化這些眾生，並盡可能多地念誦下面的發心偈[101]：

ཧོཿ སྣ་ཚོགས་སྣང་བ་ཆུ་ཟླའི་ཆུན་རིས་ཀྱིས༔

吹　那湊囊瓦切　　得怎瑞記

吹　種種顯現水月幻化紋

འཁོར་བ་ལུ་གུ་རྒྱུད་དུ་འཁྱམས་པའི་འགྲོ༔

扣瓦樂革傑德恰　波　畫

---

[101]或者念《開顯解脫道》中的發心偈。

300

相續漂泊輪迴眾有情

རང་རིག་འོད་གསལ་དབྱིངས་སུ་དབལ་གསོ་ཕྱིར༔

讓熱惆 薩 揚 色鄂 瘦 謝

為於自證光明界休息

ཆད་མེད་བཞི་ཡི་དང་ནས་སེམས་བསྐྱེད་དོ༔

擦美月葉昂內 塞 吉門

以四無量境界而發心

　　這個用藏文念也可以。意思就是，世間上的一切顯現，猶如水中的花紋般顯而無自性，但眾生對此一無所知，以無明漂泊在輪迴中。為了讓他們在自證的光明法界中，獲得永遠的休息、解脫，我們應先發四無量心，四無量心的境界修到了一定時候，再正式地發菩提心。

　　大家在念這個時，一定要想到為了眾生的安樂，自己可以付出一切。若能如此，就會如《經莊嚴論》所云：「世間求自樂，不樂恆極苦；菩薩勤樂他，二利成上樂。」世間人只求自己快樂，結果不但不快樂，反而恆時沉溺在輪迴中受苦，始終得不到休息；而菩薩的話，一味只想幫助眾生，最終自利和他利都成就了，這樣的快樂才是最殊勝的。所以，我們在發心時，心量一定要廣大，要把眾生的安樂放在首位。

　　在這個過程中，還可以觀想諸佛如來的身相；或者思維菩提心的利益、功德；或者發願「眾生是如此痛

301

苦，諸佛菩薩怎樣發願利他，我也應該這樣發願」，如《華嚴經》云：「一切眾生諸趣中，各隨其業而受身，生老病死所逼迫，身心恆受無邊苦。為欲安樂彼眾生，發起最勝菩提志。」然後，最低要念誦十萬遍發心偈。

這樣的話，你就會經常想著眾生的事情，修完了以後，在利益眾生方面絕對有強大的力量。不過，你如果只是數量上完成，質量上卻不過關，那心態不一定有很大改變。但不管怎麼樣，按照傳承上師的傳統，修加行的時候，發心十萬遍一定要念。

每次念完一座之後，我們還要結座。此時，對一切聖眾生起無比的信心，滿懷恭敬地觀想：所有聖尊從邊緣依次化光，融入中央三寶總集的上師蓮花生大士中，上師蓮花生大士也化光融入自身。依靠這種外緣，使自己生起一切尊眾相續中的勝義菩提心。

再念誦發願偈：「勝寶菩提心，未生令生起，已生令不退，願其日增上。」藏文則是：「向卻森巧仁波切，瑪吉巴南吉傑吉，吉巴年巴美巴央，功內功德培瓦效。」這在每天念的發心儀軌中也有。

（很多上師見到佛像、朝拜聖地時，經常念這個偈頌發願：願自相續中的菩提心，沒有生起的話，要快快地生起；已經生起的話，永遠不要退失。《勝思惟梵天所問經》也說：「若有未發菩提心者，則能令發；已發心者，能令不退。」平時發這種心非常重要！）

最後，以「文殊師利勇猛智，普賢慧行亦復然，我今迴向諸善根，隨彼一切常修學。三世諸佛所稱歎，如是最勝諸大願，我今迴向諸善根，為得普賢殊勝行」兩偈來作迴向。如果你有時間，則可以念完《開顯解脫道》的後面部分，或者念一遍《普賢行願品》、《大圓滿願詞》。

大家修菩提心時，最好是把它當作一件重要的事情，如此菩提心才生得起來。否則，馬馬虎虎地觀想，發心偈也念得特別快，甚至比觀音心咒還快，不用兩三天就念完十萬遍了，這樣效果不會太明顯。

其實，數目上完成不是特別重要，重要的是內心要反覆思維菩提心的利益，觀想菩提心的修法，祈禱諸佛菩薩的加持融入自相續。以前你相續中都是凡夫的自私自利，所作所為每天都為了我我我，除此之外沒有別的，但從今天開始，請諸佛菩薩加持自己利益眾生，要這樣發願。

生起菩提心的殊勝功德

這樣發菩提心，完全概括了佛陀八萬四千法門的精華，可以說是「有則皆足、無則皆缺」的教言，相當於百病一藥的萬應丹。《大寶積經》亦云：「菩提心最勝，如阿伽陀藥，能除一切病，與一切安樂。」

---

⑩得過大圓滿灌頂的人，才可以念《大圓滿願詞》。

所以，不管你是什麼樣的人，在家也好、出家也好，都要盡量生起菩提心。如果沒有菩提心，口頭上說得再好聽，實際上也沒有多大實質。

　　要知道，積累資糧、淨除業障的一切修法，如觀修本尊、持誦咒語、講經說法、念阿彌陀佛等，統統是為了使自己生起菩提心的方便。有了菩提心的話，什麼都好辦，如《大寶積經》云：「大心菩提心，諸心中最上，解脫一切縛，具足諸功德。」如果不依靠菩提心，就算憑藉各種千差萬別的途徑，也根本不能獲得圓滿佛果。

　　現在很多佛教徒都不懂這個道理，而我們有幸遇到大乘佛法，聽受了上師對菩提心的開示，確實不是一般的福報。我經常都這樣想：「如今21世紀的人類，內心非常複雜，生活也多樣化，在這樣的一個世界裡，我們有緣遇上大乘佛教，並能了知它的精華教義，懂得取捨之理，實在太幸運了！」我就曾遇到過有些人，他們學了《入菩薩行論》以後，覺得人生有了新的方向，依靠寂天菩薩的智慧和加持，點亮了一盞解脫的明燈。

　　我們若能生起菩提心，那無論修持任何法，都會成為獲得圓滿佛果的因。即使沒有天天修法，而是在提水、炒菜、打字、挖土，若以菩提心攝持的話，這些也會成為解脫之因。所以，大家不管在何時何地，都要通過各種方便，想盡一切辦法生起這顆菩提心。

第一百節課

值得一提的是，本來，所有上師都跟佛陀沒什麼差別，但宣講菩提心竅訣的上師，使我們邁入大乘聖道，因此，與開示其他教言的上師相比，他們恩德更大更深，無法用語言來形容，無法用任何東西來回報，我們唯一能做的，就是盡心盡力地幫助眾生。

　　當年，阿底峽尊者提到其他上師的尊名時，雙手合掌在胸前。而當說起金洲上師時，就雙手合掌在頭頂，並且一邊流淚，一邊稱呼上師的尊名。

　　弟子們問尊者：「您在提到諸位上師時，有這樣的差別。到底是因為上師們功德大小有別，還是對您的恩德深淺有別呢？」

　　尊者回答：「我所有的上師，全部是大成就者，所以功德無有大小，但恩德卻有深淺之別。我相續中這少分菩提心，就是依靠金洲上師才獲得的，因此，他老人家對我恩德極大。」

　　阿底峽尊者依止的上師，法尊法師翻譯的傳記中說，一共有157位。尊者認為每位上師都跟佛陀無別，我們也要學習這種清淨心。不然，有些邪見重的人，對得過法的上師，覺得這個也是凡夫，那個也是凡夫，好像一個成就者都找不到，這就是自己沒有清淨心所致。

　　以前，阿底峽尊者初聽到金洲上師的名字，就生起了無比的歡喜心，發願一定要去依止。後來，他帶了125位弟子前往金洲（今印度尼西亞的蘇門答臘），在

海上航行了十三個月。途中，大自在天變成大摩羯陀魚百般阻撓，還有半個月中船一直不能行進等，遇到了很多很多違緣，最後才抵達那裡，依止金洲上師十二年，主要學習《集學論》、《現觀莊嚴論》、《入菩薩行論》，唯一修自他交換的菩提心。最後，他獲得了上師相續中的一切功德，又跟著贍部洲的商人返回了故鄉。阿底峽尊者來到藏地時，也經常讚歎金洲上師，說自己的這顆菩提心，完全來自於金洲上師。

大家在修發心時，光是口頭上說說「我要發菩提心」，這不是很重要，最重要的是什麼呢？就是一定要想方設法，真正生起利他的菩提心，即所謂的「發心不為主，生心乃為主」。這一點，每個人都有自知之明，可以好好觀察自己。如果有了菩提心，修任何法都很容易，幫助眾生也不會失敗。即使有一些失敗，因為沒有自私自利，也會比較隨緣，不會感到痛苦。因為，痛苦的來源就是自私自利。

前段時間，我看到個別道友度眾生時特別苦惱，就勸他們要隨緣，不要有自私自利。如果有了自私自利，中間會做很多壞事，自己真的非常慚愧；如果沒有的話，只要盡心盡力，應該都會善始善終。

華智仁波切說：「如果沒有生起菩提心，就算口頭上念數十萬遍發心偈，也沒有芝麻許的實義。」可見，

第一百節課

不光是十萬遍，就算是「數十萬遍」，沒有菩提心攝持的話，也沒有一點一滴的利益。對此，法王如意寶等上師們在解釋時說：「這是低劣加否定的用法。意思是指，若沒有生起利益眾生的菩提心，即使天天念發心偈，功德也特別特別小。但也不是一點利益都沒有，相續中還是可以種下善根的。」

其實，假如你在佛菩薩面前立下菩提心的誓言，卻沒有實際去做，顯然欺騙了諸佛菩薩，沒有比這更嚴重的罪業了。所以，大家不管遇到什麼情況，菩提心都不能退。《大集經》也說：「十方世界惡眾生，執持刀杖逼我身，心終不動失菩提，憐愍一切眾生故。」縱然十方世界的惡劣眾生，手持種種武器，逼你捨棄菩提心，你也千萬不能動搖，為什麼呢？因為一切眾生非常可憐，你已在諸佛菩薩面前發了誓，要度化他們。若能擁有堅定的誓言，菩提心就不會退轉，自己的修行也會成功。

因此，我們務必要斷除欺誑眾生的行為，盡心盡力使自己生起菩提心。這是每個修行人的目標！

大圓滿前行廣釋（六）附大圓滿前行實修法

第一百節課

第一百零一節課

今天繼續學習《大圓滿前行》。

上一節課已經是第一百堂課了，大多數的內容已經講完了。原來我講《入菩薩行論》，用了201堂課，這次的《大圓滿前行》，不知道還要講多少堂課？但我希望：你們也努力，我也努力！

講一兩堂課，其實並不困難。我有時候到一些團體或學校裡講課，講完了以後，他們都說：「您很累吧？」我說：「講一兩堂課，對我來講不是什麼壓力……」但要長期講的話，一是每個人的意樂和想法各不相同，一個公案、一個教證經常引用，老生常談的話，大家就沒有興趣了。對我而言，也不可能每天都講新的內容，所以，讓每個人滿意是一個困難。而對你們來說，一直不斷地聽課也是一種壓力。

現在末法時代的很多人，都不願意授課，不願意學習，有些人對佛教的簡單教理都特別陌生，更不要說去深入修學了。所以，大家既然有緣遇到這樣的佛法，就應該要共同努力，不斷地加油——加油的話，現在油價越來越高了，可能快加不起了。（眾笑）

不共加行中，菩提心的修法已經講完了，今天開始講菩提心的學處，即發了菩提心以後，應當守持的菩提

大圓滿前行廣釋（六）附大圓滿前行實修法

心戒律。首先講願菩提心。

願菩提心，在座各位都已經發了，如果舉手的話，這裡所有的人都在上師三寶前發過誓，說要利益無量無邊的眾生。但光是發誓還不行，發了誓以後該怎麼做？它有一定的要求。

對此，必須要聞思才能了解。聞思並不是非要聽一位上師的課，但總的來講，佛教的意義那麼甚深，如果沒有系統化、整體化、次第化地學習，只是斷章取義地片面了解，那修什麼都不會成功。同樣，對大乘菩提心也是如此，一定要懂得其中的究竟實義。

現在有些人，前世福報比較大，對大乘法門，不管是菩提心方面，還是行持十善方面，一聽之後就非常歡喜，甚至汗毛豎立、熱淚盈眶。而有些人，對輪迴過患、菩提心的功德，聽起來沒有什麼感覺，別人怎麼樣勸他發心，他也不願意發。誠如《大寶積經》所言：「少福諸眾生，於此無欣樂，不觀生死過，不樂菩提心。」缺少福德的人，對行善斷惡不會有興趣，而且從來不觀輪迴的過患和痛苦，也從不希求菩提心的利益。可見，每個人的種種好惡，都與自己的前世福報有關。

我們如今能長期學習、修行，也是源於前世的福報。否則，就算剛開始你很想學習佛法，到了中間遇到各種違緣時，修學也容易半途而廢。而福報比較大的人，不管是在社會上幹一番事業，還是出家修行，見解

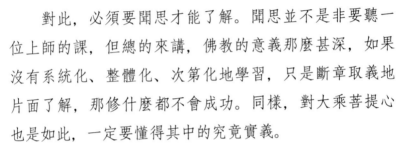

第一百零一節課

始終都特別端正，做事、修行也會善始善終。

鑒於此，大家在修學的過程中，一定要經常懺悔，多念金剛薩埵心咒、百字明，同時，對諸佛菩薩祈禱也非常重要。尤其是在佛堂等寂靜的地方，或者跟大眾一起念誦時，要發起對諸佛菩薩的恭敬心，心裡想：「通過我這樣猛厲的祈請，諸佛菩薩無比的加持和智慧，一定要融入我的心，昇華我的心態，洗淨我原有的不良習氣，讓我心裡的解脫種子盡快開花結果。」自己獨處也好，跟集體共住也罷，經常都要這樣祈禱。

其實，人的心態是可以慢慢改變的。比如，你對蓮花生大士有非常大的信心，時時都觀想他，然後一直祈禱。依靠蓮花生大士的加持，自己的業障就會逐漸清淨，福報也會日趨圓滿。

我們現在修菩提心，也是以蓮師作為祈禱對境的，觀想根本上師與他的本體無二無別。有些人一邊祈禱一邊念發心偈，內心的虔誠達到極點，眼淚就嘩嘩地流下來。若能如此，三寶的加持自會融入你的心海，解脫的月光也可以出現。所以，作為佛教徒，常常祈禱非常重要！

丁三（願行菩提心學處）分二：一、願菩提心學處；二、行菩提心學處。

戊一（願菩提心學處）分三：一、修自他平等菩提

大圓滿前行廣釋（六）附大圓滿前行實修法

心；二、修自他相換菩提心；三、修自輕他重菩提心。

己一、修自他平等菩提心：

自己與眾生平等的原因

我們無始以來，漂泊於輪迴大苦海的因，就是無有「我」而執著「我」、無有自己而執著自己，始終將自己放在最主要的位置，倍加珍愛。

《入楞伽經》也說：「五陰中無我，及無人眾生。」本來，就像《中觀根本慧論》中所言，我也不存在，你也不存在，整個世界的顯現就像一場虛無縹緲的夢，但凡夫卻把這沒有的東西耽著為有，特別牢固地執著眼前的一切，這就是眾生流轉輪迴的唯一因。

而佛教，通過各種方式抉擇，把無我的見解開發出來，讓無數修行人懂得了無我。此時再看這個世界，就會覺得非常稀有。為什麼呢？因為眾生本來就沒有「我」，這並不是強迫性的規定，而是你用中觀的離一多因、有無生因、金剛屑因等進行觀察後，的的確確找不到「我」的本體。然而，無數的可憐眾生不了知這一點，反而一直耽著「我」和我所，以此漂泊在無邊輪迴中，確實非常可憐！

懂得這個道理之後，大家需要這樣來觀察：現在我不管在何時何地，唯一希求的就是自我安樂，不希望感受一分痛苦。甚至身上紮了一個小刺，或者落了一顆火星，也會感到疼痛難忍，情不自禁地發出「痛啊、痛

啊」的叫聲。

那天，我看到一個穿黃衣服的居士——他今天還在那兒，他的腳被一個小釘子刺了，就一直在那兒大叫。我以為出了什麼大事，結果看那個釘子非常非常小，下課的時候，他走路還是很正常。當然，他是這樣，我也是如此，甚至比他還厲害。當一個小針刺入我的身體，比如輸液或打針時，有些醫生的手特別重，這時候就覺得非常痛。這是為什麼呢？因為我們對「我」十分執著。

以此原因，有些人背上有蝨子叮咬，也會勃然大怒，伸手抓搔著捉住牠，放在一個指甲上，另一個指甲用力擠壓。甚至蝨子已經死了，自己還餘怒未消，兩個指甲不停地蹭來蹭去。漢地人可能沒有這種情況，但有些人被蚊子咬了，也是使勁捏死牠，一直把牠捏得粉身碎骨。這是人類的一種自我保護，但對其他眾生的生命卻一點都不在乎。

當前大多數人認為，殺蝨子、殺蚊子、殺蟑螂、殺老鼠、殺害蟲等沒有罪。甚至有些佛教徒，也在不同的場合中說，對害蟲可以噴些毒藥。但實際上，這種行為完全是瞋心引起的，因此，絕對是墮入地獄的正因。

在佛教中，從來不提倡殺害眾生。蝨子不管在身上怎麼肆虐，按照戒律的要求，也不能用藥去毒死牠。以前有些其他宗教，對蝨子也非常愛護。比如，魯迅的弟

弟周作人，在《蝨子》一文中，就引用羅素《結婚與道德》的一段話說：「那時（基督教）教會攻擊洗浴的習慣，以為凡使肉體清潔可愛好者，皆有發生罪惡之傾向。骯髒不潔是被讚美，於是聖賢的氣味變成更為強烈了。聖保拉說，身體與衣服的潔淨，就是靈魂的不淨。蝨子被稱為神的明珠，爬滿這些東西，是一個聖人的必不可少的記號。」

威廉在《歐洲道德史》中也說，中世紀的歐洲，對身上的蝨子格外保護。那時基督教禁欲主義盛行，洗澡近乎罪過。他們認為：「肉體的清潔就是對靈魂的褻瀆，最受人崇拜的聖賢之人，就是那些衣服結成巴塊的穢身。」蝨子被視為「上帝的珍珠」，滿身蝨子不僅不是恥辱，反而是聖人不可或缺的標誌。這種道德觀念，曾統治歐洲長達一千多年之久。

包括過去藏地的個別修行人，對身體衛生也不太在乎。這些我覺得沒有必要。因為戒律中非常強調身體清潔，密宗的事部和行部中也說，不管是你居住的屋子，還是自己的身體，都需要經常「打掃」，這個道理講得非常清楚。所以，在名言中，保護身體是有必要的。

但這種保護，並不是對自身點點滴滴都特別維護，別人稍微危害自己，就實在忍無可忍；蝨子、蚊子叮你一口，你就要把牠打死；狗咬你一下，你也用槍把牠殺掉，這種態度與大乘菩提心的教義完全相違。對我們自

己來說，一般的微小痛苦尚且無法忍受，卻反過來讓眾生感受那麼巨大的痛苦，這種行為實在令人汗顏。

要知道，三界的所有眾生，都渴求獲得一切安樂，不希望遭受絲毫痛苦，這一點與自己完全相同。（佛教的慈悲心，涉及到所有眾生。令人歡喜的是，現在不少人有機會接受這樣的教育，儘管他們不一定能完全聽懂、做到，但至少已了知佛教確實非常偉大。）他們雖希求安樂、不願受苦，卻不知道奉行安樂之因——十善業，反而一味地將精力放在痛苦之因——十不善業上，所想與所行完全背道而馳，這就是眾生的一種愚癡。

《大方便佛報恩經》也說：「五道生死海，譬如墮污泥，愛欲所纏故，無智為世迷。」輪迴的六道眾生，猶如深陷在淤泥中一樣，沉沒在生死的大海裡。之所以如此，就是因為他們被愛欲所纏縛，缺乏智慧，以至於被各種迷亂現象所惑。

我有時候看到大城市很多人的所作所為，有種說不出的悲哀，覺得他們真的很可憐。這麼多的人，對勝義中「我」不存在也不知道，成天為了這個「我」而奔波；在世俗中，我的生命價值和其他眾生完全平等，可他們卻維護自己而傷害他眾，這種做法非常不合理。但也沒辦法，現在社會已經變成這樣了。

其實，受苦受難的一切眾生，無始以來在漫長的時日中，沒有一個未曾做過自己的父母。我們如今有幸遇

大圓滿前行廣釋（六）附大圓滿前行實修法

到具法相的上師，邁入正法之門，通過聞思多多少少懂得利害的差別，知道造惡業的危害、行持善法的功德，這個時候，不能一點都不管旁邊的苦難眾生，只希求自己修行解脫。對於被無明愚癡所縛的一切老母有情，我們理當與自己無有區別地慈愛救護，忍耐他們的邪行與偏執，修持親怨平等，想盡一切辦法解除他們的痛苦。

現在有些其他宗教，每年在一個城市裡增加幾百個會所、幾百個教堂，幾千甚至上萬的教徒。他們依靠自身的努力，有組織、有計劃地進行推廣，致使隊伍越來越龐大。而我們佛教徒，據統計，在有些城市裡，一年比一年少，不少人慢慢就融入其他宗教的團體了；有些城市裡的人數雖有增加，但道場的數量基本沒變，原來有多少，現在也是這樣。通過各方面的途徑了解，佛教徒一年只增加幾百個。為什麼呢？就是因為很多大乘佛教徒，只喜歡自己拿著念珠，閉著眼念「嗡嘛呢巴美吽」、「南無阿彌陀佛」，成天只管自己，卻很少想到眾生。

假如你什麼都不管，依靠三寶的加持，自己有吃有穿肯定沒問題，不會像那些苦難的人，天天都在琢磨：「我吃什麼？穿什麼？住在哪裡？」但你的發心若只想著自己，連身邊的眾生都置之不理，那很多空間就被別人給占領了。

當然，我們也不是要與其他宗教搶陣地。可是，你

看看別人弘揚宗教的精神，再對照一下自己，難道不感到慚愧嗎？本來，大乘佛教的教義，在智慧和慈悲等方面，遠遠超過了其他宗教。我經常跟知識分子、異教徒這樣講，在講的過程中，也能引起他們的共鳴。但現在很多佛教徒，十年前的心態是怎麼樣，十年後仍是如此。很多人學佛的目標，僅僅是消除自己的煩惱，連小乘阿羅漢解脫輪迴的發心都沒有，他們只想暫時遠離貪嗔癡，讓自己快樂就可以，坐禪、念佛都是這個目標，但這樣學佛是遠遠不夠的。

要知道，我們身邊的眾生很可憐。誠如《經莊嚴論》所言：「眾生不自在，常作諸惡業，忍彼增悲故，無惱亦無違。」眾生被煩惱所左右，整天造殺盜淫妄等惡業，心沒有一時的自在。作為發了菩提心的大乘行人，理應以悲心忍受他們的邪行，以方便隨順世間，並且不被他們的邪知邪見所同化。

明白以上道理之後，無論是何時何地，我們希望自己擁有利樂，也要希望其他眾生同樣擁有；為自己安樂付出怎樣的精勤努力，為毫不相干的眾生也應付出同等代價；自己連細微的痛苦也努力捨棄，同樣也要盡可能地解除他眾的微苦；自己因享受幸福安樂、豐厚受用等而喜悅，對他眾擁有這些也要同樣發自內心地歡喜。

寂天菩薩在《入行論》中也說：「自與他雙方，惡

大圓滿前行廣釋（六）附大圓滿前行實修法

苦既相同，自他何差殊，何故唯自護？」我和眾生在不願接受痛苦方面，完全是相同的，我害怕痛、害怕死、害怕別人打我，眾生也是同樣。既然如此，我和眾生又有什麼區別呢？為何不愛護別人，偏偏只愛護自己呢？

我們天天口裡念：「諸佛菩薩怎麼樣發心，我也怎麼樣發心。」說起來倒很好聽，但實際上連想都不想，那絕對是在欺騙諸佛菩薩。有時候我們反觀自心，真的覺得非常慚愧。所以，對於三界一切眾生，大家必須要毫無差別地看待，視他們如自己一樣，全力以赴、盡心盡力地成辦他們眼前與長遠的利益。

修心需要持之以恆

這種菩提心，並不是只用一兩天，或只聽一兩堂課，馬上就能生起來的。不過，對大乘佛法信心特別強烈的人，依靠自己的不斷努力，遲早會達到這種境界。

我非常佩服很多老修行人，他們把長期修行當作最重要的事情。不像現在一些年輕的修行人，兩三天還比較精進，比如聽了一個上師的開示、看了一本書，或者遇到開心的事，幾天內就閉關修行，早上起得早，晚上睡得晚，看起來似乎還可以。但過了一段時間，就像突然生病了一樣，馬上就倒下去了。

聽一位堪布說，他接觸過一位國外的活佛。有一次，他發現活佛的臉腫了，臉色特別不好，就問他是不

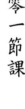

是生病了。活佛一般都不講自己的功德，但這次透露了一點點，說：「這幾天因為剛剛到這裡，去了很多地方，白天晚上應酬特別多，很長時間一直忙著，晚上12點之前都在開會，商量很多事情。晚上回去之後，我每天的功課特別多，念完就凌晨4點左右了，然後開始禪修，第二天的事情又開始了……這樣我已經兩天都沒有睡覺了，可能再過兩天，就會恢復過來。」

我想了一下，現在很多人忙的時候，常會把工作放在主要位置，而念誦、禪修因為太累，往往就放棄了。但這位老修行人，不僅僅是現在，就算在「文革」期間，功課也一直從不間斷，每天念十幾遍《真實名經》，不管再怎麼危險，至少三遍也沒有斷過。

漢地也有位一百多歲的高僧，前不久他的弟子到我這裡，我問了一下他老人家的近況，說他現在仍堅持早上三四點起床。我家鄉那邊也有一位老修行人，平時修行也是這樣。

我每次見到一些老修行人的弟子，都會跟他們打聽：「這位老修行人早上什麼時候起來？晚上什麼時候睡覺？平時把佛法、修行放在什麼位置上？」有時候聽了他們的行為，覺得自己特別差勁。雖然我沒有把所有時間投入世間八法或非法上面，但跟他們比起來，自己所造的善業真的特別渺小。

《正法念處經》中有個教證很好：「若勤不休息，

大圓滿前行廣釋（六）附大圓滿前行實修法

如是作善業，彼則常受樂，後時得涅槃。」如果我們不休息而常行善，以此功德，今生來世都會感受快樂，不久的將來也定將獲得涅槃。這樣的修行人，未來前途必定是光明的。

可是，對大多數人來說，儘管表面上跟他們一樣，都是血肉組成的，他每天吃三頓飯，你也吃三頓飯；他要穿衣服，你也要穿衣服，但在無形的心力方面，還是有很大差別。就如同最好的一個人和最壞的一個人，站在一起的話，單從長相和表面行為看，陌生人很難分出好壞，根本不知道哪個人自私自利、無惡不作，哪個人終生行善、必定解脫。但實際上，他們的內心、對眾生的利益，確實有著天壤之別。

所以，我們應當像那些老修行人一樣，修行務必要全力以赴。當然，這也需要量力而行，沒必要去做超出自己能力範圍的事。《菩提資糧論》中也說：「菩薩於眾生，不應得捨棄，當隨力所堪，一切時攝受。」本來是一輛小拖拉機，只能裝一噸的東西，就肯定不能載大卡車上三十噸的貨物。同樣，作為初發心的小菩薩，讓你度化無量眾生，把身上的肉一塊塊地布施眾生，一天24小時都不能睡覺，天天觀修眾生的痛苦，這也是根本做不到的。但不管怎麼樣，我們還是要盡心盡力、全力以赴，這一點非常重要！

第
一
百
零
一
節
課

以公案說明自他平等的重要性

從前，仲巴思那堅格西祈請單巴桑吉尊者：「請您開示一句可概括所有法要的教言。」

（我們也經常遇到這樣的人，一見面就說：「我實在太懶惰、太忙了，您可否給我傳個一生修持的竅訣？一定要能斷除我執、讓我很快成就的，您開示短短一句話，可不可以？」）

尊者教誡道：「您自己希望怎樣，其他眾生也希望那樣，就這樣修推己及人吧！」

推己及人，就是我們通常所說的「己所不欲，勿施於人」，這也是《論語》中的重要內容。子貢曾問孔子：「有沒有一個教言可以終身奉行？」孔子回答：「這就是『恕』。己所不欲，勿施於人。」[103]

不過，有些講《論語》的教授，對這句話理解得不太到位，以至於很多知識分子說她、罵她。其實，不管是講古文化，還是講佛教的教義，都要盡量貼近它的本意，否則，就可能遭到別人的呵斥。

孔子的這句話，實際上也是大乘佛教的精髓。所以，我們務必要根除珍愛自己、嗔恨他眾的惡心，平等地對待自己與他眾。對此，大家一定要時時刻刻提醒自己！

大圓滿前行廣釋（六）附大圓滿前行實修法

---

[103] 《論語》中，子貢問曰：「有一言而可以終身行之者乎？」子曰：「其恕乎！己所不欲，勿施於人。」

己二、修自他相換菩提心：

自他相換菩提心的修法、標準

對親眼目睹遭受痛苦的眾生，或者沒有這種對境的話，也可以觀想一個正在遭受痛苦的眾生，把他作為所緣境。當自己向外呼氣時，觀想自己的安樂、善妙、身體、受用、善根等，猶如脫下衣服給他穿上一樣，完全施給他；當向內吸氣時，再觀想他所有的一切痛苦一併吸入體內，由自己來承擔，由此他已經離苦得樂。

《修心七要》的講義中，也講過這種特別甚深的修法。這種施受法，要從一個眾生開始觀想，再到兩個、三個……直至一切眾生，這樣次第來觀修。

同樣，在實際生活中，當自己遇到痛苦時，也要觀想：「輪迴中有許多感受這種痛苦的眾生，他們是多麼可憐，願他們的一切苦難都成熟於我身，他們都能離苦得樂。」當自己享有幸福快樂時，就觀想：「以我的這分安樂，願所有眾生都獲得安樂。」從內心深處，反反覆覆這樣觀修。

關於自他平等的標準，華智仁波切曾以比喻進行了說明：一場大雪過後，我和某人走在路上。此時我穿著一雙鞋，那人卻光著腳，我就脫下一隻鞋給他。於是，我和他一隻腳都沒有鞋穿，同樣感受寒冷之苦；而我和他的另一隻腳都有鞋穿，同樣避免了寒冷之苦。若在一切實際行動中，能夠這樣做，就是真正的自他平等。

而修自他相換時，則應該是把兩隻鞋都送給別人，絲毫不考慮自己，他的一切痛苦由我承擔，我的一切快樂都給他。這從層次上已經提高了。

關於自他相換的標準，華智仁波切也有一個比喻是：有五個放牧的人，其中一個人有件夠四人使用的雨衣。當他們遇到一場大雨時，雨衣的主人就把雨衣讓給其他四個人，而甘願自己挨淋。在一切實際行動中，若都能這樣做，就是真正的自他相換。

如今世間上助人為樂的精神，應該與這個比較接近，但完全一樣也很困難。最近新聞上說，美國總統奧巴馬宣稱：為了全世界的安寧和人民的繁榮，美國寧願犧牲自己。但今天他卻公布，美國的頭號敵人本.拉登已被擊斃。這事發生在一個多星期前的巴基斯坦，事後美國通過各方面觀察，以及DNA檢驗，證實死者正是本.拉登本人。美國對此感到非常歡喜。

其實，本.拉登也很可憐，生前殺害了那麼多眾生，死後不知會墮到哪裡去。而且就眼前來說，按照穆斯林的傳統，屍體在24小時之內必須處理，但任何一個國家都不敢接受，後來只好葬入大海——大海實際上範圍更廣，遍及了全球所有國家。美國為什麼那麼生氣呢？因為這幾百年來，除了「二戰」的珍珠港事件，就是9.11事件讓美國感到奇恥大辱，而且隨時面臨著威脅，內心

大圓滿前行廣釋（六）附大圓滿前行實修法

忐忑不安。美國一直重金懸賞捉拿本.拉登，結果十年過去了，現在才找到他。

世間上人與人之間的仇恨，跟大乘佛教的理念還是差別很大。有些人說得很好聽：「為了全世界的安全、和平、民主，我們願意自我犧牲！」但歸根結底，所做的事情不一定是為了他眾，而是為了自己。

從因果的角度來看，受果報的人固然可憐，但造業的人也很可憐。在世間的「遊戲」中，眾生扮演的角色都不相同，但作為發了大乘菩提心的我們，不管在什麼情況下，都要以眾生利益為主，永遠不能退失這顆心。正如《大集經》所言：「雖受三惡無量苦，亦不退失菩提心。」《經莊嚴論》也說：「極勤利眾生，大悲為性故。」

自他相換菩提心可迅速積資淨障

這種自他相換菩提心，是大乘行人必修的無倒精要，不說要長期，哪怕僅僅生起一次這樣的心，也能清淨多生累劫的罪障，圓滿廣大的福慧資糧，從惡趣、邪見中獲得解脫。

佛經記載：從前，我等大師釋迦牟尼佛在因地時，轉生於拉馬車的地獄裡。當時，他與同伴嘎瑪熱巴，一同拉地獄的馬車。他們因身單力薄拉不動，遭到獄卒們[104]

⑩④《大方便佛報恩經》中說是牛頭阿傍。

用熾燃的兵器錘打、猛擊，極其痛苦。

這時他想：「我倆拉馬車也無法拉動，與其共同感受痛苦，還不如我獨自承擔，讓同伴獲得安樂。」於是便告訴獄卒：「請將同伴的繩子拴在我脖子上，讓我單獨來拉馬車。」

獄卒憤怒地說：「眾生感受各自的業力，誰有辦法改變？」說完用鐵錘擊打他的頭。結果他以自己的善心力，頓時從地獄死去，生到天界。這就是佛陀利他的開端。

《大方便佛報恩經》中也有這個公案。當時喜王菩薩問佛：「您最初因為何事而發心？」佛陀就講了這段經歷，說他在火車地獄拉馬車時，對同伴生起這樣的善心，當下消盡了火車地獄要感受的百劫罪業，轉生於天界。記得這在《賢愚經》裡也有，當時阿難問佛陀：「您剛開始發心是什麼樣的？」佛陀就講了這個故事，情節與此基本上相同。

關於釋迦牟尼佛的最初發心，各大經典的說法均有不同。比如《毗奈耶.藥事》中說，

勝光王曾問佛陀：「您初發心是怎樣的情況？」佛陀回答：久遠劫前有一位光明王，他特別喜歡一頭大象，就命令馴象師好好調教。經過很長時間以後，馴象師說大象已經馴服了，就把牠交給國王。

有一天，國王騎著大象，到森林裡打獵。大象尋到了母象氣味，一路開始狂奔。國王坐在大象身上特別害怕，馴象師讓國王攀住一個樹枝，然後慢慢下來，這才化險為夷。

國王責罵馴象師：「你怎能將沒有馴服的大象交給我？」馴象師說：「我確實已將其馴服了，但牠聞到母象氣息就無法自制，我也無可奈何。不過，因牠已被馴養過，不久即會自行返回。」

七天之後，大象果然回來了。馴象師把牠帶到國王面前，給牠一個燃燒的大鐵球，讓牠捲起來，大象被燒得嗞嗞作響，但也依言行之。這時馴象師問國王：「您是否還要繼續？如果讓牠把鐵球吞下去，牠也會吞的，但牠肯定活不成了。」國王有點捨不得，就叫他停止。

國王問：「既然牠被馴服得這麼好，當時為什麼會發狂？」馴象師說：「我只能調伏其身，不能調伏其心。」國王問：「誰能調伏其心？」馴象師言：「佛陀才有這個能力。」然後描述了佛陀的威德和智慧。

國王聽了很起信心，自己也開始發菩提心，並以偈頌說：「修無量福求佛果，得成善逝自在尊，若未能度彼岸者，我當誓度令至岸。聞佛離欲發菩提，復行惠施正法化，願我當來得成佛，利益有情貪欲滅。」意思是，我也要修無量福德，成就自在的佛果，以前未得度的眾生，我發願都把他們度盡，令其到達解脫彼岸。我

今天聽了佛陀的離欲功德，也發起希求成佛的菩提心，並要把這麼殊勝的法廣布世間，發願將來獲得佛果，利益無邊眾生，令自他都滅除貪欲。當時的光明王，就是釋迦牟尼佛的前世。《釋尊廣傳》中也有這個公案，以前文殊小學的學生在講考時也講過。

總的來講，生起利益眾生的這顆心，是我們真正發心的開始。對每個佛教徒來說，皈依雖然很重要，但更重要的是什麼？就是發心。你們聽了大乘佛法以後，若能默默地想：「我要有一個成佛的開端，從現在開始，我發誓要利益眾生！」心裡這樣發願，在日記本上也這樣寫。那最終的話，你定可漸漸成就無上菩提！

第一百零二節課

現在正在講菩提心的學處，即發了菩提心以後要怎麼做。昨天講到了願菩提心中的自他交換。

自他交換，就是世人常說的換位思考，作為大乘修行人一定要修。《入行論》中講過：「若不以自樂，真實換他苦，非僅不成佛，生死亦無樂。」意思是說，如果不能以自身的安樂，真實替換他眾的痛苦，那不但不能成就佛果大安樂，在生死輪迴中，也不會有快樂可言。

修菩提心，其實就是要斷除我執，這對每個人來講並不容易。讓我們放下對萬事萬物的耽著，可能不會那麼困難，只要稍懂佛理，用智慧去觀察的話，就會明白輪迴中的人事物、名聲財富，究竟沒什麼可貪戀的。比如，你若特別喜歡財富，就想想離開世間時，一分錢也帶不走；你若特別耽著感情、地位，就想想這些只不過是自己的妄執罷了，真正去尋找的話，根本找不到點滴意義。可是，讓你放下自我，完全像大菩薩一樣利益眾生，這卻是非常難的。

不過，這種我執若沒有斷，痛苦就會沒完沒了。寂天菩薩也說：「我執未盡捨，苦必不能除，如火未拋棄，不免受灼傷。」倘若不能完全捨棄自我愛執，必然不能根除一切痛苦，就像不拋棄手中的火，便難免受到灼傷一樣。我們都學過這些道理，對此應該比較清楚。

大圓滿前行廣釋（六）附大圓滿前行實修法

所以，大家一定要想方設法放下自我，完全投入利他的行列中。儘管這對凡夫人來講，難度相當大，但如今我們遇到了大乘善知識，遇到了大乘教言，只要盡心盡力修持自他交換，遲早都會做到的。如果有了這種菩提心，即使轉生到地獄中去，也會迅速捨棄地獄的痛苦，更何況是世間上的痛苦了？

　　要知道，眾生墮入地獄之後，這種異熟果報很難消盡。但菩提心的力量非常強大，昨天也講了，世尊在因地時，對同伴生起一瞬間的利他心，馬上就捨棄了地獄的身體，轉生於天界。那我們在人間感受劇烈的病痛，或者受到別人的攻擊、誹謗，此時用菩提心來攝持，觀想自己代受他眾的痛苦，那無始以來所造的許多罪業，當下便可遣除。甚至有些教言中說，即使造了五無間罪，這種罪業也能滅盡。

　　此外，世尊在因地轉生為商主匝哦之女時，也是因為生起了自他相換的菩提心，立即脫離了惡趣的痛苦。

　　這個公案，在漢地《雜寶藏經》中也有。我以前講過一次，但講得比較略。今天我先按佛經的內容講一下，再講講華智仁波切《前行》中的這個公案。

　　華智仁波切的公案，其實百分之九十都出自經藏、律藏和論藏，只有百分之十幾左右，才是藏傳佛教的一些精彩故事。

《雜寶藏經》中慈童女的公案

《雜寶藏經》中記載，昔日佛陀在王舍城時，給諸比丘講了一個偈頌：「於父母所，少作供養，獲福無量；少作不順，獲罪無量。」也就是說，以父母為對境的話，作一點點供養，獲福會無量無邊；作一點點忤逆，獲罪也是無量無邊。

諸比丘問：「這罪福報應是怎樣的呢？」佛陀就講了一個公案：

久遠以前，波羅奈國有一位長者，他兒子叫慈童女。長者很早就去世了，慈童女被母親辛辛苦苦帶大。長大之後，家裡的錢財用光了，他就出去賣木柴為生，一天可以賺到兩個錢，慢慢又賺到四個錢、八個錢、十六個錢。每次賺來的錢，他都全部交給母親。

許多人見他很聰明，就說：「你父親在時，經常入海尋寶，你為什麼不也這樣呢？」慈童女聽後，就問母親：「我父親是做什麼行業的？」母親告訴他：「你父親經常入海尋寶。」

慈童女對母親說：「我父親能夠入海尋寶，我為什麼不能呢？」

母親見他非常孝順，應該不會離自己而去，就開玩笑道：「你也可以去啊。」

得到母親的允諾，慈童女便打定主意，尋找旅伴，鄭重向母親告辭。

大圓滿前行廣釋（六）附大圓滿前行實修法

母親大驚，說：「我只有你這麼一個孩子，除非我死了，否則，怎能放你走呢？」慈童女回答：「如果您當初不允許，我自然不敢打這個主意。但母親已經准許了我，為什麼又阻攔呢？我現在非去不可！」

母親見到他去意堅決，就抱住他的腳痛哭，不讓他離開。但慈童女掰開母親的手，把腳抽出來，在此過程中，扯斷了母親數十根頭髮。母親害怕孩子獲不孝之報，只好放他離去。

他和夥伴一起入海尋寶。尋到寶島，取得寶物後，返回的道路有兩種：一是水道，二是陸路。眾人都說從陸路走，於是他就選擇了陸路。

當時國家有這樣的規定：若有盜賊來搶劫，抓獲商主，商人的貨物都歸盜賊；若沒抓住商主，那商主索要時，要把財物歸還。所以，慈童女總是和同伴分開睡，同伴早起後，就會去叫他。有一天，夜間起大風，同伴早上忘了叫他，慈童女就與大家失散了，而且也不認識回去的路。

他在流浪的過程中，遠遠看到一座琉璃城，因為飢渴困乏，便前往城中。這時城裡有四名玉女前來迎接，留他在城中生活，四萬年中享受無盡快樂。

後來，他生起厭離心，便離開那裡。又見到一座頗梨城，有八名玉女前來迎接，與其在城中歡愉度日，過了八萬年。

慈童女再次厭離捨去。又見到一座白銀城，有十六名玉女，前來迎接。在十六萬年中，與其享受快樂。

之後，慈童女又棄之而去。到達黃金城，與三十二名玉女，快樂生活了三十二萬年。

他再次想要離去時，玉女們勸他不要走，此後就不會有好去處了。但他根本不聽，認為繼續前行一定有更好的地方，於是離開了黃金城。

他看到一座鐵城，進入裡面，不見有玉女來迎，只見一個頭戴火輪的人正在受苦。那人見到他後，把自己的火輪放到他頭上，自己便出去了。

慈童女問旁邊的獄卒：「我頭頂的火輪什麼時候可以摘下來？」獄卒回答：「世間若有人造了跟你一樣的罪福。入海採寶，經歷各城，時間也一樣，然後才能代替你。這個鐵輪，是永遠不會墜落於地的。」

慈童女問：「我積了什麼福，造了什麼罪？」答言：「你在閻浮提以兩錢供養母親，所以能到琉璃城，與四名玉女，四萬年中享受快樂。因以四錢供養母親，所以能到頗梨城，與八名玉女，八萬年中享受快樂。如此類推，得福增倍。但因為你不順母意，扯斷母親的頭髮，故得到鐵輪的果報。以後必須有人代替你，才可以解脫此苦。」

慈童女又問：「這裡有和我一樣受報的眾生嗎？」獄卒回答：「有，成千上萬，不可勝數。」

聽了這話，慈童女暗自思忖：「我既然不能免受此苦，那麼願一切受此苦者的罪報，都集中到我身上，讓我代受吧！」剛有此念，鐵輪就墜於地上了。

慈童女問獄卒：「你不是說此輪不會墜地嗎？現在怎麼落到地上了呢？」獄卒十分生氣，以鐵叉重擊慈童女的頭，把他打死了。命終後，慈童女轉生於兜率天。

佛陀告訴諸比丘：「慈童女，就是我的前世。可見，對父母作少許不善，一定得大苦報；能作少分供養，獲福無量。故而，我們應當盡心奉養父母。」

漢地的《法苑珠林》中，也有一個自他相換的故事：唐朝有個人叫盧元禮，他曾因重病而昏厥，過了一天後醒來說：

有人把他引到了一所殿堂。他看到裡面有數十百口灶，熱氣騰騰，灶上有蒸籠般的東西，裝著無數罪人，正在蒸煮。

他見後發大願，大聲說：「願我代一切眾生受罪！」說完便投身在大鍋中，當時一下子昏了，也不覺得有痛苦。

後來出現一個沙門，把他救出來，並對他說：「知道你是至誠心，現在你可以回去了。」這時，盧元禮忽如夢醒，發現自己已還陽了。

可見，藏傳、漢傳許多可靠的故事中，都講了修自

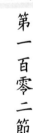

他交換菩提心時，當下即可遠離痛苦。所以，大家不要把它當成傳說、神話，一定要想到：自己以後無論是墮入惡趣，還是做惡夢，或在現實生活中受苦，都要發願「我來代受一切眾生的痛苦」。

這一點，剛開始做會有點困難，但慢慢地，就會養成習慣了。我本人雖然菩提心修得特別差，但對此卻極有信心，有時候做惡夢，或者生病、遇到違緣，還是能想起一點點。儘管自己觀想的力量很微弱，但也能感受到，只要用自他交換的方法來修，最終的結果令人非常歡喜。故希望你們每個人，也能把這個甚深的教言用於日常生活中。

《前行》中匜哦之女的公案

下面講匜哦之女的公案：

從前，有位匜哦施主，他所生的兒子都夭折了。一次，又生了一個兒子，為了能使他生存下來，就取名為匜哦之女[105]。後來，施主去大海中取寶，結果船毀人亡。

兒子長大以後，問母親：「父親是什麼種姓？」

母親心想：「如果一五一十地告訴他，他一定會去大海中取寶。」於是便妄言道：「你父親是賣糧的種姓。」於是他就去賣糧食。每天賺得四個嘎夏巴[106]，全部孝敬母親。

---

[105]匜哦之女：這屬於印度的一種民俗，為使自己的孩子活下來，便取不好的名字，或取女人之名。在藏地，也有這樣的習俗。

[106]嘎夏巴：印度貨幣的名稱。

賣糧的同行對他說：「你不是賣糧的種姓，經營糧食是不合理的。」從而禁止他賣糧食。

（印度對種姓特別執著，有婆羅門種姓、商人種姓、農民種姓等。一個人的種姓，是與生俱來、不能改變的，同一種姓的人之間，才可以互相訂婚、請客吃飯。包括選舉高級政府官員，種姓的鬥爭也非常厲害，經常因種姓而爆發戰亂。）

他回家又問母親：「父親到底是什麼種姓？」母親說：「是賣香的種姓。」他又去賣香，生意比較好，每天賺得八個嘎夏巴供養母親。（他剛開始還比較孝順。我們有些人也是如此，在某種程度上，對父母比較可以；但遇到另一種情況時，就開始不孝順了。因此，以父母作為對境，我們常造些黑業與白業交雜的花業。）那些賣香的人，又同樣禁止他賣香。

母親又告訴他：「你父親是賣衣服的種姓。」他又去賣衣服，每天賺得十六個嘎夏巴交給母親，賣衣服的人又禁止他賣衣服。（他比較累啊，剛做一個生意，又要全部放棄，重新從零開始，很不容易。）

母親又告訴他：「你是賣珍寶的種姓。」於是他又去經銷珍寶，每天賺得三十二個嘎夏巴也供養母親。

後來，當地的其他商人告訴他：「你是赴海取寶的種姓⑩，理應去從事自己的行業。」

他回到家中，對母親說：「我是商人種姓，所以一定要赴海取寶。」

---

⑩一般來講，這個種姓在印度比較高貴。

母親說：「雖然你是商人種姓，但你父親和祖輩全是因為去大海取寶而喪命的，如果你去，也定是死路一條。千萬不要去，還是在本地經營買賣吧！」

可他執意不聽，準備好赴海所需的一切資具。臨行時，母親實在難以割捨，不肯放他走，一邊扯著他的衣服，一邊哭泣。

他怒氣沖沖地說：「我今天要去大海取寶，這時候，你卻這樣不吉祥地哭哭啼啼——」說完用腳狠狠地踢母親的頭，然後一走了之。（我們即生中若有類似的行為，自己一定要懺悔！）

在海上航行的過程中，船隻毀壞，所有人沉入海中，大多數已命絕身亡，而他抓住了一塊扁木，漂到一個海島上。那裡有座名叫歡喜的城市，他來到莊嚴、悅意的珍寶宮殿，裡面出來四名美麗的天女，鋪設柔軟坐墊，供上三白三甜。當他準備出發時，她們告訴他：「如果繼續前行，千萬不要向南方走，否則會有災難，很危險。」

但眾生業力現前時，別人怎麼勸也沒用。他沒有聽，仍舊前往南方，來到比前面歡喜城更為莊嚴的具喜城，有八名美貌天女如前一樣恭敬承侍，並對他說：「不要朝南方走，否則會有災難。」

但他還是不聽，繼續向南方走，到達比具喜城更圓滿的香醉城，有十六名美女前來迎接承侍，又告訴他：

大圓滿前行廣釋（六）附大圓滿前行實修法

「不要向南方走了，否則會大難臨頭。」

可他仍然向南方走去。來到一座高聳入雲的白色城堡——梵師城堡，有三十二位美麗天女迎接他，鋪設柔軟坐墊，供上三白三甜，對他說：「住在這裡吧。」然而，他卻仍舊想走。臨行之時，天女們又告訴他：「如果您非要走，萬萬不要再向南方去，否則定會大難臨頭的。」

但他無論如何，偏偏就想往南方走，於是繼續向南方走去。（這也是被業風吹動，身不由己。就像有些修行人，讓他待在這裡，好多道友勸，有些上師也勸，但他就像發瘋了一樣，非要離開。到了最後，他才後悔莫及。）

到了一座高入雲霄的鐵建築門前，有一個赤目凶惡的黑人，手持長長的鐵棒。他問黑人：「這屋裡有什麼？」黑人沉默不語。

他已經習慣了，覺得裡面會有美妙的天女、宮殿、三白三甜等，很舒適、很快樂。於是就走了進去，結果看到有許多同樣的人，嚇得他毛骨悚然，口中喊著：「罪過罪過，她們說對了，真的出現災難了。」

他一邊想，一邊身不由己走進那座建築物中，只見有一個人正在遭受鐵輪在頭部旋轉的痛苦，白色的腦漿四處噴射。他問：「你造了什麼業？」

那人回答：「我曾經用腳踢母親的頭，現在感受這一業力的異熟果報。你為什麼不在梵師城中享受幸福快

樂，反而來此自討苦吃呢？」

他想：「那麼說，我也同樣是由這種業力牽引而來到這裡的。」

緊接著從空中傳來「願束縛者得解脫，願解脫者受束縛」的聲音，頃刻之間，鐵輪飛轉直下降落到他的頭上，他也如那人一樣白色腦漿四處噴射，感受了難以忍受的劇烈疼痛。

以此為緣，他對與自己同樣的一切有情，生起了強烈的悲心。

（人在感受痛苦時，有時候很容易產生悲心。那天有個喜歡打獵的人，以前用槍殺了很多鹿子、獐子、豺狼等，後來他不幸翻車，整個腳幾乎全部斷了。他到天全縣醫院做手術時，醫生沒有打麻藥，他在感受極為難忍的痛苦時，想起以前每次都用槍打斷野獸的腳，牠們刺耳的慘叫聲，一直迴蕩在耳邊。此時他才明白：「過去我根本沒想過那些野獸也有痛苦，今天我在活著的時候，果報就已經現前了。」他一邊忍著痛苦，一邊念金剛薩埵心咒——這是我熟悉的一個人，他跟我這樣講的。其實，人在快快樂樂時，很難想到這些；只有當痛苦降臨到了頭上，才發現這是自己的惡業所感，但後悔已經來不及了。原來我脊椎不好時，醫生給我做小針刀手術。我在最疼痛的時候，突然想到：「我前世會不會當過西班牙的鬥牛士？經常把劍插在牛背上，所以今天也被人用錐插入我的脊椎。」也許是真的吧，我當時就這樣想的。）

他想：「在這個輪迴中，還有許多像我一樣用腳踢

大圓滿前行廣釋（六）附大圓滿前行實修法

母親的頭而感受此苦的眾生，願所有這些眾生的痛苦，都成熟在我身上，由我一人來代受，願其他一切有情生生世世不再感受這樣的痛苦！」

（輪迴是痛苦的本性，只要身處於輪迴中，即使你再有錢、再有地位、再有才華，也肯定要感受種種痛苦。此時，這樣觀想非常重要。）

他剛剛萌生這樣的念頭，鐵輪便騰空而起。儘管他對母親造了惡業，但依靠一剎那的善念，馬上就從痛苦中解脫出來了，在空中七肘高處相安無事，享受快樂。

父母是相當嚴厲的對境，對他們稍有不敬或欺辱，這種業就很難消盡。

《佛本行集經》中也講了，有一對母女去牧場，用兩個桶裝牛奶。裝滿之後，大桶由女兒背，小桶由母親背。在途中，母親再三催女兒快點走，說路比較危險，擔心會有不測。女兒背著大桶特別累，對母親生起了嗔恨心，就騙母親說：「我要去方便一下，馬上就趕來，您先幫我背著這個大桶。」然後她故意慢慢走，

讓母親背著兩個桶，走了六拘盧舍[108]。這個女兒，就是耶輸陀羅的前世。以此果報，耶輸陀羅懷胎六年，才生下羅睺羅。

佛陀在這部經中也說：「所有諸業，非是虛受，隨

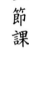

[108]一拘盧舍相當於現在的一公里。

造善惡，還自受之。」所以，我們所受的苦樂之報，並不是平白無故的，而是自作自受，隨著自己所造的善業和惡業，就會在輪迴中感受相應的快樂和痛苦。

因此，大家對父母這樣的嚴厲對境，一定要有恭敬心，經常承侍供養，有時間就跟他們聚聚。佛陀在《本事經》裡也說：「諸有樂福人，應尊重父母，禮拜修供養，敬愛親近居。」然而，可能是種種原因吧，現在人對父母一般不理不睬，真正孝順、聽話的子女，實在少之又少。其實，父母是非常嚴厲的對境，對此務必要值得注意！

自他相換菩提心可迅速清淨罪業

匝哦之女的公案歸根結底，就是告訴我們，依靠發菩提心，現前的惡業也能清淨。

印光大師在《文鈔》中，也講了一個這方面的故事：民國時期，有個人叫徐蔚如，他得了脫肛病，非常嚴重。每次大便之後，必須休息一刻鐘，等肛門慢慢回去，才敢動。民國八年正月，他大便之後，有急事刻不容緩，馬上就坐車出門，結果病發特別嚴重，肛門永遠回不去了。他在七天七夜中，痛如針紮，無一刻停息。他先是通過念佛對治，但病痛不見減輕。於是他發大菩提心：「這個病如此痛苦，願我多承受點，其他人不要得此病！」接著至誠念佛，慢慢就睡著了。醒來後，他

大圓滿前行廣釋（六）附大圓滿前行實修法

發現病竟然痊癒了，而且從此斷根。

依靠菩提心的力量，減輕今生來世痛苦的公案，實際上數不勝數。古人在這方面記錄得非常好，但現在人因為信心不足，對佛陀的加持、菩提心的威力、信心的感應，幾乎沒有什麼體驗。就算有一些，也很少落在文字上，這是相當可惜的！

自他相換的竅訣極為難得、殊勝

自他相換的菩提心，是我們修行中必不可少的究竟正法。往昔噶當派的格西們，也將它作為修行的核心。

從前，噶當派有位恰卡瓦格西，他對新舊派的眾多教法，以及因明經論，無不精通。一次，他來到甲向瓦格西家中，看見他枕邊有一個小經函，就順手打開翻閱。當看到其中的一句「虧損失敗自取受，利益勝利奉獻他」，他覺得實在太稀有了，於是便問：「這是什麼法？」

甲向瓦格西告訴他：「這是朗日塘巴尊者所造的《修心八頌》中第五頌的後半偈。」

他又問：「那麼，誰有這一竅訣的傳承呢？」（不管是什麼法，不管是哪個上師造的竅訣，它的傳承都很重要。）

甲向瓦格西說：「朗日塘巴尊者本人有。」

聽到此話，恰卡瓦格西迫不及待地想求此法，於是立即起程，前往拉薩。

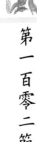

第一百零二節課

到了拉薩以後，數日之中，他一邊轉繞覺沃佛像，一邊打聽消息。一天傍晚，從朗塘地方來了一位麻瘋病患者，恰卡瓦格西向他詢問朗日塘巴尊者的消息。

他告訴格西：「朗日塘巴尊者已經圓寂了。」

（他聽到的消息很不好啊！我原來也對一位格西很有信心，一直求求，讓父親帶我去見。結果到了他門口時，聽說格西昨晚剛剛圓寂。我非常傷心，當時我12歲。）

格西問：「誰是尊者的繼承人呢？」

那人說：「向雄巴格西與多德巴格西。但他們二人關於誰做法主之事，意見不一。」

實際上，那兩位格西並不是為了爭取自己做法主，發生爭執造成意見不合的，而是互相推讓法主之位。（他們《修心八頌》修得太好了，已經沒有世間八法了，都不願意當法主，只想承侍別人。）

向雄巴格西對多德巴格西說：「您年長，經驗豐富、德高望重，請您做法主，我會像恭敬朗日塘巴尊者一樣恭敬承侍您。」

多德巴格西說：「您年輕有為、學識淵博，理應住持寺廟。」

二位格西本是這樣互相觀清淨心的，但恰卡瓦格西卻誤聽成他們為爭當法主而不和，心想：「他們肯定沒有此法的傳承，現在誰還會有呢？」

（恰卡瓦格西造過一個《修心八頌》的講義，不是很廣，只是

字面上的解釋。他在開頭也說：「我第一次對噶當派的教法生起信心，就是因為《修心八頌》。」我原來想翻譯它，但一直沒有時間。其實，學習恰卡瓦格西的這個講義，加持肯定特別大。）

格西到處詢問，有人告訴他：「夏日瓦格西有真正的傳承。」於是他便前去拜見。

當時，夏日瓦格西正為數千僧眾，傳講眾多經論。恰卡瓦格西聽了幾天，但對自己所求的法，格西卻隻字未提。（昨天也有個居士對我說：「我是來這裡求大圓滿的，但聽了好幾天的課，您對大圓滿一個字都不提，您可不可以給我講一點啊？」）

他想：「不知這位格西到底有沒有此法的傳承？應當問清楚。如果有傳承，我就住下；假設沒有，我就離開。」

一天，在夏日瓦格西繞塔時，他來到格西面前，將披單鋪在地上，請求格西在此稍坐片刻，自己有一問題請教。（一般來講，在路上擋著不是很恭敬的。）

上師說：「尊者，您有什麼未能解決的事情？我是在一墊上圓滿一切所願的。」

恰卡瓦格西說：「我曾看見『虧損失敗自取受，利益勝利奉獻他』的法語，這一法與我的心很相應，不知此法深淺如何？」（他明知道這個法很殊勝，此時卻明知故問。）

上師說：「尊者內心與此法相應也好、不相應也

好，如果不想成佛，就另當別論了，只要想成佛，那麼此法必不可缺。」

他又接著問：「請問，您有此法的傳承嗎？」

上師說：「我確有此傳承，這也是我所有修法中最主要的法門。」

（法王如意寶曾要求：我們學院所有的人，都必須背誦《修心八頌》、《佛子行》、《三主要道論》，不管到哪裡去，都要經常帶著。這幾部法，加上法王造的《勝利道歌》，我講過很多次了，文字雖然不多，但卻是竅訣中的竅訣，若能經常讀一讀，會有種不可思議的加持。這種加持一旦融入心，修什麼法都很容易。否則，你只是表面上懂些理論，修行是很難成功的。）

他請求道：「請尊者賜給我傳承。」

上師說：「如果您能長期住在這裡，我可以傳給您。否則，光是待一兩天就走，可能不行，這個法需要長期修行。」

於是，恰卡瓦格西在六年中，依止了夏日瓦上師。這期間，上師唯一傳授《修心八頌》，他也是一心專修。最後，完全斷除了珍愛自己的執著。

斷除我執非常非常重要，我執沒有斷的話，就像《華嚴經》中所說：「若計有我人，則為入險道。」當然，這樣的法，具善根的人才會有興趣。《十誦律》也說：「聖人不樂惡，惡人不樂善。」惡人對善法沒有興

大圓滿前行廣釋（六）附大圓滿前行實修法

趣，聖人對惡法也沒有興趣。所以，對自他相換菩提心的教授，只有真正的智者，才會產生信心和歡喜心。

修了這種菩提心，今生中可以祛除病痛、解除憂苦。我本人對此就有很深的體會，覺得自他相換非常靈，比什麼吃藥打針都好。當然，吃藥打針也需要，但在此過程中，你可以經常修自他相換。

有時候我覺得生病也是件好事，沒有生病的話，就不會有機會修自他相換。只要一痛苦、一生病、一遇到違緣，對它就能想得起來。而且，降伏鬼神、魔障等，再也沒有比這更殊勝的竅訣了。所以，我們應隨時隨地將珍愛自己的惡心棄如劇毒，努力修持自他相換菩提心！

第一百零三節課

願菩提心的學處中，已經講了自他交換、自他平等，今天開始講自輕他重。

關於「利他」這個觀念，大乘菩提心的見解和修法極為殊勝，它涉及到一切眾生，體現了世間和出世間的包容和博愛。而其他有些宗教及慈善機構，雖然經常也這樣強調，但若從根本上了解，就會發現二者有天壤之別。

在漢地古代，孟子、墨子、楊子的觀點各不相同，楊子提倡「為我」，墨子提倡「兼愛」，而孟子認為這兩者都是極端，他說：「楊氏為我，是無君也；墨氏兼愛，是無父也。無君無父，是禽獸也。」意即楊子完全以自我為中心，國君都不放在眼裡，這就是無君；墨子完全是博愛利他，對父親和對旁人一樣，這就是無父。沒有父親、沒有君主，這就像禽獸一樣。

當然，楊子的只管自己、不管別人，確實不對。當一個人處處以自我為中心，就會特別耽著自己、相信自己，除了自己以外，眼中沒有國君、父母，也沒有三寶、佛陀、上師。但墨氏的博愛利他，怎麼會有無父的過失呢？怎麼會是禽獸之舉呢？試問，禽獸哪有這樣的博愛精神？所以，孟子可能沒有懂得其中的意義，個別說法也存在不合理之處。

不過，墨子的「兼愛」，跟大乘佛教的利他也並不

大圓滿前行廣釋（六）附大圓滿前行實修法

完全相同。大家若沒有系統學習，就不一定了達大乘的甚深和廣大。只要當你體會到大乘菩提心的法味，才會發現自己就像站在須彌山頂俯視群山一樣，世界上所有主張和學說，全都在自己的眼下。

今天要講的自輕他重，是指在修學大乘的過程中，應該把自己看得很淡、看得很輕，把眾生放在重要的位置上。

其實，真正有菩提心的人，從來都把他眾的利益放在第一。就像上師如意寶，一生中的所作所為、所想所思，沒有一個不是利他。即使顯現上是為了自己穿衣、吃飯、睡覺，實際上也是利益他眾的方便。

尤其是我有緣分跟隨上師近二十年，有機會經常接觸上師，經常看到他老人家的行為。當上師離開人間後，回憶上師生前的點點滴滴，總結出來什麼呢？就是他老人家的整個一生，全是在弘揚佛法和利益他眾。只要對眾生有利，什麼事情都會做、會說；如果對眾生沒有利益，只是為了自己，那怎麼樣都不會去行持。這是非常偉大的，是令人極其羨慕的！

當然，我們也完全這樣做的話，作為凡夫人——我不敢說大家都是凡夫，你們當中肯定有很多大菩薩。古人言：「三人行，必有我師」。阿底峽尊者也說：「四個出家人中，就有一位聖者。」所以，你們不一定全是

凡夫。但顯現上，作為凡夫人，一切行為都利益他眾，肯定相當困難。

但即便如此，我們每個人也要懂得，自己幹的是什麼「行業」？銀行中的職工，是經常與錢打交道；學校中的老師，任務就是培養學生；而我們發過大乘菩提心的人，該做的事又是什麼呢？相信我不說，大家也很清楚。

己三、修自輕他重菩提心：

觀想自己無論住於輪迴、還是墮入地獄，病也好、痛也好，遭受任何不幸都可以忍受。在感受這種痛苦時，要想到：「願其他眾生的痛苦，成熟於我身，由我來代受；願我所有的安樂與善果，他們能圓滿具足！」內心深處再再思維，並付諸於實際行動。

朗日塘巴尊者在《修心八頌》中也說：「願我直接與間接，利樂敬獻諸慈母，老母有情諸苦厄，自己默默而承受。」我們對此要牢牢記住，真正的修行人就要這樣：直接或間接將自己所有的利樂，全部奉獻給一切老母有情，而他們所有的痛苦、煩惱、不平，自己默默來代受。我們在生活中遇到各種痛苦時，就應該要這樣想。

修學自輕他重，對生起菩提心非常重要。當然，我們作為凡夫人，完全把自己放在次要位置，將眾生放在主要位置，口頭上說說倒可以，心裡想想也很簡單，但遇到關鍵問題時，真正能做到的，恐怕寥寥無幾。但儘管如此，

大圓滿前行廣釋（六）附大圓滿前行實修法

我們也要通過學習理論，盡量增上自己的利他心。

利他心重一點的人，只要對眾生有利的事，就不會懈怠，也不會輕易放棄。而利他心如果不是特別成熟，當自己快樂幸福時，或天氣好、心情好時，可以口口聲聲說「為了度化天邊無際的老母有情而努力」，但一碰到危急關頭，就像以前「文革」期間，由於特別堅固的我執作怪，什麼信念都已經模糊了，此時很容易放棄眾生，一心只想維護自己。

那麼，真正的大乘佛子，到底應該怎麼做呢？古往今來，諸佛菩薩、高僧大德有許多感人事蹟，下面就講幾個典型的故事：

仁慈瑜伽代狗受打的公案

仁慈瑜伽，是阿底峽尊者的上師。有一次，他在講法時，一個人用石頭打狗，他喊著「痛啊痛」而栽倒在法座上。在場的人看到那條狗安然無事，都認為上師在故弄玄虛、裝腔作勢：「別人用石頭打狗，又沒打到上師身上，上師幹嘛說自己痛？」

（作為一個聰明的上師，下面的弟子是怎麼想的，從表情上也看得出來。當然，上等的上師有他心通，依此能完全明白他們的想法。一般而言，假如弟子對上師心生邪見，《上師心滴》中也講了，若能憶念上師的功德，並認識到自己已被魔加持了，則能夠清淨誓言。）

仁慈瑜伽上師知道他們的想法，於是便將背部顯示

給眾人看。人們清晰地看見上師背上在狗遭受擊打的同樣部位，已經高高腫起。眾人才真正對上師代狗受打這一點堅信不疑。

從阿底峽傳記中看，仁慈瑜伽上師非常了不起，他相續中具有殊勝的菩提心。阿底峽尊者說過，他所依止的157位上師，有些是佛陀的真正化現，有些顯現上是凡夫人，但不管怎麼樣，任何上師都具有世出世間的超勝功德。所以，法王如意寶講過，若像阿底峽尊者那樣對上師觀清淨心，那依止的上師越多越好；如果自己的清淨心不夠好，則不一定依止那麼多上師。

自他相換，以前很多大德也有類似的經歷。比如《喜馬拉雅大成就者的故事》中記載：有一位大德，見某地有一群人，抓住了一個小偷，要把他活活燒死作為懲罰。於是他就跟人們說，東西其實是他偷的，不是小偷偷的。結果人們不問青紅皂白，就把他投入火中，這位大德替那個小偷被燒死了。

包括上師如意寶，我剛來學院幾個月時，上師講完《中觀莊嚴論》後到新龍，當時我沒有去，聽回來的道友講：上師在新龍給大眾傳法時，外面也有人打狗。當時，上師的顯現跟仁慈瑜伽一模一樣，而且一邊流淚⑩，

⑩每當看到有人擊打餓狗等旁生時，法王就會流著淚說：「這些眾生無始以來都曾做過我們的母親，牠們由於惡業所感如今轉為旁生，已經這樣悲慘可憐，你們還竟然忍心打牠們，真不如打我。」

大圓滿前行廣釋（六）附大圓滿前行實修法

一邊代受這種痛苦。

還有一次，學院的一個喇嘛叫根洛，他的腳被毒蛇咬傷了，用了許多方法治療，也沒有明顯的效果。晚上，上師就開始修自他相換。第二天，根洛的傷口完全好了，沒有留下絲毫痕跡。可是，上師的腳卻腫得很高，正是在根洛被蛇咬的位置上，並且也有毒蛇咬的痕跡，就這樣連續病了十五天。這在上師的傳記裡也有。

所以，真正的大成就者，確實將利益眾生放在首位。誠如《經莊嚴論》所言：「愛他過自愛，忘己利眾生。」菩薩利益眾生，純粹是一種忘我的心態，而不是以自我為基礎。如果執著自我的話，《入行論》中也講了「執我唯增苦」，那麼在輪迴中，唯有增長痛苦，永遠不會有快樂可言。

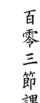

達瑪日傑達布施身肉的公案

上師達瑪日傑達，最初是小乘一切有部的班智達，從來沒有聽過大乘法⑩，卻安住在大乘種性中，不經勤作自然具有大悲心。

（現在泰國、斯里蘭卡也有些高僧大德，學的是小乘佛法，但利益眾生的心相當切，遠遠超過整天說利他、但什麼事都不願做的大乘行者。）

---

⑩雖然他沒有聽過大乘佛法，但由於前世的善根所感，他自己所持的見解，是唯識宗的觀點，也有說是中觀宗的觀點。

一次，他的鄰居患了一種嚴重疾病。醫生說：「治療此病，需要活人的肉。如果有，就能夠治癒。但活人的肉不好找，看來沒有辦法了。」

達瑪日傑達上師說：「如果能治癒他的病，我施給肉。」說完，便割下自己大腿的肉，交給他。病人吃了肉，果然見效。

達瑪日傑達尊者由於當時還沒證悟空性，所以感受了特別劇烈的疼痛。但因為悲心極其強烈，並沒有生起後悔之心。他問病人：「您感覺好些了嗎？」

那人說：「是的，我的病已經好了，卻給您帶來了痛苦。」

尊者說：「只要您安樂，即便是死，我也心甘情願。」

他當時作為凡夫人，疼痛極其難忍，晚上根本無法入睡。到了黎明時，才稍稍入睡。夢中出現一位身著白衣之人，對他說：「要想獲得菩提，必須經歷像您這樣的苦行，善哉！善哉！」之後用唾液塗抹他的傷口，用手擦拭。他醒來以後，傷口竟然完好如初，沒有留下任何痕跡。夢中的人，就是大悲觀音菩薩。

從此以後，尊者如理如實地證悟了實相密意，並對龍樹菩薩所著的中觀理集五論⑪之詞句，全部能夠朗朗流

---

⑪中觀理集五論：印度龍樹菩薩撰著的《中論》、《迴諍論》、《七十空性論》、《六十正理論》、《細研磨論》。

大圓滿前行廣釋（六）附大圓滿前行實修法

暢地背誦，不費任何力氣。

像無著菩薩，也是生起大悲心後，現見了彌勒菩薩，到兜率天獲得了《彌勒五論》的法要。達瑪日傑達上師，就是因為悲心極其強烈，身為凡夫時，卻將身肉布施給他人，以此因緣，最終證悟了空性。

我們在學《中觀莊嚴論釋》時也說過，大乘根基有兩種情況：一是先產生大悲心，然後證悟空性；一是先證悟空性，然後再生起大悲心。達瑪日傑達上師，就屬於前者。

不過，對凡夫而言，一般不要求布施身體。上師如意寶也經常講，只有到了一地之後，布施身體像布施蔬菜一樣，才不會有任何耽著。但沒有獲得一地之前，若要布施自己的身體，包括《入行論》中也沒開許過。不過，達瑪日傑達上師，在歷史上應該算是一個特例。

《大乘理趣六波羅蜜多經》也說：「不怖地獄，不求生天，不為己身，自求解脫。」像這種境界，應該是一地菩薩以上。否則，不怕地獄的話，只有不信因果的人才敢說：「我墮落就墮落吧。」但這種人是因為太愚癡，不是因為境界太高了。就像喝酒後發瘋的人一樣，說：「我不怕監獄，誰殺我就殺吧，誰抓我就抓吧！」這完全是一種愚癡之舉。

在這個世間上，一個人在沒有得地之前，並不提倡布施身體。當然，對身體損害不大的捐獻，比如獻血，

這倒是可以。但如果在你活著時，讓你捐出眼睛、身體，這樣你最後很可能後悔，甚至生起嗔恨心，以此毀壞一切善根。

現在有些人捐獻器官，在自己沒有生存希望的情況下，把肝、腎、眼角膜等器官，捐獻給其他病人使用。這種發心雖然非常好，各大醫院也很提倡，大量媒體都在宣傳，我們作為大乘佛教徒，按理來講，其他沒學過利他教義的人都能做到，我們就更應該如此了。但如今的話，有些情況也很難說。

本來按照法律，捐獻者必須在生前表示願意捐獻，或由其直系親屬同意，才能進行器官捐獻。但現在有些現象比較黑暗，個別醫生為了賺錢，在病人還沒有斷氣之前，就把他的肝、心臟取出來。這樣的話，病人的知覺還沒有完全消失，他以前即使已承諾過，此時也可能生嗔恨心。因為一般人在斷氣時，心識較以往更加敏銳，對身邊人的所作所為都非常清楚。

英國、法國、俄羅斯等國，很早以前在這方面就有立法。但現在個別醫院和個別人，為了自己謀求暴利，為了保證肝源、腎源的質量，根本無視捐獻者死前的痛苦。

目前在中國，需要器官移植的患者非常多，據資料顯示，每年大概有150萬人，其中只有約1萬人能做上手術，供需現狀為1：150。在這種情況下，有些病人

很有經濟實力，本來一個肝源需20萬，他卻願意花100萬買。這樣的話，有些醫生因為貪著紅包，對明明可以救活的病人，故意不去盡力挽救，反而診斷為沒有希望了，然後在病人還沒有斷氣前，把他的有些器官取出來，這的確是比較可怕的事。

所以，對於器官捐獻，我們不是完全反對，也不是完全贊同。如今的當務之急，是應當先加強這方面的立法，否則，你想捐就捐，沒有法律的正當約束，很容易出現各種問題。畢竟，現在人們的綜合素質，還沒有達到能對他人負責的水準，有時候為了金錢，就會無惡不作。若是如此，你以前的承諾或遺願，最後變成什麼樣也很難說。

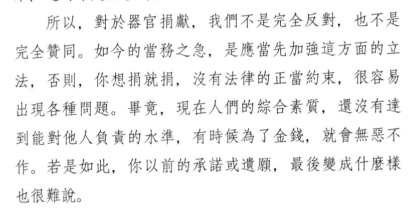

以前在四年級的課本中有一篇課文，說是一個14歲的女孩，她母親發生車禍死後，醫院需要她母親的眼角膜，她父親就答應了。對此她非常反對，哭喊著說：「你怎麼能讓他們這樣對待媽媽！媽媽完整地來到世上，也應該完整地離去。」但父親說：「我們以前已經商量過，希望自己死後，能幫助他人恢復健康。」

後來這個女孩長大，結了婚，並有了自己的孩子。當時她父親患病，臨死前也願意捐獻所有完好的器官，尤其是眼睛。她女兒此時也正好14歲，但聽到這個心願後，反應和她當年完全不同。她女兒非常贊同外公的做

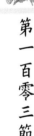

法，並說自己一旦死了，也願意捐獻眼角膜。

沒有想到，僅僅兩周之後，她女兒就在一次交通事故中喪生。她按照女兒生前的願望，把她的眼角膜捐給他人，令兩位盲人重見光明，享受世界的美好。

這個故事，是從正面的角度提倡器官捐獻。但我剛才也講了，現在的社會也好、個人也好，很多方面需要細緻的觀察。

如今在國外，比如美國、加拿大，在辦駕駛執照時，當天都要發個登記表，讓你填寫萬一發生車禍，自己願不願意捐獻器官。中國今年也有這個打算，衛生部副部長接受記者採訪時表示，有望年內實現這一舉措。然而，聽說超過九成的人都不贊同，他們覺得領駕照本是好事，但同時填寫器官捐獻書，怎麼看都覺得晦氣，很多人對「死」特別忌諱，這可能也是各國的傳統不同吧。

但不管怎麼樣，作為凡夫人，上師如意寶以前講過，不要說器官捐獻，連燃指供佛也不是很提倡，因為你在佛前燃指時，當時為強烈的痛苦所逼迫，很可能產生後悔心，或者各種惡心。所以，我們能做的有些事，則可以做；不能做的，應像《入行論》中所說，可以成為自己發願的對境，希望將來有機會做。

大圓滿前行廣釋（六）附大圓滿前行實修法

蓮花王投生為魚救瘟疫的公案

《前行》中蓮花王的故事，在《菩薩本行經》中也有相似的公案：往昔有一位跋彌王，他國家的人民都得了瘡病。他去尋找此病根源，結果發現一棵毒樹，它的葉子落在水中，人喝了水的話，就會染上瘡病。他命人馬上根除了那棵毒樹，大部分人的瘡病就好了，但還有一部分人因時間太久，瘡病仍不能痊癒。

跋彌王問醫生該怎麼辦。醫生說他們吃了魚肉才會好，除此之外，實在沒辦法。跋彌王聽了以後，來到河邊爬上樹，發願自己死後轉生為魚，然後跳河自殺了。他投身水中，便化成魚，很多病人吃了之後，瘡病就全部好了。

這也是佛陀因地的一個公案，跟蓮花王的故事比較相似，但也不是完全一樣。

還有，《生經》中記載：過去有位薩和達國王，他的國家發生大旱，三年沒有降一滴雨，全國上下飽受極大痛苦。國王特別著急，請一些婆羅門占卜，看何時才會下雨。婆羅門說：「滿十年後才會降雨。」

國王聽後憂心忡忡，為了遣除百姓飢餓之苦，他決定以身救度。於是他齋戒發願，死後要變成大魚，用身肉供養大眾，然後自己絕食七天而死。

國王死後，果然變成了黑山那麼大的魚，身長四千

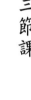

里。國中人民見後，割下牠的肉分食，度過了當時的飢荒。

這跟蓮花王的故事情節比較接近。

那麼，蓮花王的故事是什麼樣的呢？

世尊轉生為蓮花國王時，一次，他的領土境內發生了一場嚴重的瘟疫，許多人因此而喪生。國王喚來醫生問：「如何才能有效地消除瘟疫？」

醫生回稟：「若有如河達魚的肉，便可制止瘟疫，其他辦法因為瘟疫所覆蓋的面積太大，暫時無法知曉。」

聽到此話，國王選擇了一良辰吉日，清晨沐浴、更衣、受持八關齋戒，對三寶作了廣大供養、猛烈祈禱之後，便發願：「願我死後，立即轉生為斗雪河中的如河達魚。」說罷，便從數百丈高的皇宮上縱身跳下，即刻化生為斗雪河中的如河達魚。（如果是胎生、卵生，變成另一個身體需要很長時間。但由於他是化生，所以身體立即就變成了如河達魚。）

接著，那條魚以人語對眾人說：「我是如河達魚，你們取我的肉吃吧！」他們剛好缺少這味藥，一般人在面臨自身利益時，不會管其他眾生的死活，於是紛紛割取牠的肉。身體的一側被割完後，如河達魚又翻到另一側讓人割，一側的肉割下後，又長出來……就這樣輪番

交替。食用魚肉之後，所有病人全部恢復了健康。

如河達魚又對眾人說：「我就是你們的蓮花國王，為了讓你們擺脫疾病，捨棄自己的性命轉生為如河達魚。你們若想報答我，就應該竭盡全力斷惡行善。」眾人也依照牠的教誨去做。從此之後，由於國王的發心力，他們都沒有墮入惡趣與邪道中。這在《釋迦牟尼佛廣傳.白蓮花論》中也有。

所以，菩薩為了利益眾生，完全可以捨棄自己。《菩薩本生鬘論》中亦云：「菩薩悲願力，愍恤諸群生，勇猛捐自身，不生憂苦想。」菩薩的悲願力特別強大，因為悲憫垂念所有眾生，在猛厲的大悲心驅動下，隨時可捐出自己的身體，而且從來也不會有任何埋怨、後悔、痛苦。

烏龜寧死不傷蚊子的公案

此外，無量劫前，世尊還曾投生為一隻龐大的烏龜。當時有五百商人去大海取寶，途中遇到摩羯魚，船隻被毀壞，五百商人全部落水，接近死亡。在此危難之際，烏龜以人語⑪對他們說：「你們全部騎在我的身上，我救渡你們到彼岸！」

於是，所有商人爬到牠的身上，因為人數眾多，非常沉重，烏龜竭力支撐著向岸邊游去。一到岸，把商人

⑪在初劫時，旁生一般都會說人語。

全部放下來後，因為疲憊至極，還沒來得及游回大海，牠就睡著了。

這時，有八萬隻蚊子一起吮吸著牠的鮮血。

（《根本說一切有部毗奈耶破僧事》也有這個公案，裡面說的是螞蟻。當時一隻螞蟻看到烏龜後，回去把蟻穴裡的八萬隻螞蟻都叫來，一起啃食烏龜的血肉。但烏龜因為特別累，一直在酣睡，好像死了一樣。最後牠皮膚都被吃了，只剩下一片精肉。）

烏龜醒來後，看到這種情景，心想：「如果我回到水中，或者就地翻滾，恐怕這些蚊子就會死亡。」於是牠依然如故地躺在那裡，捨棄了身體與性命。（佛陀在因地時的每一個精彩公案，如果落到我們自己頭上，很多可能都令人非常慚愧。）

世尊成佛後，在鹿野苑初轉法輪時，憍陳如等五比丘及八萬天子聞法後，都現見了真諦。諸比丘問佛：「這八萬天子以何因緣得此法味？」佛陀講了這個公案以後，說：「八萬天子，就是往昔的八萬隻蚊子。過去世我以血肉令其飽足，現今成佛之後，亦以法味令其滿足。」

其實，修菩提心的過程中，哪怕是一剎那讓眾生快樂，這個功德也非常大。儘管我們無法像得地菩薩一樣，用自己的身體和血肉布施眾生，但至少幫助眾生的這顆心，永遠也不能忘記。《佛說海龍王經》中說過：

「在於百千劫，等心給足人，不能及慈心，愍傷之福行。」意思是，我們在百千萬劫中，用各種財富布施他人，這種功德雖然很大，但不如以慈心愍念眾生的功德大。實際上，在短時間中這樣發心，也並不是很困難的。

在座的各位正在修菩提心，大家可以一邊念發心偈，一邊思維今天所講的公案——一會兒想蓮花王的故事，一會兒想仁慈瑜伽的故事，一會兒想達瑪日傑達的故事，還有佛陀因地時捨身利他的很多故事……

一邊想一邊念誦的話，就會發現，眾生所有的痛苦、危害都來自於我執，修大乘菩提心能減少我執，增長利他心，如此一來，世間和出世間的快樂自然會出現。所以，希望每個人在修持的過程中，為生起真正的菩提心而精進努力！

第一百零三節課

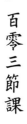

第一百零四節課

　　今天講了這節課後，第六冊《前行廣釋》就算是圓滿了。講這個法，工程量比較大，不知道後面還要講多少，但不管怎麼樣，我們都要善始善終。我一直祈禱《大圓滿前行》能傳講圓滿，希望你們也能聽受圓滿。除非是無常現前了，這個誰也沒辦法，否則有些人的誓言很堅定，應該沒有問題。

　　不過，我看到城市裡聽課的很多人，今天來、明天不來，明天來、後天不來，不像我們學院，基本上99%的人都能堅持每天聽課。當然，極個別的人，包括我身邊的講考班，也不知道是心情有問題，還是身體有問題，他們的座位經常空著。若是身體有問題，希望你跟我直接請假；如果心情有問題，就不用說了，說了也沒用。這樣的集體學習，不是你想聽就聽、想不聽就不聽的，這麼多年以來，我們對聞思持什麼態度，相信你也心中有數。

　　現在大城市裡的人，學佛聞思的力量也很薄弱，今天跟朋友吃飯，明天跟領導一起出差，後天怎麼怎麼……自己有無數的理由不聽課。有些人可能是「人在江湖，身不由己」，但有些也不一定那麼忙，之所以如此，是因為你沒有把聽課當成生命中最重要的一環。

　　其實，我們弘揚佛法也好，自己修行也罷，都要一

邊學一邊修，同時，盡心盡力地調伏煩惱和利益眾生。你不學佛就另當別論了，如果要學的話，對每個人來講，這個途徑都不能缺少，也不能喜新厭舊。

所以，我今天在講課之前，特意跟大家講一下，否則，有些人學的時間長了，就好像沒什麼新鮮感了。其實，要想有新鮮感的話，我也可以經常講些短短的竅訣、簡單的故事，今天講個六世達賴的情歌，明天講個玉琳國師的傳記，這樣肯定能吸引眼球。但現在最重要的不是這些，而是要系統地學習佛法。

如今既然有這樣的機會，大家就要好好把握。要知道，從外緣到自身的一切法，經常都會現前無常。假如你以後沒有這樣的學習機會了，那個時候，可能才會明白現在的幸福，明白這段經歷有多麼美好。當然，這並不是因為我講得有多好，而是因為大家所學的法，接近如來的教言，尤其是華智仁波切的竅訣，在這個世間上難逢難遇、特別殊勝。因此，每個人應當倍感珍惜，這樣自己才能有一定的收穫。

今天就講完願菩提心的學處了，從第七冊開始，繼續講行菩提心。前面講了自他平等、自他交換、自輕他重的菩提心，最後一個菩提心中，講了一些公案，下面還要接著講。

其實，佛陀在因地時，布施身體的故事比較多。比

如《大智度論》中說，佛陀往昔轉生為一頭鹿，具有極大的慈悲心，住在鬱鬱蔥蔥的森林裡。一次，森林突然起火，牠準備逃出去時，發現一條河隔斷了好多野獸逃生的路。於是，牠把前腿和後腿分別搭在河的兩岸，用身體作為橋，讓野獸們踩在上面渡河。到了最後，牠被踩得皮開肉綻、精疲力盡。實在沒有力氣時，牠發現一隻兔子還沒過河，就咬緊牙硬撐著，一直撐到兔子過去，自己才掉到河裡死了。這隻最後被救的兔子，就是佛陀涅槃前最後度化的弟子——須跋陀尊者。

佛陀在因地時，有許多這樣的感人故事，從中可以看出，佛陀為了利益眾生，可以布施自己的妻室、財產乃至身體，而且每次布施後都無有任何後悔心。誠如《大寶積經》中所言：「城邑與大地，妻子及壽命，一切布施時，其心初無悔。」

我們這裡PPT上顯示的一些教證，下面的人最好能記完。其實法師們在講課時，不管是教證也好，所講的道理也好，主要是讓下面的人得到。有些人記性不好或眼睛不好，記不下來的話，課後還是要互相借一下。聽說學院極個別法師講得很精彩，但自己的資料比較保密，講完了以後，下面有些弟子問教證，自己再也不說了。這樣保密可能沒有必要，你講法的目的，就是讓下面的人記住。如果誰都不讓知道，那你乾脆不講也可以。

有些法師也不是因為傲慢吧，可能是沒有經驗。以

大圓滿前行廣釋（六）附大圓滿前行實修法

前法王如意寶有一次在課堂上也說過，極個別法師只是自己背很多教證，看起來似乎很了不起，但根本不顧下面聽者的根基，只是在他們面前表演而已，這樣就不是很好。

所以，希望我們的法師，或者成績比較好的居士，看到別人真正不懂的話，自己應盡量去幫助他們。我看到有些人在記教證時，一直用身體擋著，旁邊人都不讓看，只能從他腋窩底下偷偷看。釋迦牟尼佛為了別人，身體都可以付出，你卻連一個教證都捨不得，那還學什麼大乘佛教？

以前藏地有些特別了不起的法師，講完一節課後，就想盡辦法讓大家明白。像德巴堪布，過去在早上講課，到了下午時，當時沒有輔導員，他老人家親自去輔導。見有些教證他們不會寫，就算是一個人，德巴堪布也再三地複述，幫他寫，讓他背，或者自己寫在一條一條的紙上，發給很多人。想起這些，我們現在應該怎麼做？自己要好好想一下。

當然，如果一個班級裡的人太多，你一個一個告訴他怎麼寫，實在困難的話，也可以把特別好的有些教證，一天印一份，讓每個人能記住一點，這樣也是很好。總之，我們講的，要讓大家懂，這個目的應該明確！

寶髻國王布施頂髻的公案

寶髻國王是佛陀的因地，他布施身體的經歷，實實在在發生過，我們不能看成一種傳說。佛陀因地的每一個公案，我們用來衡量自己時，都會感到非常慚愧，儘管自己在諸佛菩薩、上師三寶面前發過心，但實際行動中卻經常忘記，好多行為讓人覺得連願菩提心都沒有。

一個人真有願菩提心的話，至少要做到自他交換和自他平等。但這個我們能不能做到呢？非常困難。不過，我們都追隨釋迦牟尼佛，用現代話來講，是釋迦牟尼佛的「粉絲」，那麼佛陀怎麼做，我們也應盡心盡力朝這個方向努力。無始以來，我執一直都在害我們，若要捨棄我執，一方面要觀空性，另一方面就是修大乘菩提心。佛陀在因地時怎樣忘我利他，我們也應像學生模仿老師一樣，從現在開始要這樣做。

下面講講寶髻國王的公案：

曾經在夏給達國境，金髻國王與王妃妙麗歡喜母生了一位太子。這個太子比較特殊，他頭上天生就有珍寶頂髻，頂髻上降下的甘露可觸鐵成金，因此，太子被取名為「寶髻」。太子誕生之時，空中降下各種珍寶妙雨，他還有一頭堪為大象之最的「妙山」寶象。

寶髻太子長大之後繼承王位，他如理如法地治理國家，經常發放廣大布施，使得整個國內杜絕了貧窮與乞丐。

附近有位折克仙人，他有一位從蓮花中出生的標緻美女，就供養給寶髻國王做王妃。王妃生下一位太子，與寶髻國王一模一樣，取名為「蓮髻」。

一次，寶髻國王廣行供施，宴請折克仙人、難忍國王等諸多人士。（難忍國王是個壞人，這個人物一定要記住。有些人特別喜歡看小說，小說中剛出場的人物，一定要記住他的表情，看他下面要扮演什麼角色。）

當時，帝釋天為了觀察國王的意樂，變成羅剎，從護摩⑬火中出現，來到國王面前乞討飲食。國王給他各種美味佳餚，他都全然拒絕，並微笑著說：「我需要的是，剛剛宰殺的動物的溫熱血肉。」

國王有點為難，心想：「如果不損害眾生，就無法得到那樣的血肉，可我本人寧願捨棄生命，也絕不能損害眾生。假設不給，這個羅剎又會深感失望，這該如何是好呢？」轉念又一想：「看來，布施血肉的時刻到了。」於是說：「就將我自己的血肉給你吧！」

（現在世間上，不要說國王，就算是普通的領導，看到別人有要求，也會半天不吭聲，根本不把它當回事。所以，有時候我們發心還是很難。

前段時間，我去藏地的一個地方講課，來的老鄉成千上萬，特別特別多。有個十來歲的小女孩，一隻眼睛是瞎的，穿得破破爛爛，在下面大聲叫起來，說是自己的母親生病了，可不可以讓我在

---

⑬護摩：火供，燒施。燃燒有漿樹枝等進行的火祭。

第
一
百
零
四
節
課

喇叭裡發動大家捐錢。由於要顧及當地寺院及主辦單位，我沒有權力這樣做，於是她一直用特別尖銳的聲音喊：「我母親病得如何如何嚴重……」畢竟她是十幾歲的小孩子，好多大人都不以為然，一些負責人想把她推出去。

當時我心裡想：「如果佛陀在因地時，看到這樣一個可憐的眾生，應該不會拒絕的。」雖然我非常為難，在那麼多人中化緣，主辦單位也不同意，但還是勸他們不要趕她走，等一會兒下課後，讓她來找我。我後來就給了一點錢。

有時候，我們在生活中面對別人的請求，應該怎麼處理，自己要好好想一想。若是一個世間人，一句話就可以拒絕了，「我不給，沒有！」但佛陀在因地時，與此截然不同。這些方面，大家可能需要深思。）

眾眷屬聽到國王要布施自己的血肉，驚慌失措、萬分焦急，百般勸阻也阻止不了。

國王用針刺破自己的細頂脈⑭，供羅剎飲血，羅剎一直飲到完全滿足為止。之後，國王又割下自己的肉給他吃，他也是一直吃到露出白骨才肯罷休。（我們布施身體的話，比如獻點血、捐一個腎，對身體沒有極大損害的話，個別人可能願意做。但像他這樣的布施，很多人都難以接受。）

眾眷屬十分悲痛。尤其是王妃，因為悲傷過度而昏倒在地。

大圓滿前行廣釋（六）附大圓滿前行實修法

---

⑭細頂脈：由鎖骨上行四指處，能現三脈即居中，能現二脈即居後，與耳垂平齊之剖刺脈道。剖此放血，能治腦蟲、肺、心熱邪、牙痛、胸血亢盛等病。

國王還沒有喪失憶念，這時帝釋天無比歡喜地說：「我是帝釋，不希求血肉，請中止布施吧！」說完，便取出天人的甘露，加持國王的傷口，隨即國王也完全恢復如初了。（佛陀在因地時，帝釋天經常來考驗他，這在《釋尊廣傳》中也有不少。）

　　後來，國王將妙山寶象，賜給了輔佐自己的大臣梵車。

　　（可能也是這個大臣需要吧，佛陀在因地時，對眾生沒有什麼是不滿足的，把他國家最珍貴的東西，也給了別人。因為大象沒有了，難忍國王來索要時，就發生了後來的故事。難忍國王在請客時，可能就盯上了這頭大象。）

　　當時，瑪熱賊仙人有一位已獲得禪定的弟子，他來到國王面前，國王十分恭敬地問：「您需要什麼？」

　　那位弟子說：「上師傳授給我吠陀⑬知識，我要報答師尊的恩德。他老人家現已年邁，身邊沒有侍者服侍，我想供養上師侍者，特來乞討您的王妃與王子。」

　　這樣祈求之後，國王也應允了。於是那人便將王妃與王子帶回去，供養了上師。

　　（佛陀將自己的妻子、兒子，都可以布施給別人。而現在的世間人，不要說給別人，就算他們有點損傷，自己也忍不了，非要報仇不可。或者他們暫時跟自己別離，要到別的地方去，自己也受不

---

⑬吠陀：經籍，特指印度古典教文化書籍。舊譯明論，梵音譯為韋陀典或吠陀典。

了，天天思念。

世間人對感情非常非常耽著。尤其是一些年輕人，對感情執著得無以復加，一旦受了些刺激，就不太像正常人了。包括現在有些老師也是如此。

但佛陀在因地時，根本沒把這當成很重要的事。他唯一的價值觀和人生目標是什麼？就是幫助眾生、利益眾生。這種愛不是建立在自私的基礎上，而是一種廣大、無私的大愛——只要別人快樂，自己就願意付出一切，而且沒有任何條件。）

難忍國王酷愛那隻寶象，返回自己領土後，派人送信告訴寶髻國王：「必須將寶象給我。」

寶髻國王非常為難，答覆說：「我已將寶象給予婆羅門了。」

可是他執意不聽，並且揚言「如若不給寶象，便要動用武力」。隨後發動大批軍隊。

寶髻國王十分傷感地說：「唉，由利慾薰心所牽制，最為親密的朋友，瞬間也會變成最大的仇敵。」

寶髻國王心中思量：「如果我率兵迎戰，倒是很容易取勝，但這樣必定會傷害許多眾生，（有戰爭就會有死亡，古往今來都是這樣。戰場所留下的痕跡，人類過了多少年也不能癒合。）還是三十六計走為上策。」

正在這時，四位獨覺降臨在他面前，說：「大王前往森林的時間已到。」然後依靠神變，將國王帶離了皇宮，前往特別寂靜的林間，讓他過修行的生活。

（此時寶髻國王也離開了，太子和王妃也布施了，大象也沒有了，整個國家還是變化很大。國王之所以離開，就是不願意傷害眾生。現在好多國家的領袖，說是為了全世界、為了全民族，但實際上，各國都是以自我為中心。佛陀在當寶髻國王時，還是有很大差別。所以，喜歡研究軍事的人，有時候可以想想這種完全不同的精神。）

當時，寶髻王手下的諸位大臣，因為國家群龍無首，就前往瑪熱賊仙人處，索要蓮髻王子，仙人也予以歸還。後來王子作為首領，率領軍隊與難忍國王交戰，結果大獲全勝。

（根登群佩在《印度遊記》中記載，印度那裡有好多國王，自己的國家被他國占了，就逃到森林裡過生活。有時候在山上遙望以前的皇宮，看看自己白髮蒼蒼，想到這輩子沒辦法再回去了，眼淚就一滴一滴地掉下來……）

難忍國王慘敗之後，逃回自己的國家。因為品質惡劣、行為卑鄙所感，他的領土內發生了一場嚴重的疾疫與飢荒。

（那天我在南京大學博士論壇講課，日本前一天剛好發生地震，聽說南京人特別高興。我就跟他們講：「雖然從歷史上看，南京人跟日本人之間發生了很多不愉快的事，但不管怎麼樣，看到日本爆發9級地震、海嘯、火山，奪去了很多人的生命，希望每個人還是給他們念一百遍觀音心咒。」我一邊念一邊看，有極個別人怎麼樣也不想念。呵呵，情有可原吧，大學裡也不一定都是大乘佛教徒。）

第一百零四節課

372

難忍國王問諸位婆羅門：「如何才能有效地消除疾疫與飢荒？」

眾婆羅門回答說：「如果有寶髻國王的頂髻，就會有效。它降下的甘露，連鐵都能變成金子，不吉祥也能變成吉祥，故應該前去索求。」

國王說：「他可能不會給吧？」（按照世間人的想法，寶髻國王被迫離開皇宮，完全是他一手造成的，怎麼還會給他頂髻呢？）

他們說：「眾所周知，寶髻國王無所不施，任何東西都會給的。只要您想辦法派人去要，一定會得到。」

於是，難忍國王派遣一名婆羅門，前去索求。

當時，寶髻國王在林間到處觀賞，悠閒漫步，不知不覺走到了瑪熱賊仙人所在地的附近。（不管是仇怨還是親人，有時候很巧合就碰在一起了，因緣不可思議。）

此時，寶髻國王的王妃，到林中尋找樹根、樹葉等，準備供養瑪熱賊仙人。突然遇到一個獵人，獵人對王妃生起貪愛之心，準備非禮。正當處境十分危險之際，王妃雖離開了寶髻國王，但經常念念不忘，遇到危難就大聲祈禱：「寶髻國王救護我。」並失聲痛哭。

國王遠遠聽到她的聲音，前去看看到底發生了什麼事。獵人見到國王從遠處而來，誤以為是仙人，因為害怕惡咒，就驚慌地逃走了。（仙人念惡咒的話，有時會讓人當

大圓滿前行廣釋（六）附大圓滿前行實修法

下吐血而亡。)

國王看到這種情形，想起王妃曾在皇宮裡衣食不愁，有侍女侍候，安樂無比，如今卻感受如此痛苦，而且穿得破破爛爛，到處去撿樹根、樹葉，又瘦又黑，特別憔悴。於是十分悲傷，不禁慨歎道：「嗚呼，一切有為法，皆無可信矣！」

（人的一生中，一會兒快樂，一會兒痛苦，一會兒擁有一切，一會兒什麼都沒有……國王也是看到這種情景，對萬法無有可靠性，生起了極大的厭離。

佛陀在《坐禪三昧經》中也講過：「世界若大小，法無有常者，一切不久留，暫現如電光。」世界上大大小小的法，就像閃電一樣，沒有一個是恆常的。不管是你的才華、你的地位，包括家人的聚合、朋友聚合、師生的聚合，一切的一切都會無常，沒有什麼可靠的。《華嚴經》亦云：「合會須臾散，榮貴盡無常。」

沒有學過無常之理的人，看到家人死亡、身體或財產出現無常，可能接受不了，甚至會精神崩潰。而學過這方面道理的人，雖不能完全像佛教所講的那樣做，但也不會像世間人一樣極其痛苦，無法面對就自殺，這種現象是不會有的。

這個故事，希望大家還是仔細看一下。畢竟佛陀因地時的公案，不像一些世間故事。有些道友對出世間的好多公案都記不得，但世間的電影，尤其是好萊塢電影，記得倒特別清楚，這就是業障現前。)

這時，難忍國王所派的婆羅門，來到寶髻國王面前，講述了事情的經過，向國王索要頂髻。國王說：「你自己斬斷拿去吧！」婆羅門就砍斷了頂髻，帶回本國，結果遣除了難忍國境內的疾疫與飢荒。

寶髻國王因為被斬斷頂髻，疼痛萬分，以此為緣，對那些熱地獄的有情生起了猛烈悲心，以至於昏倒在地。頓時祥兆紛呈，由此感召諸多天眾及國王的許多眷屬雲集在此處。

他們問：「陛下，發生了什麼事？」

國王站立起來，用手稍微擦拭一下臉上的鮮血，說：「難忍國王要去了頂髻。」（這種以德報怨的行為，真的非常難以想像，我們要好好思維一下。）

眷屬問：「布施頂髻，陛下心中有何希望？」

國王回答：「除了期望消除難忍國境內的疾疫與飢荒之外，無有絲毫自私之心。但是，我恆時還懷有一個強烈的願望。」

眷屬問：「那是什麼？」

國王回答：「希望能救護一切眾生！」

（佛陀在因地時，時時刻刻都是這樣，除了救護眾生以外，別的沒有什麼心。我們大乘佛子也要盡量隨學。當然，也不是讓你行住坐臥、飲食生活，一點都不考慮自己，天天為了一切眾生，連給自己炒菜做飯都不願意。為了真正能救護眾生，我們肯定要維護身體，這一點也是有必要的。）

大圓滿前行廣釋（六）附大圓滿前行實修法

眷屬問：「布施頂髻後，陛下有沒有生起後悔心？」

國王說：「沒有。」

眷屬說：「看到您疲憊的表情，實在難以令人相信。」

國王發誓道：「如果我對難忍國王的眷屬帶走我的頂髻，未生起追悔之心，願我的身體恢復如初！」話音剛落，國王的身體便恢復如初。（據有些論典分析，這應該是佛陀在一地以上的經歷。不然，這樣說一個諦實語，不一定馬上令身體恢復如初。）

眾眷屬祈求國王返回皇宮，國王沒有應允。

這時，四位獨覺因為因緣成熟，來到寶髻王前說：「您對怨敵也能饒益，為何要捨棄親友呢？如今理當回歸國土。」於是國王回到宮中，給諸眷屬帶來了無比的利樂。

佛陀在因地時，像這樣布施自己的身體，次數多得不可計數，《釋迦譜》裡也講了⑯，這一點連地神都可以出來作證。而且，他的布施不求任何回報，正如《文殊師利問經》所云：「日月照諸花，無有恩報想，如來無可取，不求報亦然。」

---

⑯《釋迦譜》云：地神持七寶瓶滿中蓮華從地踴出，而語魔言：「菩薩昔以頭目髓腦以施於人，所出之血浸潤大地，國城妻子象馬珍寶，而用布施不可稱計，為求無上正真之道。」

376

《彌勒菩薩所問本願經》還講過，往昔佛陀是現義太子時，布施過自己的鮮血；是蓮花王太子時，布施過自己的骨髓；是月明王時，布施過自己的眼睛等等，有很多非常感人的故事。

所以，我們學菩提心時，也應該想到：「完全像佛陀這樣布施，我現在沒有這個能力，但既然已發了願菩提心，就要盡量把別人放在重要的位置上。哪怕我在臨死時，有一刻能利益眾生的善念，這也是非常好的！」

我為什麼經常說《大圓滿前行》的基礎很重要？就是因為，如果沒有這樣的基礎，你什麼加行都沒修，什麼灌頂都沒得過，就先修大圓滿的本來清淨、任運自成，最後可能一無所成。雖然這些修法的理論我也會講，但沒有一個基礎是不行的，人身難得、依止善知識、皈依、發菩提心、懺悔等，這些基礎若能打牢，上面的修學就會易如反掌。從很多上師的傳記來看，修行的關鍵也是要先打基礎。

這一點，《華嚴經》中也說：「如是次第修，漸具諸佛法，如先立基堵，而後造宮室。」若能次第修行，便可漸漸具足佛法的所有境界，就如同先打穩地基，上面再砌美妙的宮殿，就不會有任何困難。

這是如來的金剛語，作為佛教徒，我們不得不信，否則，不相信如來的語言，就像《佛說轉女身經》中所說：「若有眾生，不信如來誠諦之言，此人長夜受大苦

大圓滿前行廣釋（六）附大圓滿前行實修法

惱。」自己就會於無量劫中，在輪迴的黑暗長夜中，一直感受劇烈的痛苦，不可能得到解脫。

這樣我們誰都不願意，誰都想早日認識心的本性，脫離三界輪迴的苦海，趨往解脫的妙洲，這是每個佛教徒的究竟目標——我們的目標不是發財，不是自己快樂，而是想從輪迴解脫，利益無量無邊的眾生，這一點務必要牢記。

所以，大家一定要次第修行，對《前行》要重視起來，只有這樣，修行才會非常圓滿。我通過多年研究、修學佛法，並結合自身少許的經驗，確實認識到，只有次第、系統地聞思修行，才能真正品嘗到佛教內在的深美法味，這樣對自他都非常有利！

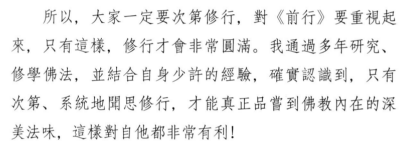

第一百零四節課

《前行廣釋》思考題

『皈依』

第84節課

325、不共加行為什麼稱為「不共」？藏傳佛教各派的不共加行都一樣嗎？請具體分析。

326、修不共加行的過程中，什麼是最關鍵的？你能盡量做到嗎？今後有何打算？

327、若要開啟皈依之門，前提必須具備什麼？請說明理由。

328、信心分為哪三種？各自的定義、表現是什麼？最殊勝的信心是哪一種？你擁有什麼樣的信心？

329、世人遇到危難時，通常都會皈依什麼？請舉例說明。我們作為佛教徒，在這種情況下應當怎麼做？

第85節課

330、有些人在聖地依止善知識多年，結果行為卻極其惡劣，這是什麼原因造成的？對此應當如何解決？

331、為什麼說只要有了信心，就可以得到一切加持？倘若你修行後，沒有得到任何驗相，這是因為佛菩薩不慈悲嗎？請說明理由。

332、這節課所引用的幾則公案，哪個對你的觸動

大圓滿前行廣釋（六）附大圓滿前行實修法

最大？你心態上有何改變？

333、若想明心見性、證悟實相，唯一的途徑是什麼？如果這樣承許，那其他修行是不是就沒有意義了？對此你如何解釋？

第86節課

334、皈依具體分哪三種？我們為什麼要選擇大士道的皈依？你現在是哪種皈依？

335、修持皈依的方法，分為哪幾種？請一一說明。

336、修持皈依時，應該念什麼樣的偈頌？怎麼樣明觀皈依境？從自身而言，皈依時應如何觀想並發心？

337、在修皈依時，什麼是最重要的？你是怎麼做的？

第87節課

338、在觀修皈依時，為什麼將怨敵、魔障觀在父母的前面？為什麼說從修行方面而言，他們甚至比父母恩德更大？

339、通過學習無垢光尊者的那個偈頌，你明白了哪些道理？平時應該怎麼樣用上？請舉例說明。

340、修皈依的話，是不是完成數量就可以了？為什麼？在日常生活中，你如何做到隨時隨地不離皈依？

《前行廣釋》思考題

341、皈依是不是拿到皈依證就行了，還需要守持什麼戒律嗎？請具體闡述皈依之後的三種所斷，了解這些有何必要？

第88節課

342、皈依後有哪三種所修、三種同分？請具體說明。哪些戒條你曾犯過？倘若你周圍有佛教徒不明此理，你打算怎樣做？

343、如何理解在生活中不管是苦是樂，一切都是佛陀的加持？請舉例分析。

344、在日常的行住坐臥中，怎麼樣隨時隨地憶念三寶？若能經常這樣串習，對自己臨終時有何幫助？

345、通過修持皈依，請時常觀察自己能否做到縱遇命難也不捨三寶。

第89節課

346、在日常生活中，什麼行為是對三寶不敬？正確的應該怎麼做？你能做到嗎？

347、在佛像、經典、佛塔中，哪個最為重要？請說明理由。你對此有何深刻體會？

348、在藏傳佛教中，金剛鈴杵只是單純的念經法器嗎？為什麼？

349、皈依三寶有什麼功德？請引用公案具體闡

大圓滿前行廣釋（六）附大圓滿前行實修法

述。引導別人皈依有何必要？你打算怎麼做？

第90節課

350、在修行過程中，越是精進，違緣魔障越大，此時我們應如何面對？請從兩方面加以說明。談談你是怎麼做的？

351、怎樣認識密宗的降伏事業？什麼樣的人可以行持？什麼樣的行為是錯誤的？方便時請翻閱《藏密問答錄》中對於降伏、雙運的解答，以加深對此問題的了解。

352、若想獲得平安吉祥，最保險的方法是什麼？這次念修皈依，你有哪些收穫和改變？

353、有人引用《大莊嚴論經》的一則公案，說藏傳佛教的四皈依不合理。對此你如何看待？請說說你自己的想法。

『發殊勝菩提心』

第91節課

354、我們理論上懂得菩提心的修法，是不是就可以了？請說明理由。

355、為什麼說菩提心在一切修行中極為重要？

356、請結合《日修閉關要訣》，闡述修菩提心的

具體方法。你會這樣修嗎？

357、怎樣才能將所修的菩提心，運用到日常生活中去？請談談你自己的經驗。

第92節課

358、實修四無量心時，修行次第是什麼樣的？為什麼要這樣？

359、什麼叫捨無量心？通過怎樣的觀察，才能深刻體會到親怨平等？並引用公案加以說明。你做得怎麼樣？

360、捨無量心具體應該如何修？什麼是錯誤的捨無量心，什麼是正確的捨無量心？

第93節課

361、什麼是慈無量心？怎麼樣修持？

362、為什麼說有了慈無量心後，即使遇到剛強難化的眾生，也會非常慈愛他？你對此有何體會？

363、慈心在身語意中如何體現？你怎麼理解關愛可憐眾生，有時候比供養佛菩薩更殊勝？

364、佛教中強調孝順父母嗎？請引用教證具體說明。你平時是怎麼做的？今後有何打算？

大圓滿前行廣釋（六）附大圓滿前行實修法

第94節課

365、悲心和慈心之間有什麼差別？為什麼說大悲心在成佛途中相當重要？

366、悲無量心應當如何觀修？請詳細闡述。

367、怎樣才能把大悲心貫徹到實際行動中？你具體是怎麼做的？

第95節課

368、觀修悲心時，怎樣親身體驗一下眾生的痛苦？請舉例說明。這樣做對修行有何幫助？

369、有些人不在乎眾生死活，口頭上講的境界卻很高，對於這種人你怎麼看待？請說明理由。

370、假如你遇到鬼魔作祟，身體不好或修行出違緣，此時你對鬼魔應持何種態度？什麼行為是錯誤的？若有人這樣做，你會怎麼勸他？

第96節課

371、若以血肉供養上師三寶，這種行為是否正確？請從兩方面進行分析。

372、密宗薈供中，有時為什麼會供養五肉？這是否違背了大乘教義？什麼樣的密宗行人，才有資格隨便喝酒吃肉？你對此是否接受？

373、有些人供養血肉後，確實可以成辦一些所

《前行廣釋》思考題

願。對於這種現象，你怎麼看待？以此可推出什麼結論？

第97節課

374、你怎麼理解大悲心是一切佛法的根本？明白這一點後，你有什麼打算？

375、無著菩薩面見彌勒菩薩的公案，說明了什麼道理？對你有哪些啟示？

376、悲無量心具體應該怎樣觀修？

第98節課

377、喜無量心具體應該怎樣觀修？為什麼最後還要安住於無緣的狀態中？

378、喜心主要對治的是什麼煩惱？請舉例說明，這種煩惱有哪些過患？你若產生這種煩惱，打算怎麼樣對治？

379、修喜心時，見別人做什麼都要隨喜嗎？為什麼？

380、修四無量心有什麼必要？簡而言之，四無量心可包括在什麼竅訣中？

第99節課

381、為什麼說善良對修行人非常重要？你是如何

大圓滿前行廣釋（六）附大圓滿前行實修法

理解的？

382、我們做一件事情，到底是善是惡，或者善惡的力量有多大，這是由什麼決定的？明白這個道理，可解除你的哪些困惑？

383、為什麼說心善前途光明、心惡前途黑暗？請引用公案具體分析。

第100節課

384、菩提心有哪些不同的分類？具體應該怎麼解釋？了解這些對你有何幫助？

385、像地藏菩薩那樣發願「地獄不空，誓不成佛」，是否他就永遠不能成佛了？為什麼？這樣發願有什麼必要？

386、願菩提心與行菩提心有哪些差別？你現在處於什麼階段？這樣的菩提心，依靠什麼才能獲得？

387、正式發心時，需要有哪些觀想和思維？這對生起菩提心有何幫助？你對「發心不為主，生心乃為主」這句話，有怎樣的體會？

第101節課

388、為什麼說自己與眾生是平等的？觀修自他平等，為什麼可概括所有法要？明白這個道理之後，你應該怎麼做？

《前行廣釋》思考題

389、自他相換菩提心，具體應該怎麼修？你在實際生活中是如何運用的？

390、請以比喻說明，生起自他平等菩提心、自他相換菩提心的標準是什麼？這二者與世間善心有何相似之處，又有何不同之處？

第102節課

391、匝哦之女的公案，說明了什麼道理？當遇到痛苦、違緣、挫折時，你也會這麼做嗎？

392、佛教徒對父母應持什麼態度？為什麼要這樣？你以前若對父母不孝，以後打算怎麼辦？

393、自他相換的竅訣，容易修嗎？為什麼？

第103節課

394、這節課所講的自輕他重的公案中，哪個最打動你？為什麼？

395、對於是否捐獻器官，我們應當如何抉擇？請說明理由。

396、自輕他重在日常生活中如何體現？你能做到什麼程度？

第104節課

397、寶髻國王布施頂髻的公案，說明了哪些道

理？你有什麼收穫？

398、為什麼說次第修行很重要？你對此有何體會？

399、通過學習願菩提心的內容，你明白了哪些以前不懂的道理？如果周圍也有人不懂，你打算怎麼做？

《前行廣釋》思考題

前行實修法

全知無垢光尊者　著

索達吉堪布　傳講

乙六（皈依）分三：一、皈依分類；二、思維功德；三、皈依方法。

丙一、皈依分類：

前行：皈依、發心。

正行：觀想不同的皈依法：

小士道皈依：害怕三惡趣痛苦、希求善趣安樂而皈依三寶。它所尋求的快樂，是暫時的、不穩固的。

中士道皈依：了知三界輪迴猶如火宅，因懼怕輪迴痛苦，希求像聲聞緣覺一樣的個人寂樂，從而皈依三寶。這種皈依也不究竟，因其只想自己從輪迴中解脫，沒有想到其他眾生。

大士道皈依：知道一切眾生都當過自己父母，不忍他們在輪迴中受苦，為救脫他們脫離輪迴而皈依三寶。這種皈依所尋求的，是願一切眾生獲得佛果。

了解這三種皈依之後，我要斷除小士道、中士道的發心，應當為了一切眾生而隨學大士道皈依。

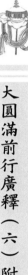

【提示語】：

這樣的發心，我以前講過很多次，一些老常住、老學員應該都明白，也肯定如是皈依過。但有些新來的人，即使已經皈依多年，但發心也許是害怕輪迴，或自己太痛苦，除此之外，

可能從沒有想過眾生。

若是如此，那從今天開始，你就應當發這種誓言。就像西方總統上臺時，要在上帝面前宣誓一樣，我們也應在三寶面前宣誓，為一切眾生而皈依。其實，皈依就是一種宣誓，大家對此應以大心來攝持。

後行：善根迴向一切眾生。

第五十六修法終

前行實修法

丙二、思維功德：

前行：皈依、發心。

正行：觀想如果皈依世間天神，他們自己也流轉於輪迴中，不能成為可靠的依怙；而且他們的心變化無常，對眾生經常有危害的行為，因此，他們不能作為怙主與依處。

故我們應當皈依三寶，以此可播下解脫的種子，遠離不善業，增上善法。

皈依是一切戒律的基礎，一切功德的源泉。若皈依

三寶，就會得到護持白法的護法、天尊之護佑，一切所願如意成辦。通過這樣的善緣，自己也能恆時憶念宿世，生生世世不離正法光明，今生來世獲得暫時安樂，究竟獲得佛果。所以，皈依具有如是不可思議的功德。

【提示語】：

我們要經常意念皈依的功德，時時想著皈依三寶，口中也念誦皈依偈。皈依就像上師瑜伽一樣，每天都要修，並不是念完十萬就可以了。一個真正的修行人，行住坐臥都會不離三寶的境界。

後行：迴向善根。

第五十七修法終

丙三、皈依方法：

前行：皈依、發心。

正行：在自己前方的虛空中，觀想一個獅子座，寶座上有蓮花、日、月，上面端坐著與諸佛菩薩無二無別的根本上師，周圍由無數護法神、空行母等聖尊圍繞。

再觀想：我與一切眾生在大地上恭敬合掌，默誦：「從今起乃至菩提果之間皈依您，除了您以外，沒有其他指望處、皈依處。」這樣一邊觀想，一邊以悅耳聲盡力念誦「皈依師，皈依佛，皈依法，皈依僧」。用藏文

念是「喇嘛拉嘉森且奧，桑傑拉嘉森且奧，卻拉嘉森且奧，根登拉嘉森且奧」。

（這個皈依偈，在藏地可以說人人從小都會念。有些人不管是出門也好，平時修行也好，就像漢人愛念「阿彌陀佛」一樣，隨時隨地都會念四皈依。希望你們以後也能養成這種習慣。）

念了一段時間後，觀想自己與一切眾生融入皈依境，皈依境從周邊融入中間的根本上師，最後根本上師融入離戲法界。在這樣的境界中安住片刻。

前行實修法

【提示語】：

有些人因為工作忙，抽不出時間觀修皈依境，念十萬遍皈依偈。那麼把四皈依修完，從而生起對三寶的虔誠皈依之心，這樣應該也可以。

當然，假如你有時間，就要按照《開顯解脫道》或《大圓滿前行》裡的要求來修。但如果實在不行，那麼你就用「快餐」吧。現在這個時代也是快餐時代，人們做什麼都喜歡快、快、快。其實修行是快不了的，最好要花一定的時間。

原來上師如意寶去美國時，就說：「我的大圓滿修法《手中賜佛》，對你們西方人而言是最好的快餐。」那些人聽了一直鼓掌，笑得特別開心。對末法時代的眾生而言，有時候聽大經大論的豐富內容，自己容易打瞌睡，所以在這個時候，就要給個又短又見效的竅訣──

392

四皈依，讓他們經常可以修。

後行：迴向善根。

第五十八修法終

乙七（修四無量心）分三：一、思維功德生起歡喜；二、真實修法；三、修煉。

丙一、思維功德生起歡喜：

前行：皈依、發心。

正行：觀想若沒有修四無量心，則不可能成佛；如果修了，絕對可以成就，這是必然規律。所以，我們一定要修。

修慈心的話，暫時令眾人悅意，究竟成就報身的果位；

修悲心的話，暫時無有怨敵、鬼神等損害，究竟成就法身的果位；

修喜心的話，暫時無有嫉妒的煩惱，究竟成就化身的果位；

修捨心的話，暫時令自心得以堪能，究竟成就本性身的果位。

此外，修四無量心還可現前色界等持，清淨自己的生處，從而投生為欲界、色界的人天之身，利樂有情。

思維此等利益之後，我必須修持四無量心。

大圓滿前行廣釋（六）附大圓滿前行實修法

【提示語】：

現在很多人不喜歡修四無量心，直接就想修大圓滿。今天我收到一個人的信息，他說自己本來吃素五六年了，但遇到一個上師說：「你太著相了！不要執著，可以吃肉，什麼都可以做。」所以他現在有點苦惱，不知道該怎麼辦，讓我給他回話。但我的話他不一定聽，於是我只回了幾個字：「不殺生吃素很好。」不知道他怎麼理解。

真的，如今不少人對基礎法門不重視，一開口就是「什麼都不執著」、「一切都是光明清淨」，口氣倒是很大，聽起來也特別舒服，但你沒從基礎上抓的話，這種境界過不了很長時間，就會又恢復成原來俗人的狀態。

所以，大家要先反反覆覆地修四無量心。一次沒有修成功，就第二次、第三次……這樣久而久之，心才能漸漸得以調伏，進而生起堅固的菩提心。

當然，在修四無量心之前，首先要了解它的功德，如果不懂這些，就不一定願意修。這是傳承上師們留下來的珍貴教言，每個人要認認真真地體會。

後行：迴向善根。

前行實修法

第五十九修法終

丙二（真實修法）分四：一、修捨無量心；二、修慈無量心；三、修悲無量心；四、修喜無量心。

丁一、修捨無量心：

前行：皈依、發心。

正行：觀想如今我貪執父母親友等自方，嗔恨怨敵病魔等他方，實際上是不合理的。為什麼呢？因為這些怨敵也做過我前世的親友；

現在的親友也曾做過自己的仇人，這都是不一定的。

如今也是同樣。若對長期的怨敵隨其心意，他也可能成為親友，饒益自己；親友之間有時候因為財產分配，或者相互爭論，各方面關係沒有處理好的話，也可能變成最可怕的怨敵，甚至自己的性命也會斷送在他們手中。

無論是過去、現在、未來，都會出現親成怨、怨變親的情況，所以親怨是不定的，我應當斷除貪愛自方、憎恨他方之心，觀察親怨平等之理，做到無有親疏偏袒，對所有眾生一視同仁。

觀修的時候，首先以一個人作為對境，然後兩個、三個、十個、一百個、一千個……修行的範圍越來越擴大，直至虛空界的一切眾生，對此修無有貪親嗔疏的無緣大捨心。

大圓滿前行廣釋（六）附大圓滿前行實修法

【提示語】：

菩提心修得比較好的人，確實能做到親怨平等。其實，這在一生中也不是不能修成的，長期這樣訓練的話，這顆心就可以慢慢達到這種狀態。

後行：迴向善根。

第六十修法終

丁二、修慈無量心：

前行：皈依、發心。

正行：觀想時緣一切眾生，就像希望自方不具安樂的人獲得快樂一樣，願所有不安樂的眾生也得到一切安樂，以慈心將眾生視為我所。

觀想方式：以自己的父母及喜歡親近的人為例，從一個眾生到一切眾生之間，皆如是修持慈無量心。

最後，於何者也不緣中入定。

後行：迴向善根。

第六十一修法終

丁三、修悲無量心：

前行：皈依、發心。

正行：觀想正在遭受無法堪忍強烈痛苦的眾生。

前行實修法

觀想方式：對他生起悲心，願其遠離此苦的逼迫。從一個眾生至一切眾生而觀修。

最後，於無緣⑰中入定片刻。

後行：迴向善根。

第六十二修法終

丁四、修喜無量心：

前行：皈依、發心。

正行：觀想的所緣境，是具有善趣大小安樂的眾生，直至凡是具有安樂的一切眾生。

觀想方式：願這些眾生乃至未獲佛果之前，恆時不離此安樂，並且長壽無病、眷屬眾多、受用圓滿、無有損害、智慧廣大等，較此更幸福、更安樂。

從一個眾生至一切眾生而觀修。尤其對加害自己的怨敵、嫉妒的對象，更應當反覆觀修。

最後於空性中安住。

【提示語】：

修喜無量心時，對所有眾生都要有歡喜心。有些人的修行很好，對所有高僧大德都觀清淨心，對所有眾生都觀大悲心，對自身的一切都觀如夢如幻，不會特別執

大圓滿前行廣釋（六）附大圓滿前行實修法

⑰無緣：指空性，即無有所緣之義。

著。他知道整個世界的真相是什麼樣，自己也好、他人也好，暫時在恍恍惚惚的輪迴中，感受恍恍惚惚的苦樂，但實際上這些都虛幻不實，到了真正開悟時，就不是這樣的了。

後行：迴向善根。

第六十三修法終

丙三、修煉：

前行：皈依、發心。

正行：修的時候，先按慈、悲、喜、捨的順序次第而修；再按捨、喜、悲、慈的順序逆行而修；後按慈、喜、悲、捨的順序交替而修。剎那剎那串習，無有實執而精進修煉。如此可令相續中的境界，逐漸得以穩固。

【提示語】：

一會兒修這個、一會兒修那個，一會兒願眾生離開一切痛苦修悲心，一會兒願所有眾生得到快樂修慈心……到了一定的時候，就可以生起四無量心的境界。

其實，我們的心是可以轉變的，只不過你不修而已，修的話，任何境界都可以生得起來。現在的人們在高科技的環境中，每天都接電話、開車，忙著這個、忙著那個，拼命地追求、拼命地競爭，在爾虞我詐的氛圍

前行實修法

裡，不要說出世間的菩提心，就連世間的善心也很難提升。

科學越發達，生活水平越高，我們的修行就越倒退。所以，我特別羨慕前輩大德的生活，他們一輩子都在聞思修行、利益眾生中度過，真的很有價值。可我們這些凡夫人，跟他們的足跡已經非常遙遠了。

這裡主要講了修四無量心。這個如果修得好，菩提心自然就會生起。否則，沒有四無量心的基礎，阿瓊堪布在《前行備忘錄》中再三講了，我們的菩提心就像沒有根一樣，不要說密宗境界，就連大乘修行也遙不可及。因此，大家一定要集中精力，盡量令自己生起這種利他心。

當然，偶爾生一次、兩次還不行，要經常安住在這種境界中。若能長期串習，自己的心會慢慢改變，久而久之，所生的念頭就會以利他為主。雖然不敢說一剎那也沒有自私自利，但一天當中，你的利他心會越來越多。到了最後，讓你做自己的事，你不會有多大興趣；只要是眾生的事，就會非常心甘情願。

後行：迴向善根。

第六十四修法終

大圓滿前行廣釋（六）附大圓滿前行實修法

乙八（發菩提心）分三：一、思維利益；二、真實發心；三、思維學處。

丙一、思維利益：

前行：皈依、發心。

正行：觀想菩提心的利益：一切大乘佛法中，發菩提心最為殊勝。因為若沒有發菩提心，暫時的世間和出世間的功德無法現前，最終的成佛也不能得到。如果發了菩提心，放下自我，就能成就無上佛果。

為什麼呢？因為唯有菩提心可擺脫輪迴的痛苦，遣除一切根本煩惱和隨眠煩惱。這種發心遠遠勝過聲聞緣覺，及梵天、婆羅門等的善心。菩提心可令我們的善根無盡增上，獲得廣大不可思議的福德。有了菩提心以後，就成了佛陀的繼承者，為一切安樂奠定了基礎，成為世間的應供處，可以實現一切所願，成辦利他的偉大事業，迅速獲得菩提……

因此，我現在必須發菩提心。

前行實修法

【提示語】：

菩提心的利益，理論上大家都懂，但實際修持時，對此一定要再三思維。要想到菩提心真的如華智仁波切所說，是「有則皆足、無則皆缺」的殊勝竅訣。因此，大家一定要精進修持，哪怕為生起一瞬間的菩提心，也要想方設法去努力，將其違品盡量鏟除。

後行：迴向善根。

第六十五修法終

丙二（真實發心）分二：一、前行；二、正行。

丁一（前行）分七：一、頂禮支；二、供養支；

三、懺悔支；四、隨喜支；五、請轉法輪支；六、請不涅槃支；七、迴向支。

戊一、頂禮支：

前行：在佛像、佛經、佛塔三寶所依前，

擺放花香等供品，皈依、發心。

正行：於自己上方的虛空中，觀想上師、三寶、本尊、空行、護法如雲密集。

再觀想：自己幻化出成百上千乃至無數的身體遍滿大地，與三界六道的一切眾生，共同向根本上師為主的皈依境頂禮。口裡念誦《自說帝王經》、《三十五佛懺悔文》、《諸多佛號經》、《賢劫千佛經》、《寂猛酬補續》等。身體端直，雙手合掌於頭頂、喉間、心間三處，或者其中任何一處，雙膝著地，五體禮拜，數量成百上千。

【提示語】：

磕大頭或磕小頭都可以，一般要求是磕十萬大頭。

大圓滿前行廣釋（六）附大圓滿前行實修法

大多數人已經圓滿了，所以在這裡不多說。如果你五十萬加行修完了，那在早上起來時，為了積累資糧，也應該磕三個頭。

多年以來，我要求每次上課前，應當先磕三個頭，一方面可積累善根，同時，我看其他高僧大德也在這麼做，特別值得學習。

當然，我們經堂裡的人太多了，有些人可能磕不下去，這樣的話，出家人用袈裟作揖禮，問訊三次也可以。不要認為磕頭只是我一個人的事，你們其他人都無所謂，這種態度不太好。人再怎麼多，你的腰稍微彎一彎，也不需要花費很多力氣。所以，一點一滴的善根，我們都不能忽視。

後行：迴向善根。

第六十六修法終

戊二、供養支：

前行：皈依、發心。

正行：於三寶所依面前，擺設相合自己經濟條件的供品，尤其是酥油花⑱、熏香、塗香。

（不過，現在城市裡的很多人，把自己的身體當作三寶所依，出門時經常用香水噴噴噴。路上碰到的時候，就好像遇到了一盆香

⑱現在很多地方都有賣酥油花的神龕，用樹脂做的，很好看，而且不會壞。

水。)

觀想人間天界中的香花、酥油、無量殿、清淨處所、眷屬，乃至形形色色所喜愛之物，以及輪王七寶、八吉祥物等一切供品，和天子天女所散發載歌載舞、彈奏樂器之供雲，以此供養娑婆世界與其他剎土中的三寶。

同時，念誦《普賢行願品》、《入行論》等中的供養偈，或《心性休息三處三善引導文》中的「真實財物意幻供，廣大無上之供品，鮮花香燈水神饈，華蓋幡旗傘樂聲，勝幢拂塵腰鼓等，身與受用諸資具，供養師尊三寶等」。

最後，於所供對境的三寶、供者自己、供品香花等皆不緣的空性中安住。

後行：迴向善根。

第六十七修法終

蓮花塔

菩提塔

轉法輪塔

神變塔

八大佛塔

天降塔

前行實修法

和合塔

尊勝塔

涅槃塔